AUSTRIA
HUNGARY
SWITZERLAND
TRENTINO-ALTO ADUGE
AOSTA VALLEY
LOMBARDY
VENETO
Milan
米蘭9-0
Venice
威尼斯11-0
CROATIA
Turin
都靈
16-13
PIEDMONT
Bologna
波隆那16-6
EMILIA-ROMAGNA
Genoa
熱那亞
16-17
LIGURIA
FRANCE
BOSNIA-HERZEGOVINA
Florence
佛羅倫斯
10-1
Ancona
Pisa
15-2 比薩
TUSCANY
MARCHE
UMBRIA
LAZIO
MOLISE
ABRUZZO
ROME
羅馬1-1
14-4巴里
Bari
CAMPANIA
APULIA
Brindisi
Naples
拿波里12-1
BASILICATA
SARDINIA
CALABRIA
Cagliari
帕勒莫13-3
Palermo
SICILY
13-1 西西里
TAV High Speed Rail
LIBYA
TUNISIA
A1
A3
A4
A6
A7
A10
A12
A13
A14
A16
A18
A20
A21
A22
A24

ITALY

特集 Features

羅馬 Roma

8-1 羅馬周邊 *Roma Suburbs*

9-0 米蘭 *Milano*

重要景點：
米蘭大教堂、斯福爾采斯科城堡、斯卡拉歌劇院、名店區

10-0 佛羅倫斯 *Florence*

重要景點：
聖母百花大教堂、烏菲兹美術館、藝術學院美館、老橋

11-0 威尼斯 *Venice*

重要景點：
聖馬可廣場、聖馬可大教堂、安康聖母教堂、藝術學院美術館

12-0 拿波里 *Napoli*

重要景點：
拿波里蛋堡、拿波里皇宮、橫路區、龐貝古城

13-0 西西里 *Sicilia*

重要景點：
帕勒莫(Palermo)、拉古薩(Ragusa)、敘拉古(Siracusa)、卡塔尼亞(Catania)、陶米納(Taormina)

14-1 意大利南部 *Southern Italy*

巴里(Bari)、特拉尼(Trani)、萊切(Lecce)、奧特蘭托(Otranto)

15-0 意大利中部 *Central Italy*

比薩(Pisa)

聖馬力諾(San Marino)

佩魯賈(Perugia)

16-1 意大利北部 *Northern Italy*

波隆那(Bologna)、帕爾馬(Parma)、拉文納(Ravenna)、都靈(Torino)、熱那亞(Genova)

景點標誌索引：

書內將景點分類，一眼分辨食、買、玩等類別，方便讀者尋找景點。

餐廳/小吃、購物/手信、玩樂/體驗、遊覽/景觀、動物園/水族館/動物Cafe、博物館/美術館/藝術

酒店/旅館/民宿、溫泉/溫泉旅館、交通工具、寺廟、教堂、神社

意大利旅遊須知

簡介

位於歐洲南部的意大利地處亞平寧半島上，狹長的形狀宛若一只長筒靴。作為古代羅馬帝國的發祥地，意大利在14-15世紀曾經空前繁榮，被譽為「歐洲文藝復興的搖籃」。意大利的首都羅馬從8世紀開始就是天主教世界的中心，其他著名的城市有米蘭、威尼斯、佛羅倫斯、拿波里、都靈、熱那亞、帕勒莫等。意大利南北風光截然不同：北部的阿爾卑斯山區終年積雪、風姿綽約；南部的西西里島陽光充足而又清爽宜人。

意大利國土面積約為30萬平方公里。意大利全境4/5為丘陵地帶，北部有阿爾卑斯山脈，中部有亞平寧山脈。意、法邊境的勃朗峰海拔4810米，是歐洲第二高峰。亞平寧半島西側的維蘇威火山和西西里島上的埃特納火山是歐洲聞名的火山，其中埃特納火山是歐洲最大的活火山。發源於阿爾卑斯山南坡的波河是意大利最長的河流，較大湖泊有加爾達湖、馬焦雷湖和科摩湖。

I. 簽證

前往意大利旅遊，持有香港特區護照、澳門特區護照或英國國民（海外）BNO 護照，可以免簽證入境，入境後可逗留90天。持其他證件人士，可向意大利駐港領事館查詢。

最新消息

目前持香港特區護照或BNO入境，均可免簽證入境歐洲申根公約國及歐盟國家（法國、德國、意大利、西班牙、希臘、芬蘭等）。但最新消息指，2024年將會推出「歐盟旅行資訊及授權系統（European Travel Information Authorization System；ETIAS）」，以香港特區護照或BNO去歐洲申根公約國，便要先申請ETIAS。但截稿前（2023年12月）仍未有任何官方消息。

意大利駐港領事館

地 香港灣仔中環廣場3201室

電 2522 0033/4/5

網 http://www.conshongkong.esteri.it/

II.航班

疫情後香港暫停了直航往意大利的航班，由香港出發只可在北京、杜拜或曼谷轉機。國際航班的遊客通常以羅馬或米蘭作進出境的城市，而羅馬的菲烏米奇諾Fiumicino機場及米蘭的馬爾彭薩Malpensa機場，都是國際遊客出入境意大利的首選。

羅馬菲烏米奇諾機場（IATA：FCO）

菲烏米奇諾機場又稱為達芬奇機場，距離羅馬市中心約30公里，乘坐機場快線出市區車程約30分鐘。菲烏米奇諾機場是意大利最繁忙的機場，也是歐洲第8大商業機場，共有4座航廈。T3航廈是主航廈，主要停靠國際航線；T1主要停靠意航，而國內航班主要使用T2。

米蘭馬爾彭薩機場（IATA：MXP）

馬爾彭薩機場距離羅馬市中心約50公里，乘坐機場快線出市區車程約40-50分鐘。機場共有2座航廈，T1主要服務國內航班，T2則主要是國際航線停靠。

III.國內交通

航空

羅馬和米蘭是意大利的主要國際航空港，通常是境外遊客計劃意大利行程的起點和終點。意大利的國內航線主要由Alitalia航空、Aerotrasporti Italiani航空、Alitalia航空經營，羅馬、米蘭、熱那亞、威尼斯、撒丁島、拿波里等各大城市均有機場。

鐵路

意大利鐵路網是歐洲鐵路網的一部分。到歐洲各主要都市的國際特快列車在意大利的羅馬、米蘭、威尼斯、佛羅倫斯等都有主要停靠站，包括歐洲之星（Eurostar）、歐洲城市特快（Eurocity）、歐洲夜車（EuroNight）、城際列車（Intercity）。此外，國際特快車（Cisalpino），主要是連結意大利與瑞士，但從米蘭到威尼斯或佛羅倫斯時，皆有機會搭乘此種列車。

地方列車方面分為E、D、IR及R4種：E為Expresso（快車）、D為Diretto（平快）、IR為Interregionale（長程各站都停）、R為Regionale（各站停車）。意大利國內的列車誤點率很高，意大利南部的列車速度也比北部慢。

意大利鐵路官網 網 **http://hk.trenitalia.it-inter.com/**

公路

意大利的公路狀況良好，長途汽車站通常位於市中心交通最方便的地方，遊客在意大利旅行可以選擇搭乘城市間的長途巴士——雖然舒適性、速度和時間上相比火車和飛機有很大差距，但頻繁的班次和便宜的票價頗適合背包客短途及城市周邊遊玩。

水運

地處亞平寧半島上的意大利三面環海，水運發達，除前往意大利國內的西西里島、撒丁島等周邊島嶼外，還有連接意大利和希臘之間的航線，可體驗在地中海航線遊覽的樂趣。遊客持歐洲火車通行證搭乘意大利 －希臘航線船舶，只需要支付6歐元的入港稅，使用客艙也可享有25%的優惠。

IV. 貨幣

意大利通行的貨幣為歐元，紙幣分為500、200、100、50、20、10及5歐元，硬幣則分為2元、1元、50分、20分、10分、5分、2分及1分。所有銀行以及各大城市的兌換所都可以提供兌換服務。大部分酒店和旅行社也可以兌換外匯。截至2023年12月，歐元與港元之兌換價約為1 : 8.6。

V. 氣候

意大利大部分地區屬亞熱帶地中海氣候，年平均氣溫1月為2-10℃，7月為23-26℃，年平均降雨量500-1000毫米。

VI. 國際電話

意大利的IDD code為39，主要城市的區號包括：

羅馬 6	米蘭 2	佛羅倫斯 55	威尼斯 41
都靈 11	熱那亞 10	帕勒莫 91	拿波里 81

其他常用電話：

救護車、消防署、警察局：113
火警：115
醫療急救：118
報時：161
意大利航空 (國際線)：02-26852
意大利航空 (國內線)：02-26851
中國駐意大利使館：0039-06-8413458

VII. 時差

意大利與香港相差7個時區，此外，意大利每年3月最後一個周日開始實行夏時制，至10月最後一個周日為止。

VIII. 電壓

意大利電壓220伏，插座為雙圓腳。

IX. 退稅

在意大利購物，一律要付22%附加增值稅，這筆金額已包含在商品價格內。只要同一人同一天在同一家有退稅服務的商店購物收據總額達155歐元，便可申請退稅。雖然稅率是22%，但因要扣除管理費(約8-10%)，遊客實收的只會是價格的一成至12%左右。

i. 退稅程序

羅馬機場退稅櫃台

購物付款的時候提出退稅要求，售貨員會先列印出商品的收據，然後打出一張退稅憑證，上面會顯示退稅條件，你需要填寫的個人資料和退稅金額等。

出境前到機場海關退稅辦事處，讓檢查人員在填好的退稅表格上蓋章。之後，再往退稅公司櫃檯辦理退稅。意大利主要有3大退稅公司，分別是Global Blue（藍色）、Premier（橙色），以及TAX Refund（黃色），而退稅方法及退稅率基本上都一樣。如果你在退稅表格中填寫的是要求退現金，工作人員會即場付現鈔給你。如果你要求退稅到信用卡，將蓋好海關章的退稅單裝入商店所給的退稅專用信封，投入機場郵筒，不久就可收到退還款項。

退稅手續只限在航班起飛前4小時辦理，過早排隊申請也不會受理。選擇現金退稅，每筆會收費3歐元手續費，銀碼愈大手續費愈高。而選擇信用卡退稅，亦會收取3-5%貨幣兑換手續費。退稅通常在10天內，便會轉帳至指定戶口。後者手續費一般比前者低，而且回港後不用再兑換回港幣，故建議採用。

ii. 注意事項

1.) 不是所有商戶都有提供退稅服務，光顧前請留意店外有沒有貼上「Tax Free Shopping」的標誌。

2.) 退稅人員有時候會要求檢查遊客買的東西，所以需要退稅的物品最好放在隨身行李裡，或在行李寄倉前完成退稅手續。謹記，退稅表格一定要先交海關蓋章，否則不會受理。

3.) 退稅的貨幣可選擇美金或歐元，但選擇美金會蝕匯率差價，並不建議。

4.) 如果嫌每次退稅填表太麻煩，可下載Global Blue Shop Tax Free應用程式，購物時給店員掃瞄，便可直接把退稅表單印出。除了意大利，該應用程式亦應用於其他國家，詳情可於官網查詢。 網: https://www.globalblue.com/

意大利精華遊

Day 第1站 羅馬

羅馬是意大利數千年來的政治文化中心，有著數不勝數的文物和古蹟：宏偉的萬神殿被稱為「天使的設計」；羅馬競技場的設計精巧，是古羅馬建築最偉大的成就；此外還有帝國元老院、凱旋門等精美的古羅馬建築；羅馬教廷所在地——梵蒂岡也位於羅馬古城區的西北，梵蒂岡雖然是世界上最小的國家，卻有著世界上最大的教堂——聖伯多祿大教堂。

聖瑪利亞教堂所在的台伯河岸區是羅馬最繁華的夜生活場所，在夜間這裡熙熙攘攘，是就餐和泡酒吧的好選擇。

羅馬住宿推薦

豪華星級	經濟舒適
Hilton Garden Inn Rome Claridge	Hotel Borromini Roma
Starhotel Michelangelo	

Day 第2站 羅馬→拿波里

有著2600年歷史的拿波里是意大利南部最大的城市，毗鄰壯觀的維蘇威火山，被稱為陽光和歡樂之城。而千年古城龐貝也是埋葬在維蘇威火山千年前的噴發之下。拿波里有著豐富的古代藝術作品和文物：國立博物館中藏有龐貝、赫庫蘭尼姆古城的文物和古希臘的精美雕塑；卡波迪蒙泰宮中則收藏有米高安哲奴、拉斐爾等名家繪畫。

聖卡洛劇場（Teatro di San Carlo）的音樂會和戲劇演出是拿波里的一大特色，夜間可去欣賞。

拿波里住宿推薦

豪華星級	經濟舒適
Palazzo Alabardieri Hotel	Montespina Park Hotel

Day 第3站 拿波里→佛羅倫斯

佛羅倫斯是意大利著名的文化藝術中心，也是歐洲文藝復興運動的發源地和歌劇藝術的誕生地。整個城市現在仍然保持著古羅馬時期的建築格局，隨處都可看到迷人的意大利景色。佛羅倫斯擁有數十座博物館、美術館、教堂，被稱為「西方雅典」。遊完佛羅倫斯之後，可以去歷史悠久的比薩城一遊，參觀舉世聞名的比薩斜塔。

Night

米高安哲奴廣場位處山岡上，夜晚更可以看到別具特色的佛羅倫斯夜景。

佛羅倫斯住宿推薦

豪華星級	經濟舒適
Relais Uffizi	Hotel Azzi
Hotel Brunelleschi	Hotel Dali

Day 第4站 佛羅倫斯→威尼斯

威尼斯整個城市都建立在碧波之上，其中118個小島、177條運河交錯縱橫，乘坐小船貢多拉漫遊其中，有身入仙境之感。除了水，威尼斯還有世界上最美的廣場——聖馬可廣場、古老的拜占庭和文藝復興時期建築——總督府，與及各具特色的離島。這些景點令每一個來過威尼斯的人都流連忘返。

Night

夜晚可以乘坐貢多拉參觀運河兩側的威尼斯夜景，也可以去鳳凰歌劇院（Teatro La Fenice）欣賞威尼斯最高藝術水平的表演。

威尼斯住宿推薦

豪華星級	經濟舒適
Hotel Abbazia	Hotel Bernardi

Day 第5站 威尼斯→米蘭

作為世界時尚之都的米蘭擁有全意大利最豪華的歌劇院、最絢麗的時裝和最奢華的夜生活，也是全球服裝設計師嚮往的地方。雄偉壯觀的主教大教堂被稱為「一首用大理石寫成的詩」，是世界上最大的哥特式建築。夢幻般的斯卡拉歌劇院是全世界音樂家嚮往的舞台。達•芬奇的曠世名作《最後晚餐》就收藏在感恩聖母堂內。

Night

斯卡拉歌劇院的歌劇舉世聞名，來米蘭一定不能錯過，而Brera和Navigli區的高級夜總會也是外來遊客值得一遊的場所。

米蘭住宿推薦

豪華星級	
Doria Grand	Westin Palace Milan
Michelangelo Hotel	Four Seasons Hotel Milano

經濟舒適
City Life Hotel Poliziano

Day 第6站 米蘭→回程

米蘭的名品街上有著數不勝數的世界名牌專賣店，許多商店的櫥窗布置每天都有更新——只欣賞櫥窗其實也是一種視覺上的享受，埃馬努埃爾二世拱廊及蒙提•拿破崙大街等都是其中值得一遊的繁華之所。此外，還可順便去米蘭大學、卡羅世紀服裝學院等米蘭著名大學參觀，領略米蘭自古傳承的學術氛圍。

Night

乘夜機返香港

行程連交通約需7-10日，可按假期的長短而調整。假如有足夠時間，建議可於佛羅倫斯多留幾天，走訪托斯卡尼區（Tuscany）的西恩納（Siena）及聖吉米納諾（San Gimignano）等各具風貌的山城。

必遊6大藝術寶庫

意大利藝術欣賞速成班

意大利貴為歐洲藝術重鎮，大師的傑作琳瑯滿目。如果出發前做點功課，觀賞作品時能看深一點內涵，整個旅程肯定更有意思。

國立羅馬博物館 MUSEO NAZIONALE ROMANO

Portonaccio石棺(公元前180-190)

Augustus雕像(公元前1世紀)

乘羅馬地鐵 A/B 線至 Termini 站，出站即達

成立於1889年，主要分為5個部分：阿特姆彼斯宮(the Palazzo Altemps)、迪歐克勒提安浴室(the Baths of Diocletian)、八角形博物館(the Aula Ottagona, the Crypta)、巴爾比宮(Balbi)及馬西莫宮(palazzo Massimo)，收藏了大量1870年之前在羅馬出土的文物與藝術品，是世界上最主要的古典藝術博物館之一。

地 Largo di Villa Peretti1, Roma　電 06-480201

時 周二至周日9:30am-7:00pm　費 10歐元

梵蒂岡博物館 MUSEI VATICANI

乘羅馬地鐵 A 線至聖伯多祿大教堂北方的 Cipro Musei Vaticani 站，步行約 5 分鐘

媲美倫敦大英博物館和巴黎羅浮宮相的梵蒂岡博物館，早在5世紀末就已有雛形，博物館內分為12個博物館和5個藝術長廊，收藏的展品包括古希臘、古埃及、文藝復興以及現代藝術品。當中以拉斐爾展覽室(Stanze di Raffaello)及西斯汀禮拜堂(Cappella Sistina)最為著名。

拉斐爾展覽室的《雅典的學院》

西斯汀禮拜堂的《最後的審判》

地 Viale Vaticano, Rome　電 06 69884676　費 17歐元

時 周一至周六9:00am-6:00pm，周日及天主教節日不對外開放，每個月最後一個周日免費參觀9:30am-12:30nn(2:00pm閉館)；5/5-28/10 周五延至10:30pm、周六延至8:00pm

網 http://www.museivaticani.va/content/museivaticani/it.html

達•芬奇科技博物館 MUSEO NAZIONALE DELLA SCIENZA E DELLA TECNOLOGIA LEONARDO DA VINCI

乘米蘭地鐵綠線至 Sant'Ambrogio 站，出站即達

博物館的前身曾是16世紀的修道院，主要收藏達•芬奇的遺物以及與他有關的模型和設計，展品中有達•芬奇為解決運河淤塞而設計的疏浚船、與現代驅動後輪的鏈條結構相同的自行車畫稿、理想城市建築圖和模型等大量手稿，充份反映達•芬奇的科學想象力。

地 Via San Vittore 21, 20123 Milano　電 02-7226 3264　網 www.museoscienza.org

時 周二至周五10:00am-6:00pm，周六、周日及假日10:00am-7:00pm，每周一、1月1日、12月24日、25日休息　費 10歐元

佛羅倫斯藝術學院美術館
GALLERIA DELL'ACCADEMIA

乘佛羅倫斯6、7、10、14、19、20、23、25、31線巴士至Museo Di San Marco站，下車行5分鐘即達

佛羅倫斯學院美術館成立於1563年，是歐洲最早的以教授藝術為主的學校。美術館最矚目的，首推米高安哲奴的大衛像。除了雕塑品之外，這裡還收藏了15世紀佛羅倫斯藝術家的重要繪畫。在托斯卡尼廳裡所展示的則是19世紀學院學員的部分作品。

地 Via Ricasoli 60 ,50122 Firenze

時 周二至周日8:15am-6:50pm 電 055-2388609

費 13 歐元, 17歲以下免入場費, 網上購票須收附加費

烏菲兹美術館 GALLERIA DEGLI UFFIZI

Botticelli 的《維納斯誕生》
(La nascita Di Venere)

乘佛羅倫斯1號線巴士至Galleria Degli Uttizi，下車步行5分鐘即達

烏菲兹美術館建於1560年，是意大利最大的美術館。烏菲兹以其豐富的意大利文藝復興繪畫作品收藏而獨具特色，包括巨匠波提切利(Sandro Botticelli)的《維納斯誕生》及《春天》，同時可欣賞到來自西班牙、德國、荷蘭等國家的名畫傑作。

地 Piazzale degli Uffizi ,50122 Firenze

時 周二至周日8:15am - 6:50pm, 1/1, 1/5, 25/12 休館

電 05-5294883

費 26歐元，網上購票須收附加

網 http://www.uffizi.org/

威尼斯藝術學院美術館
GALLERIE DELL'ACCADEMIA

乘威尼斯1、2號水上巴士至Accademia站，下船即達

位於大運河河畔的藝術學院美術館前身是慈悲聖母教堂，1807年拿破崙將其改建成現今的外觀，並成為世界上威尼斯畫派作品收藏最豐富的美術館。以明亮的畫風著稱的威尼斯畫派擁有喬尼 • 貝利尼(Giovanni Bellini)、卡爾帕喬(Vittore Carpaccio)、丁列托(Jacopo Comin)及曼特尼亞(Andrea Mantegna)等藝術大師的傑作。

地 Campo della Carit ǎ Dorsoduro n. 1050-30100 Venezia

時 周一8:15am-2:00pm，周二至周日8:15am-7:15pm

費 15歐元(同時參觀美術館及 Palazzo Grimani)

電 041 522 2247 網 www.gallerieaccademia.org

文藝復興三巨匠

聖殤像

米高安哲奴是文藝復興時期傑出的雕塑家、建築師、畫家和詩人，與達•芬奇和拉斐爾並稱「文藝復興藝術三傑」。他先後到過佛羅倫斯、威尼斯及波隆那，但令他真正成名卻是在羅馬創作的雕塑聖殤像(現存梵蒂岡聖伯多祿大教堂)。其後他回到了佛羅倫斯完成了大衛像，奠定了他作為雕塑家的地位。1505年，他受教宗之邀回到羅馬並完成兩大傑作——西斯汀禮拜堂的天頂畫《創世紀》及壁畫《最後審判》，為後世留下永垂不朽的文化遺產。

摩西像

MICHELANGELO DI LODOVICO BUONARROTI SIMONI

米高安哲奴(*1475-1564*)

與其他藝術大師比較，達•芬奇除了藝術創作之外，他對後世的科技發現，同樣也貢獻良多。達•芬奇出生於佛羅倫斯附近的海濱小鎮，學成後再轉往米蘭發展。停留在米蘭期間，他創作了傳誦至今的《最後晚餐》。1500年達•芬奇回到佛羅倫斯，並開始創作《蒙娜麗莎》。與前人最大的分別，是達•芬奇採用了透視法，大大增加了圖畫的景深，欣賞時更具立體感。晚年時達•芬奇極少作畫，反而潛心科學研究，去世時留下大量筆記手稿，內容從物理、數學到生物解剖，幾乎無所不知。

LEONARDO DI SER PIERO DA VINC

達•芬奇(*1452-1519*)

拉斐爾生於意大利小鎮烏爾比諾(Urbino)，他作品的風格深受中世紀的人文精神和達•芬奇的影響，畫風圓潤柔和，布局和諧協調，與米高安哲奴一類講求氣勢磅礴的作品大相逕庭。其中最為人樂道的，就是用世俗化的描寫方式處理宗教題材，例如以日常生活中母親與幼兒的形象來繪畫聖母聖嬰，令畫作神聖之餘，流露了無限溫馨，令人動容。

聖母子與施洗者約翰

RAFFAELLO SANZIO

拉斐爾(*1483-1520*)

MICHELANGELO DI LODOVICO BUONARROTI SIMONI

米高安哲奴

西斯汀禮拜堂拱頂
The Sistine Chapel Ceiling

創作年份：1508-1512年 ◆ 收藏地點：梵蒂岡 • 西斯汀禮拜堂

(A)拱頂正中央的《創造亞當》

(B)《原罪與逐出樂園》

(C)《大洪水》

(D)《創造眾星》

欣賞重點

米高安哲奴共花了4年時間，以聖經《創世紀》的內容作畫。在拱頂的最高部分，分別記錄了9個聖經故事，其中5個畫面稍小些，包括《諾亞之醉》(Drunkenness of Noah)、《諾亞的獻祭》(Sacrifice of Noah)、《創造夏娃》(Creation of Eve)、《分開海水與陸地》(Separation of the Earth from the Waters)以及《分開光明與黑暗》(Separation of Light from Darkness)。另外4幅大一些的畫面被安排在幾對拱弧之間，即：《大洪水》(The Deluge)、《原罪與逐出樂園》(The Fall and Expulsion from Garden of Eden)、《創造亞當》(Creation of Adam)和《創造眾星》(Creation of the Sun, Moon, and Plants)。

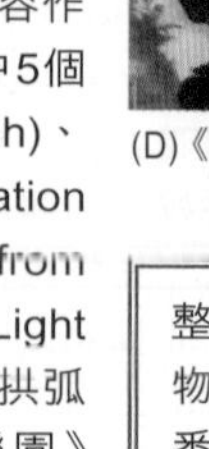

整個畫作包括三百多個人物，就算你對聖經非常熟悉也未必能一一認出，所以不少遊客會配備望遠鏡欣賞。

最後的審判
The Last Judgement

創作年份：1534-1541年 ◆ 收藏地點：梵蒂岡 • 西斯汀禮拜堂

欣賞重點

米高安哲奴創作了《創世紀》24年後，再重臨西斯汀禮拜堂創作《最後的審判》。《最後的審判》比《創世紀》氣魄更宏大，涉及四百多個人物。畫作以中央的基督耶穌為中心，上部分(天堂)和下部分(地獄)有截然不同的氛圍。加上畫作描述左側升上天堂的人，與及右側降到地獄的人，令人欣賞畫作時，有一種周而復始的動感，將上升與墮落的人群和審判者基督聯結在一起。

米高安哲奴將上部的人物畫得大些，底部的小些，解決觀眾從下面仰視時產生下大上小的錯覺。

(B) 被接升天的人

(C) 淪落地獄的人

(A) 畫作中心耶穌和聖母

聖殤
Pieta

創作年份：1499年 ◆ 收藏地點：梵蒂岡 • 聖彼得大教堂

欣賞重點

聖殤像可算是米高安哲奴成名之作，描述聖母瑪利亞懷抱著被釘死的基督時悲痛萬分的情形。這雕塑一反傳統，把聖母刻畫為一位少女。因米高安哲奴相信聖母是純潔象徵，必然能夠永遠保持青春美麗。雕塑採用了金字塔型，解決了觀眾從下面仰視時比例的問題。聖母胸前有米高安哲奴的署名，這也是他唯一的一件署名作品。

大衛像
David

創作年份：1504年 ◆ 收藏地點：佛羅倫斯 • 藝術學院美術館

欣賞重點

大衛像被認為是西方美術史上最值得誇耀的男性人體雕像之一。米高安哲奴把大衛雄偉的體格，勇敢堅強的神態，透過精湛的雕刻技巧，活靈活現地向世人展露。他似乎像是在休息，但軀體卻仍保持緊張的狀態，衍生出「靜中有動」的感覺。細節上米高安哲奴特意放大了大衛的頭部和兩個胳膊，這既是解決了觀眾從下仰視的比例變形問題，也令雕像更挺拔有力。

LEONARDO DI SER PIERO DA VINC

達‧芬奇(1452-1519)

最後晚餐
Last Supper

創作年份：1497年 ◆ 收藏地點：米蘭‧感恩聖母堂(Santa Maria delle Grazie)

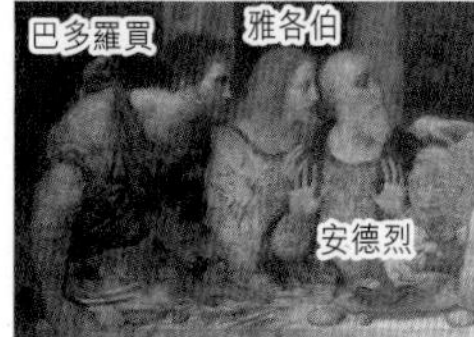

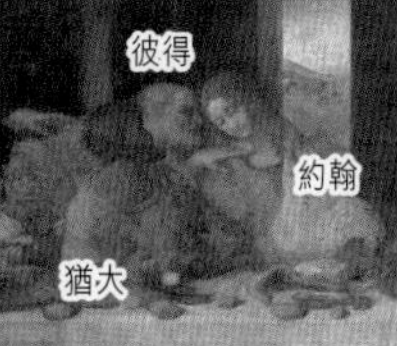

各組人物的神態。

欣賞重點

畫作的構圖充滿心思，首先安排耶穌放在畫的中心，再以平衡透視法，把餐桌、天花板及門窗的消失點都置在耶穌身上，加強了耶穌作為畫作焦點的效果。此外，耶穌身後的門大開，隱隱透著柔和的光芒，既顯出他的神性卻不會太造作。

12個門徒分三組分坐在耶穌的兩邊，各自的動作和表情突顯了他們的性格及後來的遭遇。耶穌看似孤立地坐在他們中間，但與各人的反應卻互相呼應。整幅畫作不但是一幅平面的壁畫，更仿如一部記錄千言萬語的小說。

乘米蘭地鐵綠線至Sant'Ambrogio站，出站即達

地 Piazza della Maria delle Grazie 2, Milan

時 9:00am-12:20nn、3:00pm-5:50pm
參觀《最後的晚餐》有固定場次

電 02-4676111

費 入場免費，
參觀《最後的晚餐》+ 語音導遊 27 歐元

網 《最後的晚餐》網上訂票：www.milan-museum.com/

聖母領報
Annunciation

創作年份：1472年 ◆ 收藏地點：佛羅倫斯 • 烏菲茲美術館

欣賞重點

畫作取材自聖經中天使向瑪利亞宣告懷有基督的消息。瑪利亞雖然一派端莊，但難掩內心的喜悅。至於天使則恭敬地向聖母行下跪之禮，而手執的百合花雖非聖經的記載，卻喻比生機，可見達•芬奇細密的心思。構圖方面，畫中的矮牆將畫面橫剖為兩部分——上方遠處的樹叢，及下方近處聖母接獲信息。表情平靜祥和的聖母，與遠處靜止而朦朧的風景，增強了畫作寧靜的氣氛。

乘1號線巴士至Galleria Degli Uttizi，下車步行5分鐘即達

地 Piazzale degli Uffizi

時 周二至周日8:15am-6:50pm

電 05-5294883　　費 26歐元

RAFFAELLO SANZIO
拉斐爾(1483-1520)

雅典學院
The School of Athens

創作年份：1510年 ◆ 收藏地點：梵蒂岡 • 拉斐爾展覽室(梵蒂岡博物館內)

(A)右手叉腰，左手扶劍的青年亞歷山大大帝。

(B)正與人爭辯者的蘇格拉底(綠衣者)。

(C)柏拉圖與亞里士多德，據說拉斐爾是以達•芬奇及米高安哲奴為原型繪製。

(D)《畢氏定理》圖周論的發明者畢達哥拉。

(E)手執圓規繪製幾何圖形的阿基米德。

(F)畫作右下角黑帽男子據說就是拉斐爾本人。

欣賞重點

雅典學院公認為是拉斐爾的代表作，象徵著文藝復興全盛期的精神。在畫作中，拉斐爾把古希臘羅馬和當代意大利五十多位哲學家藝術家科學家薈萃一堂，包括三賢——柏拉圖、亞里士多德及蘇格拉底。其他的聖賢包括亞歷山大大帝、數學家阿基米德、畢氏定理發明者畢達哥拉，與及文史學家色諾芬等。畫作構圖以柏拉圖和亞里士多德為中心，以透視法令觀賞者如看舞台表演一樣，感受到畫面空間的縱深。

時裝Outlets巡禮

意大利是女士的購物天堂，名牌包包、華麗時裝，令人目不暇給。雖然近年歐元大跌，入貨已愈來愈划算，不過如果直闖品牌Outlet，以正價5-7折掃貨，不但血拼得興奮，又可向朋友炫耀，試問有誰可以抗拒？

超級購物娛樂城 FoxTown

由米蘭乘火車至Mendrisio S. Martino站(瑞士)即達

坐落於瑞士的Fox Town，與意大利邊境接壤，距離米蘭只有50公里，乘巴士或火車前往都非常方便，不過到訪時記得帶護照！這裡的品牌專門店約有160家，包括Gucci、D&G、Armani、Prada、Salvatore Ferragamo、Miu miu、Versace及Burberry等。貨品呎吋及款式齊備，以正價5-7折發售。每年1-2月，更會舉行額外減價，最平可以降至3折。除了購物，這裡也可視為一個娛樂城，內有7間酒店及賭場，遊客大可長駐2-3天，兼遊鄰近的科莫湖(Como)景區。

地 Via Angelo Maspoli 18, 6850 Mendrisio, Swiss

時 11:00am-7:00pm

電 41 848 828 888

網 http://www.foxtown.com/

註 貨品都以瑞士法郎標價，在「global blue shopping」標誌店鋪購物滿300瑞士法郎可即時退稅，退稅率為7.5%

全歐最大 Serravalle Designer Outlet

每日10:00am有專車從米蘭Foro Bonaparte站出發，5:00pm從Outlet返回

如果嫌FoxTown路程遙遠，旅客可選擇由米蘭市中心僅40分鐘車程的Serravalle Designer Outlet。Serravalle有300多間品牌專門店，除了高級時裝，也有大路牌子例如DIESEL、REPLAY等，買牛仔褲比Levis更便宜。時裝以外，Outlet也有各式名牌家用品如Bialetti(經典摩卡壺)、Le Creuset及Frette(寢具專家)等，種類非常多元化，保證人人都滿載而歸！

地 Via della Moda, 1, 15069 Serravalle Scrivia (AL), Italia

時 10:00am-8:00pm　電 39 0143 609000

網 https://www.mcarthurglen.com/it/serravalle-designer-outlet/it

地道親民 Barberino Designer Outlet

佛羅倫斯火車站附近之巴士站有專車直達，來回車費13歐元，由9:30am-5:30pm每1小時開出一班

在佛羅倫斯附近的另一人氣Outlet非Barberino Designer Outlet莫屬。Outlet只擁有100多間品牌專門Outlet，牌面似較The Mall弱，不過貨色勝在地道親民，不再一味強調頂級時裝。其中包括Polo Ralph Lauren、Lacoste、Calvin Klein、Timberland等，本身價錢已不是高不可攀，打折後更覺吸引。此外專門店以一間間村屋平房式設計，令人仿如進入度假村，購物輕鬆又開心。

地 Via Meucci snc, 50031 Barberino

時 10:00am-8:00pm 電 39 055 842161

網 https://www.mcarthurglen.com/en/outlets/it/designer-outlet-barberino/

搶包山 The Mall Firenze

坐落藝術名城佛羅倫斯附近的The Mall，是近年遊佛羅倫斯欣賞巨匠名作以外的另一必到景點。The Mall有過百間專門店，不過遊客的焦點，都放在購物村內兩間巨無霸——GUCCI及Prada(包括Miu Miu)的名牌包包之上。兩間店佔地特廣，產品款式齊備，最平是正價的3折，是The Mall掃貨的首站。其他頂級名牌如ARMANI、BALENCIAGA、BURBERRY、TODS及VERSACE，都有不同的貨款等待你發掘。

佛羅倫斯火車站附近之巴士站有專車直達，由8:50am-7:20pm約50分鐘開出一班

地 Via Europa, 8, 50066 Leccio, Toscana
時 10:00am-7:00pm
電 39 055 865 7775
網 http://www.thomall.it/

從米蘭乘火車往 Fidenza下車，轉乘免費穿梭巴士前往

Fidenza Village內有超過130間意大利及國際品牌進駐，大部分產品低至3折出售，商場內的品牌同樣親民，如Calvin Klein、Nike、Hugo Boss、Furla等，大部分是上季款，絕對不會太過時。另外，這條購物街建滿五顏六色的建築，不少旅客也喜歡到這裡拍照。走得累時，還可以在Dei Veni eDei Sapori 街吃盡當地的特產與不同國家的美食。

地 Via Federico Fellini, 1, 43036 Fidenza

時 10:00am-8:00pm

網 https://www.thebicestercollection.com/fidenza-village/en

靜靜掃貨 Noventa di Piave Designer Outlet

從威尼斯乘坐火車到San Don ǎ di Piave，下車後乘巴士前往

與Barberino 屬同一集團，Noventa Di Piave是人流較少的Outlet，距離威尼斯一個小時的車程。內有超過200多家品牌的店鋪，包括Prada、Gucci、Fendi、Versace、Bottega Veneta、Salvatore Ferragamo、Valentino等，一般是正價的三至七折，每年一月及七月正值全年大減價，貨品更會折上折。

地 Via Marco Polo 1 , 30020 Noventa di Piave

時 10:00am-8:00pm

網 https://www.mcarthurglen.com/en/outlets/it/designer-outlet-noventa-di-piave/stores/

血拼小貼士

1. 減價期間會有折上折的優惠。
2. 專櫃可辦理退稅，如果持可退稅簽證，並打算離開歐盟的話，一定要記得帶上護照，辦理退稅單據。
3. 為免機場人多，要退稅的話就要預留一點時間到機場。

羅馬人氣 Gelato 大搜查

說到意大利的美食，除了薄餅以外，Gelato當之無愧。Gelato與美式雪糕(ice-cream)最大的分別，在於美式雪糕會使用大量牛奶和忌廉，再以超高速攪拌，所以吃時雖然奶味更濃，但脂肪含量高，而且因混入較多空氣，隨時有50%是吃空氣。反觀Gelato只用少量或根本不用忌廉，攪拌時用低速模式，空氣混入比例很低，所以口感絲滑，軟綿。意大利的Gelato店多有獨家配方，配上時令水果新鮮製作，所以甚至被稱為「上帝親吻過的美食」!

Gelato有兩種容器選擇，一種是用甜筒裝(Cono/cone)，另一種是用紙杯裝(Coppa/cup)，這兩種選擇不影響價位，不過以後者吃時比較企理。

Noce 胡桃

Ananas 鳳梨

Pistachio 開心果

Malaga (rum-raisin) 藍姆葡萄乾

Arancia 柳橙

百年老店 GIOLITTI

由那佛納廣場步行約10分鐘

羅馬城內最著名的Gelato店，肯定非GIOLITTI莫屬。創立於1900年，據說前教宗約望保祿二世也是常客。小店每天接待全球慕名而來的食客，幸而店員都非常熟手，所以輪候時間不致太長。提供70多款不同口味，如果嫌花多眼亂，就以Tiramisu及朱古力入手，保證不會令你失望。

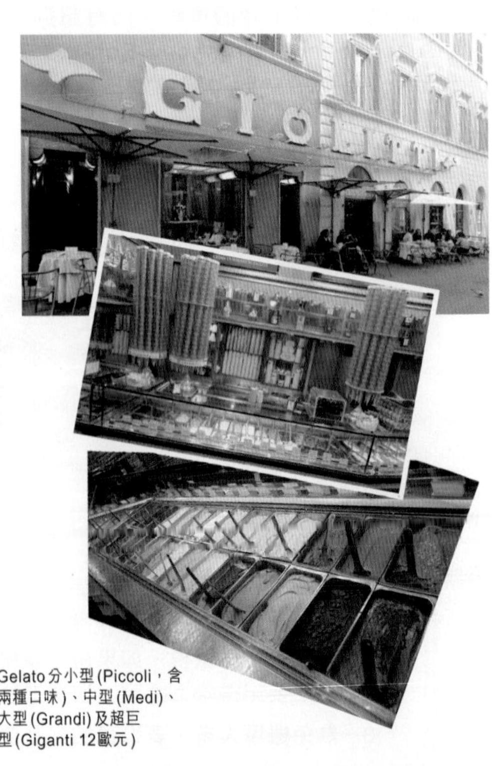

Gelato分小型(Piccoli，含兩種口味)、中型(Medi)、大型(Grandi)及超巨型(Giganti 12歐元)

地 Via degli Uffici del Vicario, 40, 00186 Roma

時 7:30am-12:00mn

電 06 699 1243

網 http://www.giolitti.it/english/home.html

超抵食雪糕
Old Bridge Gelateria

Map 7-2

由梵蒂岡步行約5分鐘

位於梵帝崗附近，是參觀完令人嘆為觀止的梵帝崗博物館及教堂之後最佳的歇腳處。以抵食夾大件聞名，雪糕最平兩歐元已有兩球，而且用料新鮮，不會將貨就價。心水推介Stracciatella(曲奇)+Pistachio(開心果)，好吃得來又有口感。

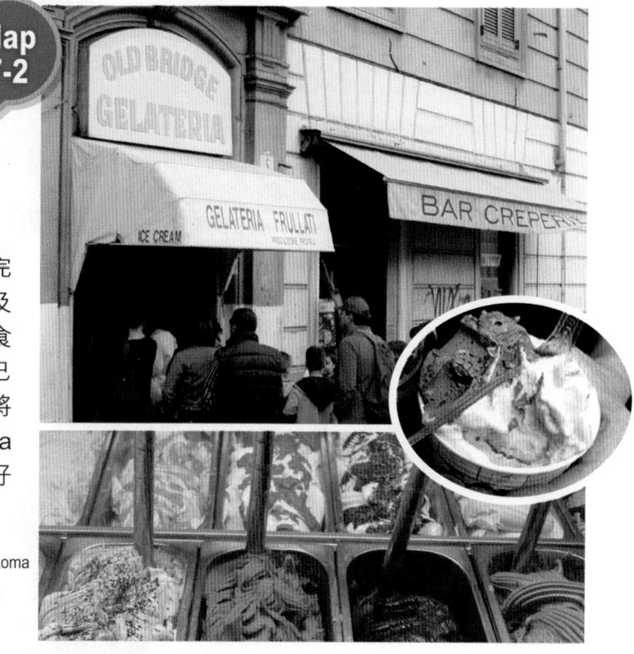

地 Via dei Bastioni di Michelangelo ,5, 00192 Roma
時 10:00am-翌日2:00am，周日2:30pm-2:00am
電 06 4559 9961
網 http://gelateriaoldbridge.com/

提拉米蘇稱王
POMPI

Map 3-2 B4

由地鐵Spagna站步行約5分鐘

以Tiramisu 譽滿意大利，其Tiramisu 及開心果味的Gelato同樣值得品嘗，令人一試難忘。另外，店內最具人氣的Tiramisu Fragola，分為原味，士多啤梨，堅果，香蕉及開心果五種口味，每盒4歐元，可買回酒店繼續慢慢品嘗。

地 Via della Croce, 82 Roma
時 10:00am-10:00pm
電 06 6994 1752
網 http://www.barpompi.it/

時光倒流
G. Fassi 1880

Map 1-2
G2

由地鐵Vittorio Emanuele站步行約3分鐘

創於1880年的G.Fassi 1880比GIOLITTI更「年長」。食客購買雪糕後，可以坐在寬敞的大堂內嘆完才離開，不另收費(大部分意大利咖啡廳堂食要額外收費的)。這裡除了雪糕聞名，同時也有售其他甜品。而大堂亦悉心布置，放置了餐廳超過一世紀以來珍藏的古物擺設，甚至開DIY班傳授造雪糕技巧，經營別具心思。

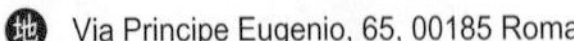

地 Via Principe Eugenio, 65, 00185 Roma

時 12:00nn-12:00mn

電 06 4464740

網 http://www.gelateriafassi.com/

情迷朱古力
Frigidarium

Map 2-2
A1

由那佛納廣場步行約10分鐘

雖然只有十多年歷史，在羅馬卻享負盛名。其朱古力特別選用荷蘭的Van Houten 及意大利的DOMORI可可粉製作，連雲呢嗱都要求來自馬達加斯加最優質的Bourbon Vanilla。憑著一絲不苟的精神，令小店開業短短數年，已在Gelato列強中打出名堂。

地 Via del Governo Vecchio, 112, Rome 00186

時 11:00am-12:30mn

電 39 334 995 1184

網 http://www.frigidarium-gelateria.com/

最緊要新鮮 La Romana

Map 5-2
C1

由地鐵Castro Pretorio站步行約10分鐘

品牌創於1947年，近年已開枝散葉，全球分店接近40間。由牛奶、雞蛋、忌廉、鮮果及乾果，La Romana都採用有機認證的產品，確保出品安全健康。為保證產品新鮮，無論是雪糕及其他糕點都採用小批次生產方法，店內的食品由生產至發售平均不超過3小時，令顧客隨時都品嘗到最新鮮的食品。

地 via Venti Settembre 60, 00184 Rome

時 12:00nn-12:00mn

電 06 42020828

網 http://www.gelateriaromana.com

簡單堅持 San Crispino

Map 5-2
A3

由地鐵Barberini站步行約10分鐘

位於特萊維噴泉(Fontana di Trevi)附近，門面不起眼，每天卻其門如市，全因小店製作認真，Gelato用的可可來自加勒比海的名牌Rhum Clement Mahina，連酒味Gelato也用珍藏過20年的佳釀。此外，為確保冷藏的溫度，San Crispino捨棄大部分Gelato店採用的開放式冰櫃，更不提供甜筒，期望顧客專一地品嘗的味道。

地 Via della Panetteria, 42, 00187 Roma

時 11:00am-12:30mn

電 06 8911 5101

意大利必掃手信

名牌

到意大利買名牌是女士們的首要行程，即使近年歐元貶值，但原產地始終比較抵買，最好選購本土牌子 如Prada、Gucci、D&G、Versace、Fendi、Giorgio Armani、Ferragamo、BV、Roberto Cavalli、Furla等，連同退稅後比香港便宜7至8折。除此之外，意大利亦有很多Factory Outlet，雖然新款及經典大熱款式欠奉，但價格亦可低至5至6折，非常吸引。

Galleria Vittorio Emanuele II

地 Piazza Duomo, 20123 Milano 電 02-7740 4343

THE MALL Firenze

地 Via Europa, 8, 50066 Leccio Reggello, Firenze
時 10:00am-7:00pm 電 05-5865 7775
網 www.themall.it

SPACE (Prada Outlet)

地 Localita Levanella,69 Montevarchi 電 05-591 901
時 周一至五及日10:30am-7:30pm，周六9:30am開始

藥妝

Santa Maria Novella

Santa Maria Novella是世界最古老的製藥廠之一，因多明尼克神父於1221年在修道院（亦即是現址）內種植草藥，到1612年被公爵授權為香水製藥廠。產品以佛羅倫斯種植的純天然植物提煉，不含農藥、不添加任何人工成份，因此皇室、名人希拉里及荷李活明星Catherine Zeta Jones等都是忠實用家，當中淡香水、玫瑰花水及金盞花系列最熱賣。雖然香港IFC亦有分店，但仍以意大利較便宜。

地 Officina Profumo Farmaceutica di Santa Maria Novella
時 9:30am-8:00pm 電 05-5216276
網 www.smnovella.it

摩卡壺

Bialetti Brikka

意大利品牌Bialetti是第一間以鋁材製造的摩卡壺，由意大利人Alfonso Bialetti於1933年發明，其八角形的經典設計更曾獲得國際設計大獎。只要把摩卡壺放在煮食爐上，由低層的沸水被氣壓沖到中層的咖啡粉，再進入上層，輕易炮製出一杯香濃醇厚的正宗意大利咖啡。

Bialetti Store

地 Piazza della Repubblica, 25R, 50123 Firenze
電 05-52302554 時 10:00am-7:30pm
網 www.bialetti.com

金杯咖啡

Tazza D'Oro

羅馬最聞名及道地的咖啡Tazza D'Oro，由1946年開始營業，它的即磨咖啡豆由中南美洲入口，分「Regina」與「Principe」兩種等級，獨家的烘培方法，充滿堅果香氣，非常容易入口。加一招牌產品是巧克力咖啡豆，每粒朱古力中包著一顆咖啡豆，一口香甜一口微苦，一吃令人上癮。

Tazza D'Oro

地 Via degli Orfani, 84-00186 Roma
時 周一至六7:00am-8:00pm；周日10:00am-7:00pm
電 06-678 9792 網 www.tazzadorocoffeeshop.com

紅酒

Chianti

坐落在意大利Chianti的葡萄酒產地，位於佛羅倫斯（Firenze）與西恩納（Siena）之間，是意大利的葡萄酒代表作之一。一般Chianti共有分三個等級：基本的Chianti、中等品質的Chianti Classico及最高級的Chianti Classico Riserva，酒味濃郁高雅，充滿黑櫻桃，煙草，甘草和煙霧的口感，而招紙上的黑色公雞更成了品質保證的象徵。

Castello di Radda

地 località il Becco, 101/a, 53017 Radda In Chianti
時 周一至六10:00am-5:30pm 電 05-77738992
網 www.castellodiradda.it

意大利必掃手信

Limoncello

檸檬酒

著名的檸檬酒Limoncello常見於意大利南部一帶，呈黃色而且有濃厚的檸檬香味，是一種帶甜味的中度烈酒，酒精濃度約30度。意大利人喜歡在夏日炎炎時分，吃過正餐後，喝杯咖啡後再品嚐，喝時加上幾粒冰，暑氣全消。另外檸檬糖及其他副產品在盛產檸檬樹的Capri及Sorrento等地亦隨處可見，非常適合作為手信。

Limonoro Fabbrica Liquori

地 Via San Cesareo, 49-53, 80067 Sorrento
電 08-8785348 時 9:00am-10:00pm
網 www.limonoro.it

皮具

印有「Made in Italy」的意大利手工皮具是高品質的象徵，佛羅倫斯自十二世紀便興起革染皮革及製造皮具的工業，悠久的傳統歷史是信心的保證。直到今天，皮具店隨處可見，售賣著各款手袋、服裝、首飾，手工優質，而且價位大眾化，有些飾物數歐元便有交易。

Mercato di San Lorenzo

地 Piazza del Mercato Centrale, Firenze 電 055 2399798
時 周一至五 9:00am-3:00pm，周六至5:00pm，周日及假日休息

刺繡布藝

茱麗葉的故鄉維諾納（Verona）曾經以生產大量毛織品及傳統手工布藝為主，直到現在仍然可以看到很多刺繡、布藝商店，專門出售圍裙、嬰幼兒布品等布藝用品，最獨特之處是可以繡上自己喜歡的字句或名字，再由裁縫師即場進行刺繡。整個過程大約只需5分鐘，用來作手信保證獨一無二，別具心思。

Ricami Verona

地 Via Cappello, 21, 37121 Verona
網 www.ricamiverona.it
時 10:00am-1:00pm，3:30pm-7:30pm，周日休息

乾貨 醬料

意大利人對美食有一份熱情，所以對煮食用的香草及醬料都非常有要求。假如來到當地超市，一定要走一轉，大量高級食材，由橄欖油、芝士、意式手工粉麵、紅酒醋、各類香草、番茄乾，到意大利松露、牛肝菌等一一俱備，而且價位合理，必定會令喜愛下廚的人大破慳囊。

Eataly Milano Smeraldo

地 Piazza XXV Aprile, 10, 20121 Milan 電 02-4949 7301
時 8:30am-11:00pm 網 https://www.eataly.net/

*意大利共設有6間分店

威尼斯面具 玻璃擺飾

最能代表威尼斯一定要數每年二月的面具嘉年華，每個人都戴上面具喬裝出席，歌舞狂歡，即使沒有趕上嘉年華季節，亦可買個代表性的勾嘴造型Bauta面具回去。另外，水都的玻璃工藝亦非常馳名，因為製作精美，而且圖案別致，在十六世紀時更被視為珠寶。

La commedia

地 Calle Fianco de la Scuola, 2470, 30125 Venezia
時 10:00am-7:00pm，周日休息

意大利 旅遊區新措施

作為旅遊勝地的意大利一直受遊客青睞，但也因為遊客太多，對當地居民做成影響。因此，意大利政府對各旅遊區實行不同措施，希望令市民和遊客都能於不受彼此影響下享受公共區域。在政策下，違例的遊客一經定罪，當局有權禁止他們進入羅馬市中心範圍48小時或被罰款。

各旅遊區實施規管遊客行為

1. 禁止在某些景點飲食，坐或躺在地上，攀爬紀念碑
2. 脱去衣服半裸到處逛或跳入噴水池嬉戲
3. 禁坐於西班牙階梯 (Spanish Steps)，違者可罰款高達400歐元
4. 禁止於具歷史性步道拖動輪式行李箱
5. 任何人若在午飯時在市內著名的烏茲菲美術館附近的行人路或門口通道進食，一經定罪最高會被判罰款500歐元
6. 禁止遊客直接用嘴對着自來水喉喝
7. 不能裝扮成古羅馬士兵在鬥獸場等著名景點附近與遊客合照收費

水鄉威尼斯需收「入城税」

由於遊客泛濫問題，威尼斯計畫2024年向遊旅客收取最多5歐元的「入城税」，紓緩旅客過多帶來的環境及衛生問題。

五漁村禁穿人字拖

世界遺產意大利五漁村(Cinque Terre)因色彩鮮豔的樓房及懸崖風景成遊客景點，但過往有不少旅客因穿人字拖攀山涉水導致意外頻生。當局實施新例，進入區內攀登峭壁時必須穿着合適運動鞋，違規人士將會被罰款50歐元至2,500歐元。

羅馬概覽

被譽為世界之都、永恆之城的羅馬是所有道路的終點。作為古羅馬帝國的中心，這座古老的城市古典文化與巴洛克藝術兼收並蓄，擁有無數的教堂與紀念碑、鱗次櫛比的博物館與歷史悠久古跡，無不令人沉醉其間。只要悠閑地逛逛街，吃個冰淇淋，停下來喝杯咖啡，你一定能渡過一個寫意的「羅馬假日」。

地理

羅馬位於台伯河下游平原，屬於拉齊奧大區(Lazio)，東距第勒尼安海25公里，總面積約為1,500平方公里，其中市區面積208平方公里。

氣候

羅馬屬於典型的地中海氣候，年平均氣溫15.5℃，年降雨量880毫米，每年的夏季是羅馬最熱、最乾燥的季節，平均氣溫24.5-24.7℃，降雨量14-22毫米，8月日最高氣溫可以超過32℃；9月中旬至10月是羅馬最晴朗的季節，被稱為「羅馬的美麗十月天」；1月是羅馬一年中最寒冷的時候，平均氣溫為6.9℃。

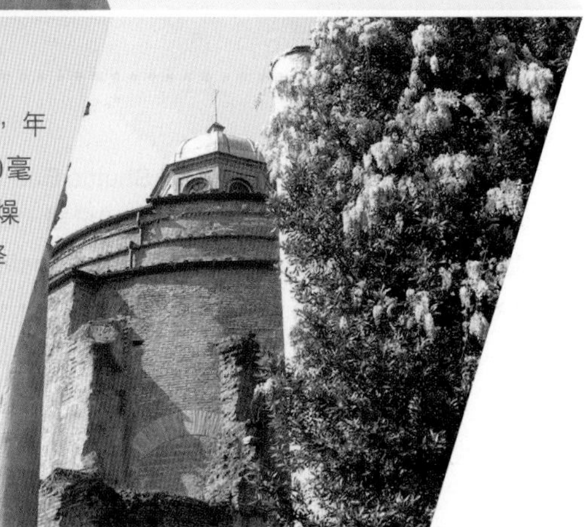

機場交通

羅馬有2座機場，其中位於市區西南約35公里處的菲烏米奇諾機場(Fiumicino)又稱為達・芬奇機場，是主要的客機起降機場，機場入境大廳在1樓，2樓為出境大廳。從歐洲各國主要城市乘飛機前往羅馬最多不超過4小時，香港暫時未有直航往羅馬的班次，需要在曼谷、杜拜、北京或上海轉機。

乘火車往市區

達・芬奇機場與特米尼火車站 (Stazione Termini) 之間有李安納度機場特快(Leonardo Express)，車程約30分鐘，車費14歐元。機場到特米尼車站的運營時間是06:08-23:23，每30-60分鐘一班，車站到機場的運營時間是05:20- 22:35。從機場到台伯提那Tiburtina車站的列車，全程約50分鐘，票價5歐元。從機場開往台伯提那車站的夜班巴士中途停靠特米尼車站，全程約50分鐘，票價5歐元，返程票價3.6歐元。如在月台售票機購票，入站後記得要在月台旁的機器打洞印上日期，否則被查到還是會罰錢，而且打印時要靠左邊，完成後需注意是否有印上時間。

乘巴士往市區

機場巴士 Terravision Airport Shuttle Bus 提供多條機場至市區路線，車程約40分鐘。單程車票約6歐元。

網 https://www.terravision.eu/airport_transfer/bus-fiumicino-airport-rome/

乘的士往市區

乘的士進入市區，單程約48歐元。

對外交通

鐵路

羅馬的特米尼車站是意大利的鐵路樞紐之一，從羅馬乘火車到米蘭4.5小時左右，到威尼斯5小時左右，到佛羅倫斯2小時左右，到拿波里3小時左右，車次很多；到南端的西西里島則有夕發朝至的夜車；此外，從法國巴黎、瑞士洛桑等地都有開往羅馬的國際列車。意大利火車有很多不同種類的優惠卡，遊客可以根據實際需要選擇國內或國際、不同天數的卡。

長途汽車

遊客從羅馬市內前往周邊的拉齊奧大區(Lazio)旅行可以選擇乘坐短途巴士。相對火車和飛機，也可以選擇票價最便宜的長途巴士，從羅馬開往米蘭行程約7小時。此外，歐洲著名的長途巴士聯盟有連接羅馬到比利時、荷蘭、瑞士、德國、法國等歐洲主要國家的線路，但中途經常需要轉車，不過遊客購買「歐洲巴士通票」即可在中途站點隨意上下車，非常便捷。

聖西爾維斯特廣場(Piazza Silvestro)是羅馬的交通樞紐，很多長途巴士停泊之處。

羅馬市內交通

地鐵

羅馬共有三條地鐵線，有兩條在特米尼車站交匯的地鐵線路，分別是橙色的A線和藍色的B線。羅馬地鐵的標誌是紅底白色「M」符號，非常醒目，地鐵運行時間5:30-23:30，周六延長至凌晨1:00，車次頻密。值得一提的是，羅馬的地鐵年代較早，設施在歐洲算比較簡陋的，車廂外布滿塗鴉。

羅馬主要的觀光景點都集中在A線上，如往梵蒂岡的Ottaviano站，往波各賽公園的Flamino站，往西班牙廣場的Spagna站。但乘B線的Colosseo站可以到達圓形競技場，Circo Massimo可到達大競技場和拉卡拉浴場，都是不可錯過的景點。

羅馬市內交通

巴士

羅馬的公交網絡非常發達，橙色的市內巴士行駛時間是5:30am-12:00mn，線路很密集，幾乎涵蓋整個市區。116、117路電車在古蹟密布的市中心環線行駛，夜間巴士行駛時間是0:10am-5:30am，編號上標有字母「N」。

除此以下，遊客亦可選乘觀光巴士遊覽羅馬市區各景點，例如HOHO(Hop On Hop Off)觀光巴士，全程約1.5小時，途經聖母瑪麗亞大教堂、圓形競技場及梵蒂岡等名勝，全日無限次上落，非常方便。

HOHO Bus

時 6月-9月 9:00am-7:00pm，10月-5月 9:00am-5:00pm，15-20分鐘一班
費 24小時票30歐元、48小時票34歐元、72小時票38歐元
網 www.hop-on-hop-off-bus.com/rome-bus-tours
註 網站尚有其他巴士＋景點門票組合，比單獨購買划算

的士

羅馬正規的的士都是白色或黃色的，在路上很少有空駛的的士，遊客可以在機場、火車站、景點以及市中心廣場上的固定停車站等候的士，也可以電話預約，但車費需要從出發地算起。羅馬的士起步價平日6:00am-10:00pm是3歐元，假日4.5歐元，10:00pm-6:00am是6.5歐元，之後每公里以1.1至1.6歐元的幅度遞增，大行李每件1歐元，電話預約額外收費3.5歐元。

公共交通收費

羅馬市內的地鐵、巴士和電車都是用同一種交通票，單程票1.5歐元，上車打卡後，有效期75分鐘，巴士可以不限次數乘坐，地鐵只限一次。另外還有Rome Public Transport Pass，1天票(7歐元)、2天票(12.5歐元)、3天票(18歐元)及7天票(24歐元)。首次使用需在打卡機上打卡，印上開始使用的日期。地鐵站和大的巴士站都有售票機，可以選擇英語，然後用信用卡或付現金都可以。除了車站售票機，街頭的書報攤或士多，只要看到招牌上一個大大的「T」或Tabacchi字，也有車票發售，非常方便。

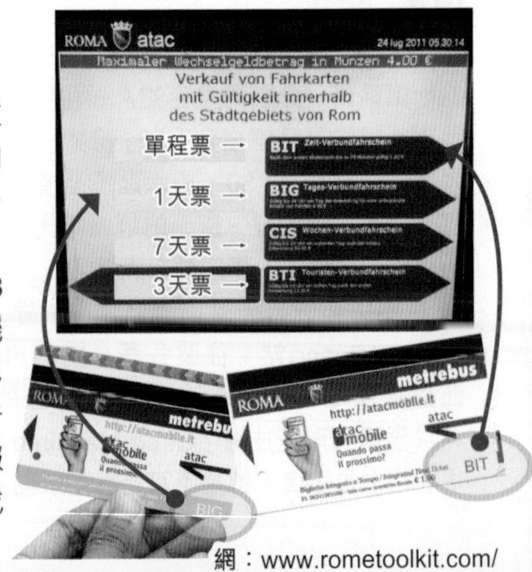

網：www.rometoolkit.com/

羅馬通Roma Pass

ROMA
PASS
ROMA
PASS
另有2天卡優惠
近似3天卡
(免費進一個景點)
只售32歐元。

- 可以免費進頭兩個參觀的景點，其後的入場費有優惠（建議用於入場費最貴的圓形競技場+帕拉幕尼博物館+古羅馬遺跡區套票，與及卡比托利歐博物館）。
- 三天內無限次使用羅馬市內所有公共交通工具（不包括Hop On / Hop Off觀光巴士）。

收費：52歐元。羅馬通在車站及各Tabacchi都有售
網：www.romapass.it/

OMNIA card

1. OMNIA CARD 24　69歐元

- 免費參觀梵蒂岡博物館、西斯汀禮拜堂等景點
- 24小時Hop On / Hop Off觀光巴士通行證

2. OMNIA CARD 72 + ROMA PASS　149歐元

- 免費參觀梵蒂岡博物館、西斯汀禮拜堂等景點
- 聖伯多祿大教堂優先進入
- 72小時Hop On / Hop Off觀光巴士通行證
- ROMA PASS所有優惠

https://www.romevaticancard.com/omniacards/

羅馬通及OMNIA CARD在車站及各Tabacchi都有售，亦可在Klook預先訂購。

Go Rome

手機程式，不含交通費，但可從30多個羅馬景點中選擇2-7個景點參觀，包括梵蒂岡博物館、西斯汀禮拜堂及圓形競技場等，部分景點更可獲免排隊禮遇。

價錢：由Choice 2：79歐元至Choice7：199歐元不等

https://gocity.com/rome/en-us

羅馬玩樂

美食

羅馬當地人喜歡去的餐廳集中在那佛納廣場、特米尼火車站東側的羅馬大學，以及沿台伯河和特拉斯提弗列區。近年以水果、蔬菜、魚、橄欖油為主，輔以少量肉類的「地中海式飲食」風靡世界。意大利套菜的順序第一道是湯、麵類，第二道是肉、魚等主菜，第三道是沙律、蔬菜等，最後是水果、雪糕、咖啡。飲料以紅酒為代表。

購物

除了時裝首屈一指外，羅馬的皮具、文具、瓷器、兒童商品，都享譽世界，宗教工藝品也是別具羅馬風味的上佳紀念品。那佛納廣場的聖誕市場會從每年的12月8日持續到到次年1月6日，是購買玩具、糖果、節日裝飾物等小玩意的好地方。

娛樂

古城羅馬擁有眾多同樣具有悠久歷史的文化節目，如戲劇、電影、歌劇、音樂等。不少表演會在公園、花園和教堂的庭院裡舉行，各種專題的文化活動也應有盡有，如古典樂和爵士。此外，羅馬擁有2支意甲球隊，分別是羅馬和拉素，同城打比的時候更是會點燃整座城市的激情。

重要節慶

羅馬生日 Natale di Roma
時間：4月21日

羅馬生日是為慶祝公元前753年羅馬奠基的節日，在這一天羅馬市內所有的文物古跡和各種展館都免費開放。

復活節 Settimana Santa & Pasqua
時間：3月/4月

復活節是基督教的重要節日之一。每年耶穌受難日的晚上，信徒會在教皇的帶領下到古羅馬大鬥獸場秉燭遊行。復活節周日中午，教皇會在聖伯多祿廣場的陽台按傳統賜福。

五一音樂會 Primo Maggio
時間：5月1日

五一音樂會由工會組織，在每年5月1日2:00pm-11:00pm舉行，其間最受人們歡迎的歌手和樂隊將在聖喬萬尼廣場(San Giovanni in Laterano)舉行音樂會。

Ferragosto
時間：8月15日

Ferragosto俗稱8月節，在這一天會舉辦盛大的8月節舞會。羅馬的許多廣場也會在這一天舉辦不同類型的專業舞蹈表演，其中人民廣場是活動的中心。

羅馬 10大必遊景點

圓形競技場 *Colosseo*
詳細介紹：1-4

聖母瑪麗亞大教堂
Basilica di Santa Maria Maggiore
詳細介紹：5-3

萬神殿 *Pantheon*
詳細介紹：2-5

梵蒂岡博物館
Musei Vaticani
詳細介紹：7-7

聖伯多祿大教堂
Basilica di San Pietro
詳細介紹：7-5

聖天使城堡
Castel Sant'Angelo
詳細介紹：7-3

卡比托利歐廣場
Piazza del Campidoglio
詳細介紹：1-9

Giolitti
詳細介紹：2-8

西班牙廣場
Piazza di Spagna
詳細介紹：3-9

那佛納廣場 *Piazza Navona* 詳細介紹：2-3

羅馬全景圖

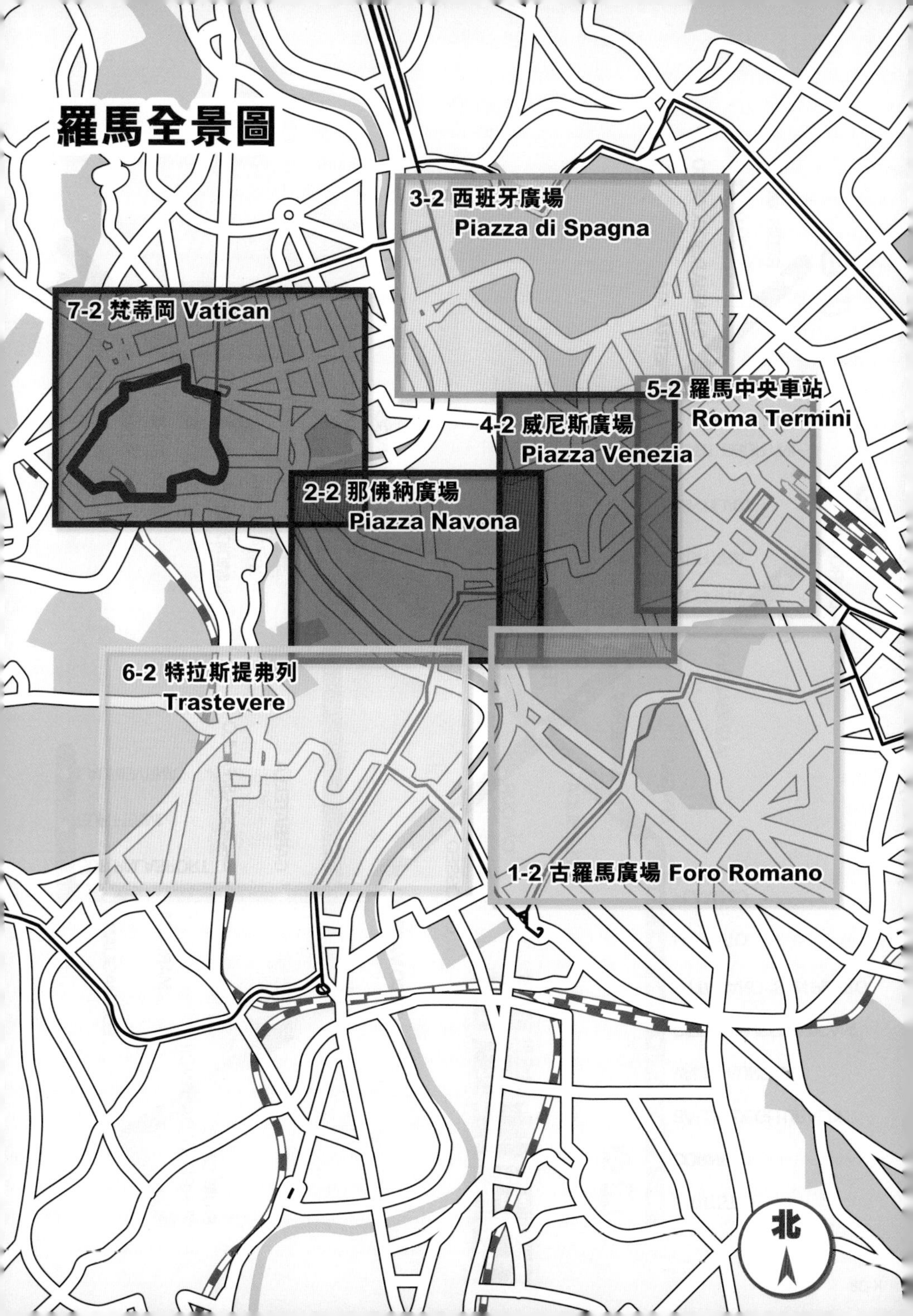
3-2 西班牙廣場
Piazza di Spagna
7-2 梵蒂岡 Vatican
5-2 羅馬中央車站
Roma Termini
4-2 威尼斯廣場
Piazza Venezia
2-2 那佛納廣場
Piazza Navona
6-2 特拉斯提弗列
Trastevere
1-2 古羅馬廣場 Foro Romano
北

羅馬地鐵圖

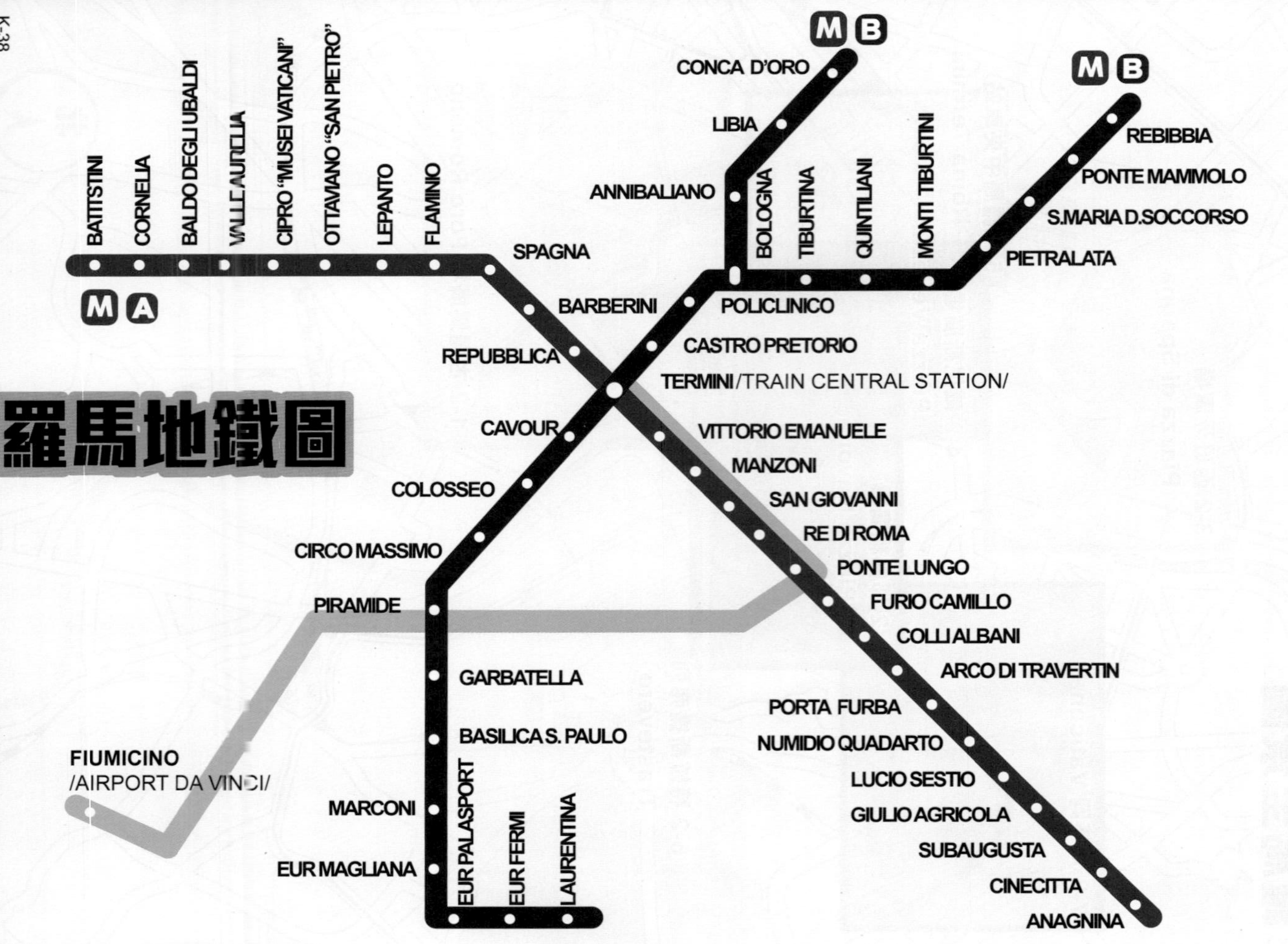

M A
BATTISTINI
CORNELIA
BALDO DEGLI UBALDI
VALLE AURELIA
CIPRO "MUSEI VATICANI"
OTTAVIANO "SAN PIETRO"
LEPANTO
FLAMINIO
SPAGNA
BARBERINI
REPUBBLICA
TERMINI/TRAIN CENTRAL STATION/
VITTORIO EMANUELE
MANZONI
SAN GIOVANNI
RE DI ROMA
PONTE LUNGO
FURIO CAMILLO
COLLI ALBANI
ARCO DI TRAVERTIN
PORTA FURBA
NUMIDIO QUADARTO
LUCIO SESTIO
GIULIO AGRICOLA
SUBAUGUSTA
CINECITTA
ANAGNINA
M B
CONCA D'ORO
LIBIA
ANNIBALIANO
M B
REBIBBIA
PONTE MAMMOLO
S.MARIA D.SOCCORSO
PIETRALATA
MONTI TIBURTINI
QUINTILIANI
TIBURTINA
BOLOGNA
POLICLINICO
CASTRO PRETORIO
CAVOUR
COLOSSEO
CIRCO MASSIMO
PIRAMIDE
GARBATELLA
BASILICA S. PAULO
MARCONI
EUR MAGLIANA
EUR PALASPORT
EUR FERMI
LAURENTINA
FIUMICINO
/AIRPORT DA VINCI/

古羅馬廣場
Foro Romano

交通速讀

特米尼火車站→古羅馬廣場(地鐵/步行)

地鐵B線	步行
Stazione Termini→Colosseo	沿Via Cavour步行1.5公里
車程：5分鐘	**行程：20分鐘**

必遊景點

圓形競技場、古羅馬廣場、卡比托利歐廣場、真理之口

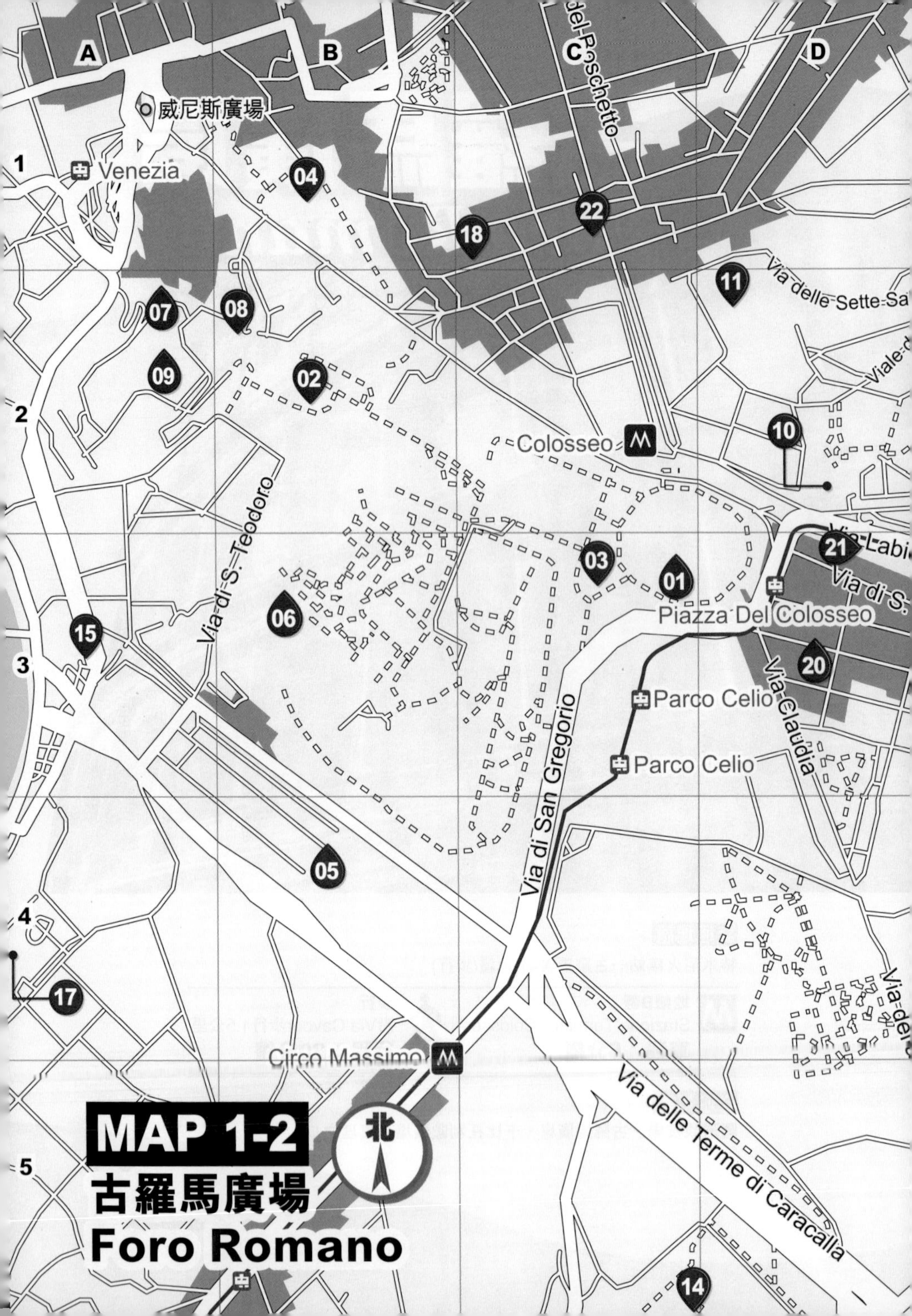

A
B
C
D
1
2
3
4
5
威尼斯廣場
Venezia
del Boschetto
Via delle Sette Sa
Viale d
Colosseo
Via Labi
Via di S.
Piazza Del Colosseo
Via di S. Teodoro
Via Claudia
Parco Celio
Parco Celio
Via di San Gregorio
Via delle Terme di Caracalla
Circo Massimo
01
02
03
04
05
06
07
08
09
10
11
14
15
17
18
20
21
22
北
MAP 1-2
古羅馬廣場
Foro Romano

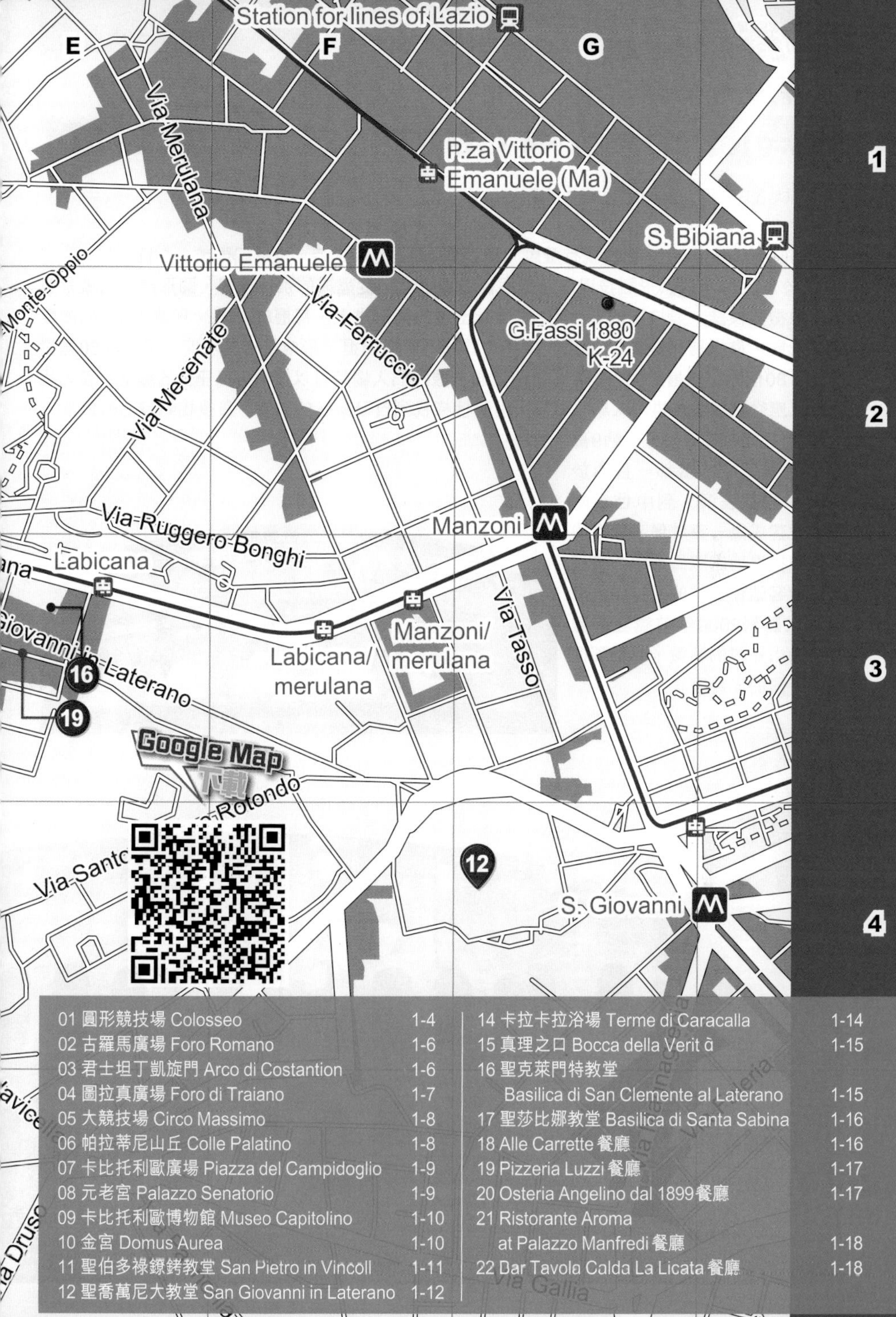
Station for lines of Lazio
E
F
G
1
2
3
4
Via Merulana
P.za Vittorio Emanuele (Ma)
S. Bibiana
Vittorio Emanuele
Via Monte Oppio
Via Ferruccio
Via Mecenate
G.Fassi 1880 K-24
Via Ruggero Bonghi
Manzoni
Labicana
Via Tasso
Manzoni/ merulana
Labicana/ merulana
Giovanni in Laterano
16
19
Google Map 下載
Rotondo
Via Santo
12
S. Giovanni
01 圓形競技場 Colosseo 1-4
02 古羅馬廣場 Foro Romano 1-6
03 君士坦丁凱旋門 Arco di Costantion 1-6
04 圖拉真廣場 Foro di Traiano 1-7
05 大競技場 Circo Massimo 1-8
06 帕拉蒂尼山丘 Colle Palatino 1-8
07 卡比托利歐廣場 Piazza del Campidoglio 1-9
08 元老宮 Palazzo Senatorio 1-9
09 卡比托利歐博物館 Museo Capitolino 1-10
10 金宮 Domus Aurea 1-10
11 聖伯多祿鐐銬教堂 San Pietro in Vincoll 1-11
12 聖喬萬尼大教堂 San Giovanni in Laterano 1-12
14 卡拉卡拉浴場 Terme di Caracalla 1-14
15 真理之口 Bocca della Verit ɑ̃ 1-15
16 聖克萊門特教堂 Basilica di San Clemente al Laterano 1-15
17 聖莎比娜教堂 Basilica di Santa Sabina 1-16
18 Alle Carrette 餐廳 1-16
19 Pizzeria Luzzi 餐廳 1-17
20 Osteria Angelino dal 1899餐廳 1-17
21 Ristorante Aroma at Palazzo Manfredi 餐廳 1-18
22 Dar Tavola Calda La Licata 餐廳 1-18
Via Gallia

古羅馬的榮耀象徵
羅馬圓形競技場 Colosseo

Map1-2
C3

乘地鐵B線至Colosseo站，出站即達

「何時有Colosseo，何時就有羅馬。當Colosseo倒塌之時，也是羅馬滅亡之日。」

建於公元72年的圓形競技場前身是尼祿的黃金宮，從建成的那一天起，圓形競技場就是羅馬的象徵與標誌。競技場的看台用3層混凝土製的筒形拱上，每層80個拱，形成3圈不同高度的環形圈，最上層則是約50米高的實牆。看台逐層向後退，形成階梯式坡度。每層的80個拱形成了80個開口，最上面2層則有80個窗洞，觀眾們入場時可以按照自己座位的編號，首先找到自己應從哪個底層拱門入場，然後再沿著樓梯找到自己所在的區域，最後找到自己的位置。

直到公元608年，可容納9萬觀眾的圓形競技場都一直用於角鬥和鬥獸表演，到中世紀時才被改建成為一座城堡。現今的圓形競技場地處羅馬市中心東南部，遊客站在空曠的競技場內彷彿可以聽到2000年前瘋狂的觀眾地動山搖般的吶喊，感受那個龐大帝國的光輝歷史。

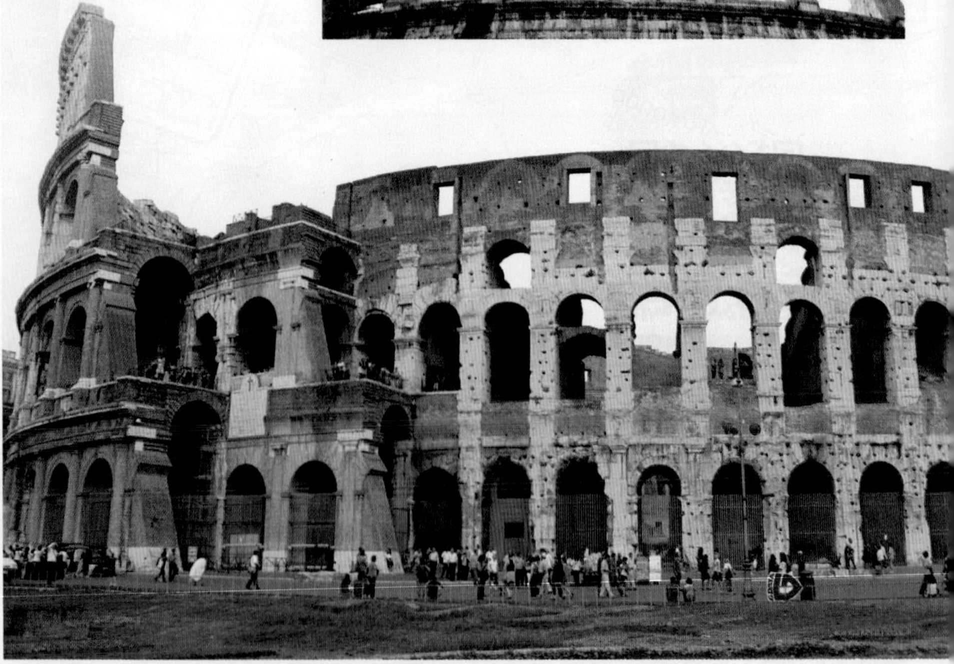

地: Piazza del Colosseo 電: 0639967700

時: 10 月最後一個周日至 2 月 15 日 8:30am-4:30pm、
2 月 16 日至 3 月 15 日 8:30am-5:00pm、
3 月 16 日至 3 月最後一個周六 8:30am- 5:30pm、
3 月最後一個周日至 8 月 31 日 8:30am-7:15pm、
9 月 1 日至 9 月 30 日 8:30am-7:00pm、
10 月最後一個周六 8:30am-6:30pm

費: 成人 18 歐元、17 歲以下 6 歐元 (包括多個景點套票)

註: 由於競技場是超人氣景點，建議預先訂購門票。不同代理網站的訂價有極大出入，宜花多點時間比較才做決定。

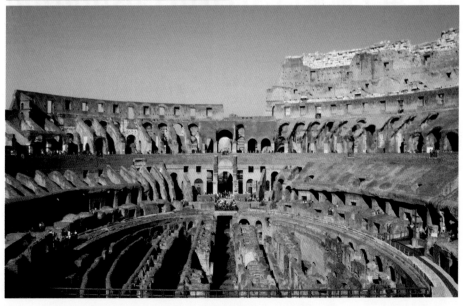

古羅馬城市中心

02 古羅馬廣場 *Foro Romano*

Map1-2 B2

乘地鐵B線至Colosseo站，過馬路至競技場隔壁即達

古羅馬廣場曾經是羅馬時代市民生活的中心，周圍散落著神殿、元老院、公共演講台、交易進行所等古羅馬建築的遺跡，毗鄰古羅馬廣場的神聖大道，曾經是軍隊凱旋遊行經過並接受道路兩旁市民歡呼的道路，其沿途會經3座宏偉的凱旋門，其中規模最大的君士坦丁凱旋門更是體驗古羅馬魅力的絕佳場所。

地：Via del Fori Imperiali　時：9:00am-7:00pm
費：與競技場聯票

規模宏偉的凱旋門

03 君士坦丁凱旋門 *Arco di Costantion*

Map1-2 C3

位於圓形競技場西北角

建於315年的君士坦丁凱旋門位於神聖大道，是為紀念君士坦丁大帝擊敗馬克森提皇帝、統一羅馬帝國而建。凱旋門上方的浮雕板是當時從羅馬其他建築上直接取來的，主要內容為歷代皇帝的生平業績，如安東尼、哈德良等；浮雕板下面則描述了君士坦丁大帝的戰鬥場景。雖然君士坦丁凱旋門是神聖大道上3座凱旋門中建造最晚的，但依舊充滿早期羅馬藝術的影子。

地：Piazza del Colosseo　費：免費

古羅馬購物廣場
圖拉真廣場 Foro di Traiano

04 Map1-2 B1

乘地鐵B線至Colosseo站，
出站後步行10分鐘

圖拉真廣場建於107年，是為了紀念圖拉真大帝遠征羅馬尼亞獲勝而建。圖拉真廣場的設計參照了東方建築的特點：不僅軸線對稱，而且作多層縱深佈局。在將近300米的深度裡，佈置了多座建築物，室內室外的空間交替、明暗交替、雕刻和建築物交替。

地：Via IV Novembre
時：9:00am-5:30pm，不同月份開放時間稍有分別
費：16 歐元

生動記載戰爭故事 4a
圖拉真凱旋柱
Colonna Traiana

圖拉真廣場西側

圖拉真凱旋柱矗立在圖拉真廣場的最西側，記錄著圖拉真皇帝征服羅馬尼亞地區的戰功。由18塊希臘產的大理石砌成高約30米的圓柱，柱體之內有185級螺旋樓梯直通柱頂。該柱由大馬士革建築師阿波羅多拉（Apollodorus of Damascus）建造，於113年落成，以柱身精美浮雕而聞名。

圓柱表面雕刻著達齊亞戰爭場面的宏大畫卷，雕刻精美，僅各種人物就有2,500多個。浮雕按故事情節分類，從下往上總長達200米。表面的鍍金雖已退色，但其上的浮雕仍完整保留。

地：圖拉真廣場內

古羅馬最大的運動場
大競技場 Circo Massimo

05 Map1-2 B4

乘地鐵B線至Circo Massimo站，出站即達

從公元前4世紀就開始擴建的大競技場，在古羅馬時代曾是羅馬最大的運動場，直到549年舉辦最後一場競賽，近千年的時間這裡曾經舉辦過無數次馬車比賽。競技場中央設計有1個由7只銅鑄海豚組成的計圈器，每跑完1圈就轉動其中1只。公元前10年，奧古斯都大帝還曾經從埃及搬運來一塊方尖碑安放在場內，4世紀時君士坦丁二世又增加了一塊方尖碑。

地: Via del Circo Massimo
時: 全日開放 費: 免費

古羅馬的豪宅區
帕拉蒂尼山丘 Colle Palatino

06 Map1-2 B3

乘地鐵B線至Circo Massimo站，出站後步行5分鐘即達

帕拉蒂尼山丘是個小山丘，當年是羅馬建國的聖地，據說羅馬城的建造者羅慕路斯就是在這座山丘上建立了羅馬第一個群落。在羅馬共和時代，有許多貴族都是居住在此處，就連奧古斯都皇帝也在這裡修建了豪華的宅邸和廣場。奧古斯都的宅邸後來被併入弗拉維亞家族的豪宅，成為帕拉蒂尼山丘現今最引人注目的地方。

地: Colle Palatino
時: 全日開放 費: 免費

世界首都
卡比托利歐廣場 Piazza del Campidoglio

07 Map1-2 A2

乘地鐵B線至Colosseo站，出站後步行約7分鐘即達

地處小山丘上的卡比托利歐從拉丁文Capitolinum衍生而來，其原意為「世界的首都」(Capital)，在羅馬歷史上卡比托利歐曾是羅馬帝國的衛城所在，當時的政治與宗教儀式全在這裡舉行，現今則是羅馬市政廳所在地。卡比托利歐廣場由文藝復興時期的藝術天才米高安哲奴於16世紀開始設計，大階梯斜坡、廣場左右兩側的新宮與保守宮都美輪美奐，是收藏了大量古羅馬石雕和繪畫作品的博物館。

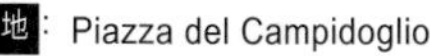

地: Piazza del Campidoglio
時: 全日開放 費: 免費
網: www.rome.info/squares/piazza-del-campidoglio

08 Map1-2 B2

羅馬市政廳所在
元老宮 Palazzo Senatorio

卡比托利歐廣場中央

卡比托利歐廣場內有三座文藝復興時期的建築物：正面的元老宮(Palazzo Senatorio)，北面的新宮(Palazzo Nuovo)和南面的保守宮(Palazzo dei Conservatori)。今天元老宮成為了羅馬市政廳的所在地，保守宮和新宮，都成為了卡比托利歐博物館(Musei Capitolini)的展廳。

市政廳門前有三尊雕像，分別為守護羅馬的女神Minerva；象徵羅馬城的台伯河(Tevere)神與埃及的尼羅河神。旁邊則擺放著紀念羅馬城起源的「母狼與孖生兄弟」雷摩斯(Remus)和羅慕勒斯(Romulus)的雕像。

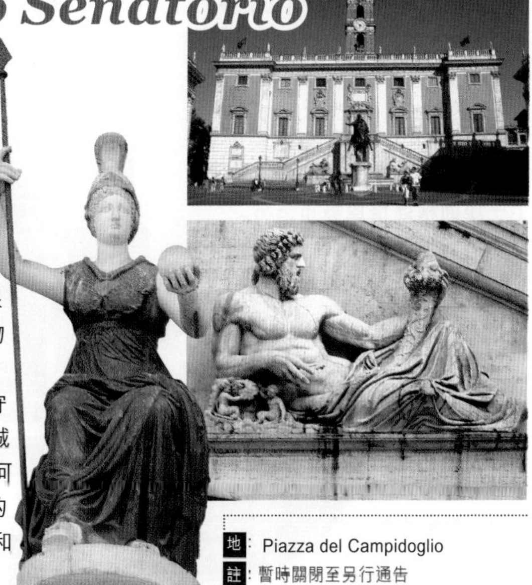

地: Piazza del Campidoglio
註: 暫時關閉至另行通告

世界首座博物館
卡比托利歐博物館 Museo Capitolino

09 Map1-2 A2

卡比托利歐廣場兩側

卡比托利歐博物館由米高安哲奴在1536年規劃，工程經過400多年才全部完成。該博物館的歷史可以追溯到1471年，直至今天，博物館的收藏已發展到包括大量古羅馬雕像，銘文，以及其他工藝品，中世紀和文藝復興藝術、寶石、錢幣等等。

羅馬國王馬爾庫斯•奧列里烏斯(Marcus Aurelius)騎馬雕像位於廣場中心。在中世紀，教會當局下令毀壞了許多羅馬雕像；這尊雕像被保存下來，是因為誤以為這是將基督教定為羅馬帝國國教的君士坦丁大帝。

地：Piazza del Campidoglio 時：9:30am-7:30pm
電：06-0608 費：成人 16 歐元，長者 14 歐元
網：www.museicapitolini.org

尼祿的黃金屋
金宮 Domus Aurea

10 Map1-2 D2

乘電車3號線至Labicana站，步行5分鐘即達

公元65年，荒淫的羅馬皇帝尼祿放火將羅馬城燒毀後，建了一座面積達整座城市三分之一的宮殿及花園，被後人稱為「黃金屋」。現今尼祿的金宮早已不復存在，保存下來的宅邸部分位於地下，遊客可以在大廳中欣賞精彩的壁畫，感受當年奢華的尼祿宮殿風釆。

地：Via della Domus Aurea 時：9:15am-5:15pm
電：06-3996-7700 費：18 歐元

米高安哲奴的摩西雕像
聖伯多祿鐐銬教堂
San Pietro in Vincoli

11 Map1-2 D2

乘地鐵B線至Cavour站，出地鐵站往競技場方向下坡直走5分鐘即達

聖伯多祿鐐銬教堂供奉著曾經銬住聖伯多祿的鐐銬因而得名。教堂內最吸引遊客的是一尊摩西雕像。由米高安哲奴製作的這尊摩西雕像頭上長著角，表情氣憤地拿著石塊要砸掉族人崇拜的偶像，充滿了力與美，曾是教皇墳墓的裝飾雕像之一。據說，米高安哲奴在完成這尊摩西雕像的時候曾經對著雕像說：「你怎麼不說話？」，其栩栩如生的神態吸引了無數遊客。

地：Piazza di San Pietro in Vincoli 4A 時：8:00am - 12:30 pm, 3:00pm - 6:00pm
費：免費 網：https://www.lateranensi.org/sanpietroinvincoli/

教宗的寶座
聖喬萬尼大教堂
San Giovanni in Laterano

12 Map1-2 G4

乘地鐵A線至San Giovanni站，出站即達

聖喬萬尼大教堂是羅馬四大聖堂之一，也是羅馬的第一座主教堂。公元314年，羅馬君士坦丁大帝皈依基督教後，將土地捐贈給教皇，並修建了教堂。

現今呈現在遊客面前的聖喬萬尼大教堂，則是由17世紀巴洛克建築師波羅米尼進行大規模改建後的建築。教堂正面上部高達6米的基督與聖徒像是伽利略修的，教堂內裝飾有君士坦丁大帝畫像，方格形天花板上描繪有教堂的徽章。據說在屋頂大棚中描繪的彼得和保羅像的頭部裡面，分別裝有他們的頭骨。教堂內部的至聖小堂是教皇的私人禮拜堂，中門上方的雕像取自古羅馬元老院，而其中最著名的則是被稱為「神聖樓梯」的28級台階——耶穌被釘上十字架以前走過的最後的木梯，相傳這是特意從耶路撒冷運來。

 地: Piazza S. Giovanni  時: 8:00am-12:00nn，4:00pm-6:00pm
 電: 06-69886433  費: 免費 網: https://www.vatican.va/various/basiliche/san_giovanni/index_it.htm

超過100年的老餐館

Checchino dal 1887

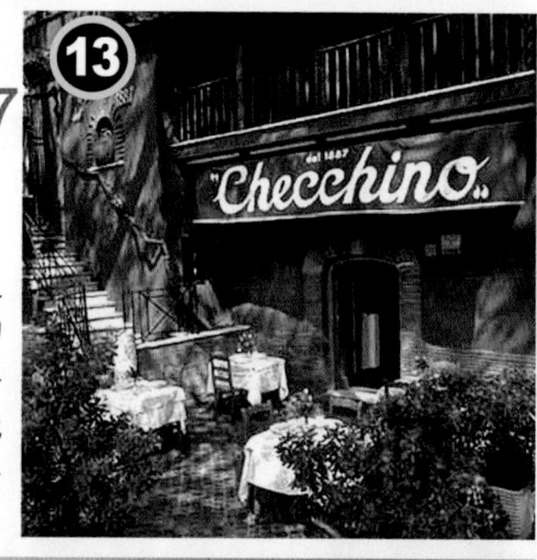

乘地鐵B線至Piramide站，出站步行約10分鐘即達

毗鄰屠宰市場的Checchino dal 1887是一家歷史悠久、已經傳承了好幾代的老餐館，雖然餐館所處的位置略為偏僻，但餐館內提供的美味料理和選用的各種酒類都很值得一到。此外，餐館所在的街區附近就是羅馬最熱鬧的夜店區，遊客可順道體驗羅馬多采多姿的夜生活。

地：Via di Monte Testaccio 30 電：06-5743816
時：12:30nn-3:00pm，7:30pm-11:30pm；周一及二休息
網：www.checchino-dal-1887.com

古羅馬的公共浴池
卡拉卡拉浴場 Terme di Caracalla

14 Map1-2 C5

乘地鐵B線至Circo Massimo站，沿Viale delle Terme di Caracalla直走約5分鐘

位於艾文汀山下的卡拉卡拉公共浴場遺跡，已成為意大利每年8月定時舉行「露天歌劇季」的地方。卡拉卡拉公共浴場是羅馬皇帝謝普提米烏斯•塞維魯於公元206年所建，217年由他的兒子卡拉卡拉完成，所以稱為卡拉卡拉公共浴場。浴場一直使用，直到公元6世紀哥特人入侵破壞了城裡的溝渠才停用。

卡拉卡拉公共浴場可不僅僅是個洗澡的地方，人們還可以在這裡進行很多活動。浴場可容納約1,600人，裡面設施齊全：藝術館、畫廊、室內體操室、花園、圖書館、會議室、演講台，還有賣飲料和食品的小商店。

地：Via delle Terme di Caracalla 52
時：9:00am-7:00pm，不同月份時間略有不同
電：0639967702　費：10 歐元
網：https://www.coopculture.it/it/poi/terme-di-caracalla/

古老的「測謊儀」
真理之口 Bocca della Verità

15 Map1-2 A3

乘地鐵B線至Circo Massimo站，出站後步行10分鐘即達

位於科斯美汀聖母教堂（Santa Maria Cosmedin）內的真理之口，是一塊雕刻著海神頭像的圓槃。據說將手放在海神的嘴裡，如果說謊就無法拔出來。其實，真理之口原本是古羅馬時代的井蓋，1632年在教堂外牆邊被發現後就一直留在這裡。在電影《金枝玉葉》(Roman Holiday)中，就是這個古老的「測謊儀」嚇壞了可愛的公主，也令世界各地的影迷記住了真理之口的名字。

柯德莉夏萍《金枝玉葉》的劇照

地：Piazza Bocca della Verita 時：全日 費：免費
網：https://www.turismoroma.it/it/luoghi/bocca-della-verit%C3%A0

歷史悠久的宗教聖殿
聖克萊門特教堂 Basilica di San Clemente al Laterano

16 Map1-2 E3

乘電車3號線至Labicana站出站即達

聖克萊門特教堂主體建築分為三層：與街道等高的一層建於12世紀，半圓後殿有描繪植物與動物的馬賽克鑲嵌畫；地下一層的建築建於4世紀，在1967年曾在這裡發現當時的洗禮池等遺跡；最下一層的密特拉神殿建於公元前1世紀，當時耶穌尚未誕生，密特拉是由波斯傳來的宗教中神的名字，在密特拉神殿中有舉行聖餐的房間，祭台上刻有波斯神話中密特拉神殺死公牛的浮雕畫。

地：Via San Giovanni in Laterano 電：06-7740021 費：免費/ 考古坑洞入場費：10歐元
時：9:00am-12:30nn，2:00pm-6:00pm；周日12:00nn-6:00pm 網：www.basilicasanclemente.com

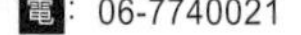

古樸風韻的教堂

聖莎比娜教堂

Basilica di Santa Sabina

17 Map1-2 A4

乘地鐵B線至Circo Massimo站，出站後步行5分鐘即達

始建於422年的聖莎比娜教堂是一幢風格簡約的建築。不同於羅馬城內大量巴洛克風格的教堂，聖莎比娜教堂由受君士坦丁會堂影響的3個中殿、圓柱拱廊以及架高的窗戶構成，其原始的木門與迴廊散發著古老氣息，展示了早期羅馬基督教教堂的古樸風韻。

地：Piazza Pietro d'Illiria 1
時：8:00am-7:00pm，周日及一 12:00nn-7:00pm
電：06579401
費：免費
網：https://basilicasantasabina.it/

羅馬人心水之選

18 Map1-2 C1

Alle Carrette

乘地鐵B線至Colosseo站，出站步行10分鐘

每個羅馬人都有他們心目中的私房薄餅店，Alle Carrette是很多本地人的心頭好，也是典型的當地羅馬薄餅店，沒有華麗的裝潢，但店員個個是「薄餅達人」(Pizzaiolos)。薄餅的麵糰會經過一整夜的發酵，確保鬆軟，再放入燃木烤爐，令出爐薄餅都帶有一股木材味，香脆可口。薄餅的配料不多，但都是最優質的本地食材，包括以水牛奶製作的莫薩里拉芝士（Mozzarella)、帕基諾番茄(Pachino)，連番茄醬也要指定著名的品牌Marinara。一絲不苟的態度，才製作出羅馬人認同的薄餅。

地：Via della Madonna dei Monti, 95 00184 Roma 時：12:00nn-3:30pm、7:00pm-11:30pm
電：06-679-2770 網：https://www.facebook.com/AlleCarrette/

半世紀薄餅老店

19 Map1-2 E3

Pizzeria Luzzi

乘地鐵B線至Colosseo站，出站步行15分鐘

Pizzeria Luzzi位於羅馬競技場附近，是參觀完競技場、古羅馬廣場等古蹟後醫肚的好地方。食肆開業於1945年，至今已超過半世紀，現由家族的第三代經營。出品的薄餅全由木火灶烤，味道香脆而正宗。無論薄餅、意粉、提拉米蘇以至沙律都既經濟又美味。最抵讚是營業至午夜，就算吃了晚餐也可坐在戶外一邊品嘗美酒小吃，一邊領略羅馬夜城的風情。

地：Via Late Giovanni in Laterano
時：12:00nn-12:00mn 電：06-7096332
網：https://www.trattorialuzzi.it/

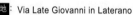

星光熠熠

20 Map1-2 D3

Osteria Angelino dal 1899

乘地鐵B線至Colosseo站，出站步行15分鐘

Osteria Angelino dal 1899 也是羅馬競技場附近的著名食肆，創立一世紀以來，有不少知名食客光顧，所以室內掛滿了名人的相片。食肆室內有布置很有南歐風格，出品傳統的意國菜，就算是簡單的意大利粉，也有不同的選擇。如果沒有心水，入門版的Rigatoni alla carbonara(培根起司蛋麵)及Bucatini all'amatriciana(番茄意大利粉)都是很好的選擇。

Rigatoni alla carbonara (培根起司蛋麵)

Bucatini all'amatriciana (蕃茄意大利麵)

地：Via Capo d'Africa, 6-Roma
時：12:30nn-11:00pm 電：06-6476-4663
網：http://www.osteriaangelino.com/

靚景佳餚

21 Map1-2 D3

Ristorante Aroma at Palazzo Manfredi

乘地鐵B線至Colosseo站，出站步行15分鐘

競技場是羅馬永恆的地標，而Aroma正正位於競技場對面，無論是日與夜，都能一邊享用美酒佳餚，一邊觀賞這座宏偉的建築。餐廳由名廚Giuseppe Di Iorio主理，更是米芝蓮一星食肆。菜式由材料、味道到造型都力求完美，絕對體現意大利人對美食的追求。為了提供最佳服務，食肆只有28個座位，所以必須預訂，而且男士不可穿短褲、無袖襯衫和人字拖進場，敬請注意。

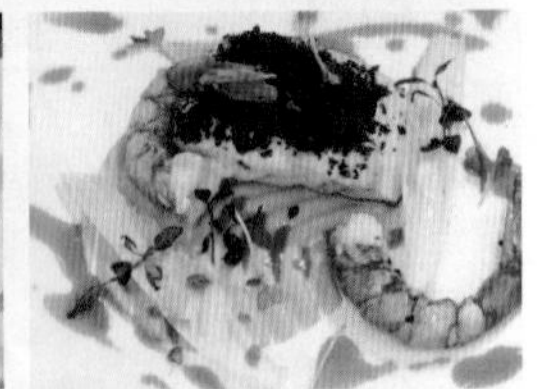

地：Via Labicana 125, 00184 Rome
時：12:30nn-3:00pm，7:00pm-11:00pm
電：06 97615109 網：https://www.aromarestaurant.it/

由朝到晚好幫襯

22 Map1-2 C1

Bar Tavola Calda La Licata

乘地鐵B線至Colosseo站，出站步行10分鐘

坐落於羅馬競技場附近，是一間「多功能」的食肆，由早上6時開始提供各式餐點，由新鮮出爐的麵包咖啡，到傳統的意式甜點及簡餐都有供應。除此以外，食肆也兼附酒吧功能，為客人奉上各款酒類或飲品。另外，這裡也兼售不同門票，包括足球賽、音樂會及演奏會等。就算你偶然路過，想買一件糕餅充饑，這裡也無任歡迎。

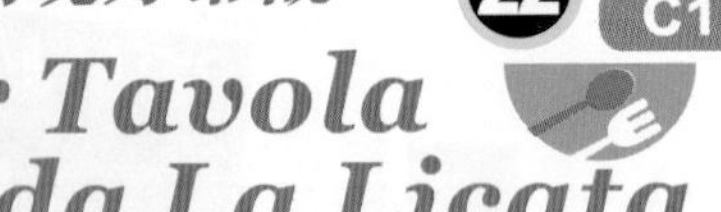

地：Via dei Serpenti 165, 00184 Rome
時：6:00am-9:00pm，周日 7:00am-3:00pm
電：06 4884746 網：https://barlalicata.it/

那佛納廣場
Piazza Navona

交通速讀

特米尼火車站→那佛納廣場(地鐵+步行)

地鐵A線
Stazione Termini→Barberini
車程：4分鐘

步行
Barberini→Piazza Navona
沿Via del Tritone步行1.6公里
行程：20分鐘

必遊景點

那佛納廣場、四河噴泉、萬神殿、阿根廷劇院

MAP 2-2
那佛納廣場 Piazza Navona

01 那佛納廣場 Piazza Navona 2-3
02 四河噴泉 Fontana dei Fiumi 2-4
03 瑪達瑪宮 Palazzo Madama 2-5
04 萬神殿 Pantheon 2-5
05 密涅瓦的聖母教堂 Pantheon 2-6
06 法國人的聖路易教堂 San Luigi dei Francesi 2-6
07 聖埃格尼斯教堂 Sant'Agnese in Agone 2-7
08 耶穌教堂 Chiesa del Ges ù 2-7
09 阿根廷劇院 Teatro Argentina 2-8
10 Giolitti 雪糕店 2-8
11 Papa Giovanni 餐廳 2-9
12 Da Baffetto 餐廳 2-9
13 百花廣場 Campo dei Fiori 2-10
14 斯帕達宮 Campo dei Fiori 2-11
15 布拉斯奇宮 Palazzo Braschi 2-12
16 金杯咖啡 La Casa Del Caff è Tazza D'oro 2-13
17 Gelateria della Palma 雪糕店 2-13
18 Cantina e Cucina 餐廳 2-14
19 Grom 雪糕店 2-14
20 Sant'Eustachio il Caff'e 餐廳 2-15
21 Al Sogno 餐廳 2-15
22 Chiostro del Bramante 2-16
23 Two Sizes 甜品店 2-15

羅馬最華麗的廣場
那佛納廣場 *Piazza Navona*

01 Map2-2 B1

乘電車8號線於Arenula-Cairoli站下車，再步行15分鐘即達

那佛納廣場是羅馬最華麗的廣場之一，建造於多米奇亞諾運動場的遺址上，現在仍然保持著昔日的模樣。那佛納廣場有3個巴洛克式噴泉，中央的1個是四河噴泉，它是貝里尼的天才傑作。4個寓意雕像則代表尼羅河、恆河、多瑙河和拉普拉塔河。

廣場一側外觀雄偉的阿科內聖阿涅塞教堂是貝里尼藝術上的對手——博羅米尼的傑作。這裡有一個民間傳說，說貝里尼的拉普拉塔河塑像舉著前伸的手臂，是為了防止他的對手設計的教堂倒塌。然而，傳說卻與事實不符，因為這一噴泉是於1651年建成的，而教堂在1666年才落成完工。

地：Piazza Navona
費：免費

貝里尼精心傑作

四河噴泉

Fontana dei Quattrro Fiumi

那佛納廣場內

四河噴泉坐落於那佛納廣場中心。噴泉由濟安 • 貝里尼設計，建於1651年，是巴洛克藝術高峰期的代表作。四河噴泉代表文藝復興時代地理學者心目中四大洲的四條大河：非洲的尼羅河（Nile），亞洲的恆河（Ganges），歐洲的多瑙河（Danube）和美洲的拉普拉塔河（La Plate），也是四大文明的發源地。

四河噴泉上的四位河神，每個都有別具意義的動植物來襯托他們。恆河神以船槳代表航運。尼羅河神頭蓋面紗，寓意尼羅河的源頭是一個謎。多瑙河神觸及了教皇的大衣，因為他是最接近羅馬的大河。拉普拉塔河神坐在一堆金幣上，代表了富有和豐足。中間的假山和尖塔，寓意著天主教在全世界的勝利。

多瑙河神

拉普拉塔河神

尼羅河神

恆河神

意大利參議院所在地 03 瑪達瑪宮 Palazzo Madama

Map2-2 B1

乘電車8號線於Argentina站下車，再步行15分鐘即達

瑪達瑪宮所在地原是羅馬國皇尼祿的浴場，15世紀末，意大利第一大家族麥第奇家族（Medici）在此修建新建築，完成於1505年。瑪達瑪宮也被稱為夫人宮，緣於神聖羅馬帝國皇帝查理五世的私生女奧地利的瑪格麗塔夫人，她嫁給了一位麥第奇家族的私生子，亞歷山德羅•麥第奇。

麥第奇家族滅絕後，這座宮殿被移交給洛林皇室，後來又交給教宗本篤十四世，成為教宗政府所在地。1871年，新成立的意大利王國便以瑪達瑪宮成為參議院所在地。

地：Piazza Madama 電：0667061
時：10:00am-6:00pm，周二休息
費：10 歐元 網：https://www.senato.it/home

令人驚嘆的完美圓頂 04 萬神殿 Pantheon

Map2-2 C1

乘電車8號線於Arenula-Cairoli站下車，再步行10分鐘即達

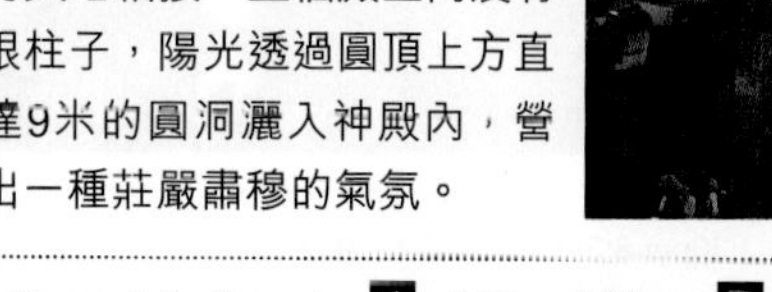

始建於公元前27年的萬神殿，名字「Pantheon」中「Pan」是指全部，「theon」是神的意思，指供奉羅馬全部的神。在609年萬神殿被聖化為基督教教堂，因而在中世紀消滅羅馬異教痕跡的清洗行動中逃過一劫。萬神殿正面的16根圓柱讓人聯想到古希臘建築，大圓頂的基座從總高度一半的地方開始建起，殿頂圓形曲線續向下延伸，形成的完整球體並恰巧與地相接。整個殿堂內沒有一根柱子，陽光透過圓頂上方直徑達9米的圓洞灑入神殿內，營造出一種莊嚴肅穆的氣氛。

地：Piazza della Rotonda 時：9:00am-7:00pm 電：06-3226571 費：5 歐元 網：www.pantheonroma.com

經典的哥德式建築

05 Map2-2 C1

密涅瓦的聖母教堂
Santa Maria sopra Minerva

乘電車8號線於Arenula-Cairoli站下車，再步行10分鐘即達

密涅瓦的聖母教堂建於13世紀，因其位於密涅瓦神殿廢墟上而得名，是羅馬城內極少數的哥德式風格建築。密涅瓦的聖母教堂外有一座由貝里尼設計的方尖碑，基座由象徵智慧與慈悲的大象構成，充滿獨特美感。教堂內的阿爾多布蘭蒂尼小教堂，充滿著優美典雅的文藝復興風情，安葬著麥第奇家族出身的教皇利奧十世和克萊門特七世。

地：Piazza della Minerva 時：11:00am-1:00pm、3:00pm-7:00pm
電：03337468785 費：免費 網：https://www.santamariasopraminerva.it/en/

受詛咒的畫家名作

06 Map2-2 B1

法國人的聖路易教堂
San Luigi dei Francesi

乘電車8號線於Arenula-Cairoli站下車，再步行15分鐘即達

建於1518年的法國人的聖路易教堂內，因安葬有眾多法國的名人而得名。此外，教堂內禮拜堂中收藏了被譽為「受詛咒的畫家」卡拉瓦喬所創作的《聖馬特歐的天命》、《聖馬特歐的殉教》和《聖馬特歐與天使》3幅畫作。據說在這3幅畫作完成的時候，因為首次將聖人畫成骯髒疲憊的老人形象而不被世人接受，教堂也拒絕接受這3幅作品。不過其充滿喜劇效果的光影表現，也成為了卡拉瓦喬最典型的繪畫手法。

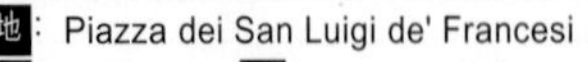

地：Piazza dei San Luigi de' Francesi 時：9:30am-12:45nn、2:30pm-6:30pm、周日 11:30am 開始
電：06-688271 網：www.saintlouis-rome.net

華麗的巴洛克建築
聖埃格尼斯教堂
Sant'Agnese in Agone

07 Map2-2 B1

那佛納廣場側

毗鄰那佛納廣場的聖埃格尼斯教堂，與廣場上的噴泉相對而立。由教皇英諾森十世所喜愛的設計師、巴洛克建築大師波洛米尼設計的這座教堂外觀華美，與不遠處毗鄰的四河噴泉相映生輝。教堂內供奉著3世紀時在羅馬殉教的聖女埃格尼斯，吸引了眾多遊客在教堂參觀拍照。

地：Piazza Navona 電：06-68192134
時：9:00am-1:00pm,3:00pm-7:00pm，周六、日關 8:00pm，周一休息
費：免費 網：https://www.santagneseinagone.org/

第一座巴洛克建築
耶穌教堂
Chiesa del Gesù

08 Map2-2 D2

乘電車8號線於Venezia下車，再步行2分鐘即達

耶穌教堂是由文藝復興晚期著名建築師、建築理論家維尼奧拉設計，被譽為巴洛克藝術的瑰寶，也被稱為世界上第一座巴洛克風格的建築。教堂的聖壇裝飾富麗而自由，教堂內還有一座裝飾奢華的墳墓，青銅扶手上裝飾著生動活潑的孩童雕像，和由大理石及金銀雕刻而成的聖徒雕像一樣栩栩如生。聖壇上方的地球儀，則是用世界上最大的青金石製作而成。作為巴洛克風格的開山之作，教堂衝破了文藝復興晚期古典主義者制定的種種戒律，反映了設計者嚮往自由的前衛思想。

地：Via degli Astalli, 16 00186 Roma 電：06-697001 時：7:00am-12:30nn，4:00pm-7:30pm
費：免費 網：www.chiesadelgesu.org

羅馬歷史最悠久的劇院 09 Map2-2 C2

阿根廷劇院 Teatro Argentina

乘電車8號線至Arenula-Cairoli站，下車步行5分鐘即達

建於1732年的阿根廷劇院，地處百花廣場與威尼斯廣場之間，是羅馬市內一處重要的表演場地，有近300年的歷史。意大利歌劇作家羅西尼的《塞維利亞的理髮師》就是在這裡首演，此外還有無數知名音樂家和劇團都曾經在阿根廷劇院內演出，各種流行的戲劇和音樂表演也提高了阿根廷劇院的名聲，這些與劇院內輝煌壯麗的天花板和壁畫一同吸引了眾多遊客慕名而來。

地：Largo di Torre Argentina 電：06684000314
費：導覽團每位 15 歐元 (周日 10:30am-12:00nn 舉行)
網：https://www.teatrodiroma.net/

百年歷史 Gelato 10 Map2-2 C1

Giolitti

由那佛納廣場步行約10分鐘即達

創立於1900年的Giolitti是一家擁有百餘年歷史的雪糕老店，經常可以看到來自世界各地的遊客慕名而來。在Giolitti內共有70種不同口味的雪糕，其中Marrons Glace(糖漬栗子)口味的雪糕更是深受前任教宗約望保祿二世的喜愛。

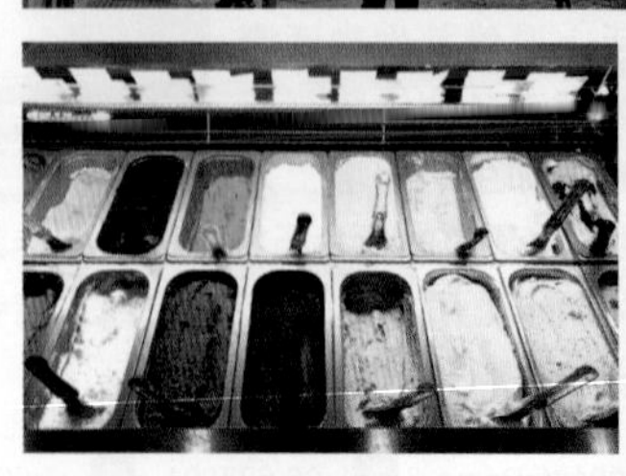

地：Via Uffici del Vicario 40 時：7:30am-12:00mn 電：06-6991243 網：www.giolitti.it

意大利十大餐廳之一
Papa Giovanni

11 Map2-2 B2

乘電車8號線於Arenula-Cairoli站下車，再步行10分鐘即達

位於Via dei Sediari大街的Papa Giovanni餐廳以美酒和松露料理而聞名，曾榮獲多項美食大獎，並被選為意大利十大餐廳之一，其美味可見一斑。除了精緻美味的料理外，餐廳地下室還有3座酒窖，收藏了產自世界各地的美酒，食客在這裡不僅可以享用美味的料理，還能品嘗各種美酒。

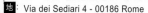

地：Via dei Sediari 4 - 00186 Rome
時：7:00pm-10:30pm (周日休息)
電：06-6865308（請先預約）

羅馬最有名的薄餅店
Da Baffetto

12 Map2-2 A1

由那佛納廣場步行5分鐘即達

毗鄰那佛納廣場的Da Baffetto是羅馬最有名的薄餅店之一，由於傳統薄餅的面皮發酵需要一整天的時間，因而Da Baffetto也如同傳統的意大利薄餅店一般只在晚上營業，每到下午店門前就已經排起了長長的大隊。值得一提的是，食客除了可以在Da Baffetto內品嘗到味美價廉的傳統薄餅，這裡提供的各種美酒也頗值得稱道。

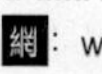

地：Via del Governo Vecchio 114 電：06-6861617
時：12:00nn-3:30pm，6:00pm-12:00mn 網：www.pizzeriabaffetto.it

那佛納廣場【羅馬】

布魯諾被處以火刑的廣場
百花廣場/百花廣場市集
Campo dei Fiori/ Campo dei Fiori Mercato

13 Map2-2 A1

乘電車8號線於Arenula-Cairoli站下車，再步行約10分鐘

百花廣場在15世紀時曾經是羅馬市的中心地帶。1600年2月17日，被視為異端分子的布魯諾修士(Iordanus Brunus Nolanus)就在這裡被處以火刑，後來人們為了紀念他，1887年在廣場中央豎立了銅人像。這個廣場處處是人，還有各種賣魚肉、花卉和蔬菜的商店，以及酒吧和咖啡屋，可以說盡是花香、菜香、咖啡香和喧嚷的人聲。想要感受羅馬一般市民平日生活氣息的遊客，不妨到這裡走一走。

地：Piazza Campo de' Fiori, 00186 Roma
時：7:00am-2:00pm，周日休息
網：http://www.marketsofrome.com/

強烈視覺風格之宮殿
斯帕達宮 Palazzo Spada

14 Map2-2 A3

乘電車8號線於Arenula-Cairoli站下車，再步行10分鐘即達

斯帕達宮位於羅馬市中心，為16世紀時樞機主教Capo di Ferro斥資建成。斯帕達宮以庭院之美著稱，建築師 Francesco Borromini請了數學家來幫忙，最後的設計裡把一個8米長的拱廊弄得看上去有37米長。

宮殿內擁有大量的藝術收藏品，設有斯帕達畫廊（Galleria Spada）。藏品最初由樞機主教 Bernardino Spada收集。這裡所收藏的名畫作品極為廣泛，包括魯本斯、杜勒、和雷尼等人的作品，還有沙托的《探望》以及桂爾契諾的《第度之死》等作品。

地：Piazza Capo di Ferro 13
時：8:30am-7:30pm，周一休息
電：06-6832409
費：5 歐元

羅馬市立博物館所在

布拉斯奇宮 *Palazzo Braschi*

15 Map2-2 B2

乘電車8號線於Arenula-Cairoli站下車，再步行15分鐘即達

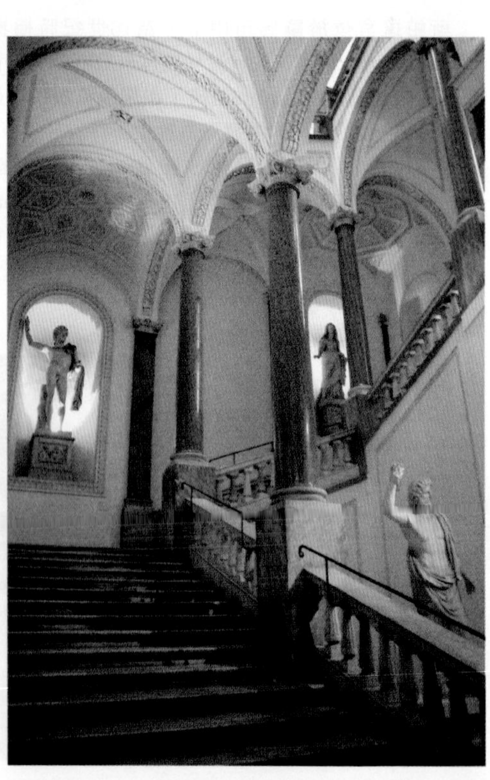

布拉斯奇宮是羅馬一座大型巴洛克風格的建築，目前設有羅馬博物館（Museo di Roma）。布拉斯奇宮由教宗庇護六世的侄子布拉斯奇公爵興建，由Cosimo Morelli設計。建築工程於1798年2月開始，拿破崙佔領羅馬期間，它被法國沒收為市長官邸。在意大利法西斯時期，它又被用來作為貝尼托•墨索里尼的政治總部。二次大戰後，它安置了300個難民家庭，許多室內壁畫因保暖取火而嚴重受損。1949年，宮殿交給政府，1952年進行全面修復，改設博物館。

博物館專門展現羅馬從中世紀到20世紀上葉的歷史。藏品包括照片、蝕刻版畫、衣服和傢俱。館內還有大量藏畫，包括一些羅馬還沒有被17世紀建築狂潮改頭換面之前的有趣圖片，與及歷代教皇的畫像。

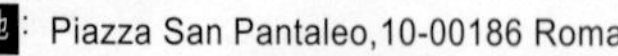

地：Piazza San Pantaleo,10-00186 Roma

時：周二至周日 10:00am-7:00pm；周一休息

電：39 060608 費：13 歐元

網：www.museodiroma.it

羅馬最好喝的咖啡
金杯咖啡
La Casa Del Caffè Tazza D'oro

16 Map2-2 C1

往萬神殿的後方步行約2分鐘

金杯咖啡創於1946年，連《天使與魔鬼》的作者丹•布朗亦在小說中評論為「全羅馬最好喝的咖啡」。它們的阿拉比卡(Arabica)咖啡豆大多從中南美州直接進口，再以獨門秘方自家烘焙，味道香純濃厚。除了可在店內享用一杯Espresso或Gratina di Caffe (咖啡冰沙)，亦可把咖啡豆、朱古力等買回家作為手信，而且是羅馬獨有，如果參觀萬神殿的話切勿錯過。

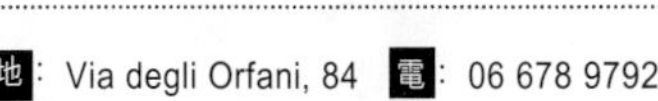

地：Via degli Orfani, 84　電：06 678 9792
時：周一至六 7:00am-8:00pm，周日 10:00am-7:00pm
網：www.tazzadorocoffeeshop.com

選擇困難者慎入

Gelateria della Palma

17 Map2-2 C1

乘電車8號線於Arenula-Cairoli站下車，再步行10分鐘即達

意大利是Gelato王國，除了名聞天下的Giolitti 和San Crispino，Gelateria della Palma在羅馬亦相當有名，更以口味眾多取勝。雪糕店在那佛納廣場及萬神殿附近，非常易找。進入商店，只見雪糕的冷櫃共有六大個，共超過150種款式。口味分為慕絲、朱古力以及水果三大「門派」。其他冷門的口味如香檳酒、羅勒、無花果及熱情果等都會找到。一個雪糕球2-3歐元雖然略貴，不過全部自家100%新鮮製作，而且還提供寬敞空間讓你舒服地品嘗，實在沒有不幫襯的理由。

地：Via della Maddalena, 19-23, 00186 Roma
時：8:30am-12:00mn
電：06 6880 6752
網：http://www.dellapalma.it/

羅馬家常菜
Cantina e Cucina

Map2-2 A1

18

由那佛納廣場步行3分鐘

Cantina e Cucina以其傳統的羅馬菜和中部意大利菜而聞名。它位於一座16世紀的建築中，同時又具有現代的舒適度和古老的風味。它的菜單包括各種意大利經典菜餚，如黑椒乳酪意大利粉(Cacio e Pepe)、番茄、甜羅勒和莫札瑞拉芝士製成的卡波納塔沙拉(Caprese Salad)、意式香烤麵包(Bruschetta)及焗乳酪(Focaccia)等。雖然都不是名貴菜式，卻勝在親民可口。

地: Via del Governo Vecchio, 87, 00186 Roma
電: 066892574 時: 11:00am-11:30pm
網: http://www.cantinaecucina.it/

新鮮幼滑Gelato
Grom

Map2-2 B1

那佛納廣場內

以優質原材料打造成幼滑的意大利雪糕，標榜用新鮮水果製作而成，為了要做出高品質的雪糕、雪芭及奶昔，店主於10年前更成立了Mura-Mura®有機農場來作自家種植，如桃、梨、士多啤梨和無花果等，難怪雪糕味道清新香甜，沒有加入化學成分，且不定期推出創新及季節限定口味，難怪吃過的人無不讚好。

地: P.za Navona 1, Via Agonale, 3, 00186 Roma
時: 10:00am-11:00pm
網: https://www.grom.it/en/

羅馬知名咖啡店
Sant'Eustachio il Caff'e

Map2-2 B1 20

乘電車8號線於Arenula-Cairoli站下車，於萬神殿附近的「Piazza Sant' Eustachio」廣場

於1938年開業，是羅馬知名的咖啡店之一，因以鹿角作為標誌，故又被稱為鹿角咖啡。選用直接從南美洲進口的100% 阿拉比卡咖啡豆 (Arabica)，店內設有專屬咖啡器，咖啡豆以木材烘培而成，屬於淺至中焙的咖啡，帶獨特淡淡香氣、入口清爽順滑，是不喜歡重口味咖啡者的好選擇，於喝咖啡同時可於店內點選牛角酥、麵包及甜品一同慢慢嘆。

地：Piazza di Sant'Eustachio 82, 00186 Roma 時：7:30am-12:00mn06 6880 2048
網：https://caffesanteustachio.com/

3/4世紀的童真
Al Sogno

Map2-2 B1 21

那佛納廣場步內

Al Sogno已有著超過75年的歷史，是羅馬最古老和最著名的毛絨玩具店。店內充滿了各種玩具，包括最新的迪士尼及哈里波特系列，與及各種經典玩具如木偶、火車、汽車、飛機、船、機器人、魔術盒、地球儀和科學儀器等。它的玩具品牌包括了發明了著名的「泰迪熊」和「佐蒂熊」的Margarete Steiff Gmbh，這些毛絨玩具在世界上仍然是最受追捧和收藏的。這裡不僅是一家玩具店，也是一個玩具博物館，展示了從1800年到現在的各個時代的歷史收藏品玩具和娃娃，無論有沒有小朋友同行都非常值得參觀。

地：Piazza Navona, 53, 00186 Roma
電：066864108 時：10:00am-10:00pm
網：http://www.alsogno.com/

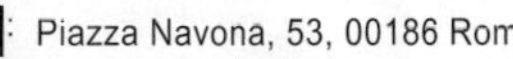

大師真跡
Chiostro del Bramante

Map2-2 A1 22

由那佛納廣場步行3分鐘

Chiostro del Bramante是一座文藝復興時期的建築，由著名的建築師多納托· 布拉曼特(Donato Bramante)設計的，並於1500年左右由樞機主教奧利維耶羅 • 卡拉法(Oliviero Carafa)委託建造。它是一個線條優雅的四方形建築，由兩層拱廊組成，每層有16個拱柱，圍繞著一個中央的庭院。Chiostro del Bramante現在是一個國際文化中心，用於舉辦各種展覽、會議和音樂會。在它的一樓，可以欣賞到拉斐爾(Raphael)在聖母平安堂的壁畫《賽巴女》(The Sibyls)，這是一幅描繪了四個預言基督降生的古代女先知的作品，充滿了色彩和動感。

拉斐爾的壁畫《賽巴女》。

地: Arco della Pace, 5, 00186 Roma 電: 0668809035
時: 10:00am-8:00pm 費: 不同展覽有不同收費 網: https://www.chiostrodelbramante.it/

獨孤一味
Two Sizes

Map2-2 A1 23

由那佛納廣場步行10分鐘

Two Sizes是那佛納廣場附近受歡迎的甜品店，而售賣的更是獨孤一味的提拉米蘇(Tiramisù)。店名稱為Two Sizes，因這裡只供應兩種尺寸的提拉米蘇杯，分別是小杯(2.50歐元)和大杯(3.50歐元)。Two Sizes有五種不同的提拉米蘇口味，分別是原味、草莓、開心果、花生和焦糖。它的提拉米蘇都是用新鮮的食材製作，並且每天現做現賣，保證了其品質和口感。

地: Via del Governo Vecchio, 88, 00186 Roma
電: 0664761191
時: 11:00am-10:00pm，周一休息
網: https://m.facebook.com/twosizes/

西班牙廣場
Piazza di Spagna

交通速讀

1.特米尼火車站→西班牙廣場

M **地鐵A線**
Stazione Termini→Spagna
車程：5分鐘

2.古羅馬廣場→西班牙廣場

地鐵B線
Colosseo→Stazione Termini轉乘
地鐵A線
Stazione Termini→Spagna
車程：共10分鐘

必遊景點

波各賽公園、波各賽美術館、人民聖母教堂、西班牙廣場

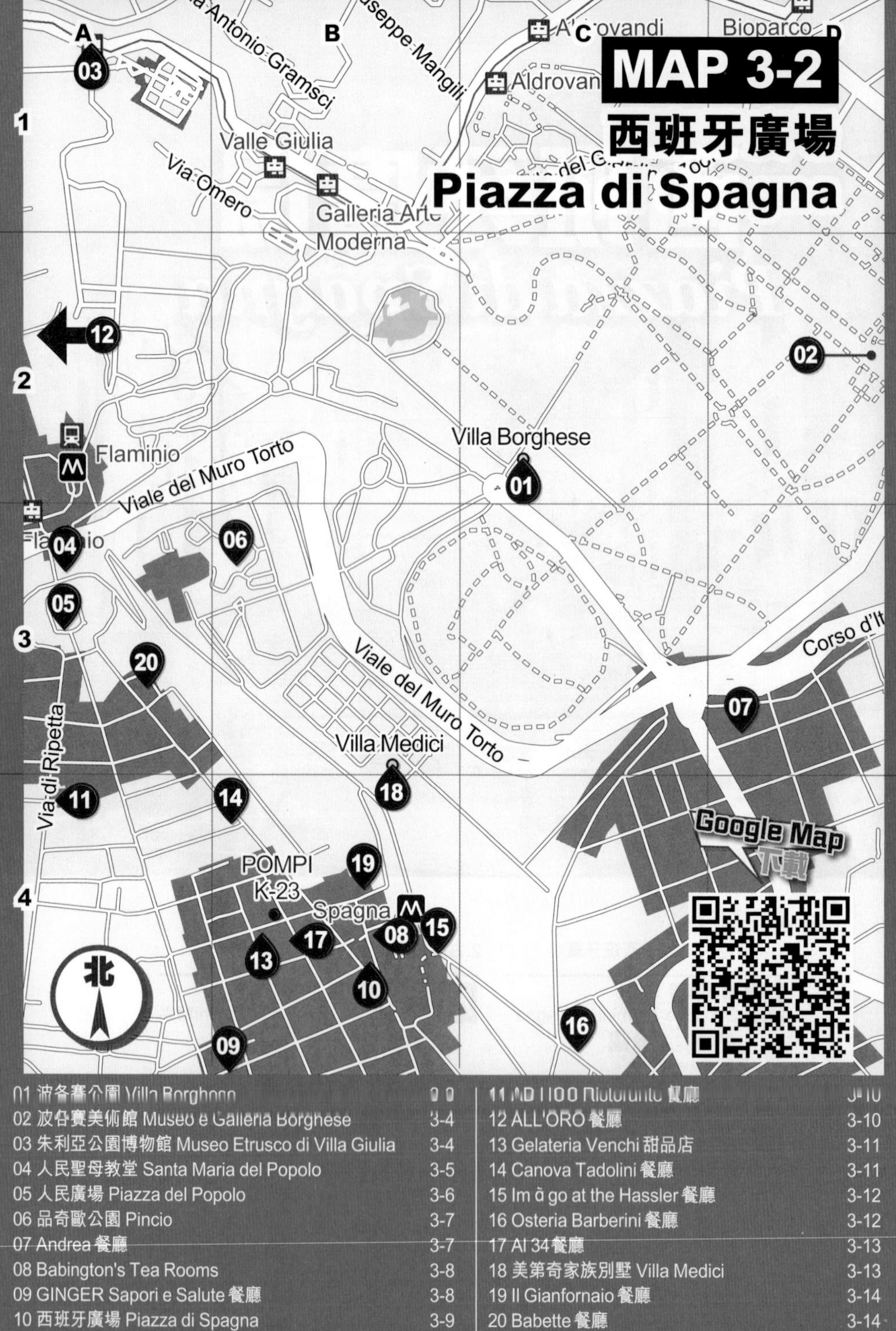
MAP 3-2
西班牙廣場
Piazza di Spagna
A
B
C
D
1
2
3
4
Via Antonio Gramsci
Via Giuseppe Mangili
Aldrovandi
Bioparco
Valle Giulia
Via Omero
Galleria Arte Moderna
Villa Borghese
Flaminio
Viale del Muro Torto
Corso d'It
Via di Ripetta
Villa Medici
POMPI K-23
Spagna
Google Map 下載
北
01
02
03
04
05
06
07
08
09
10
11
12
13
14
15
16
17
18
19
20
01 波各賽公園 Villa Borghese [illegible]
02 波各賽美術館 Museo e Galleria Borghese 3-4
03 朱利亞公園博物館 Museo Etrusco di Villa Giulia 3-4
04 人民聖母教堂 Santa Maria del Popolo 3-5
05 人民廣場 Piazza del Popolo 3-6
06 品奇歐公園 Pincio 3-7
07 Andrea 餐廳 3-7
08 Babington's Tea Rooms 3-8
09 GINGER Sapori e Salute 餐廳 3-8
10 西班牙廣場 Piazza di Spagna 3-9
11 [illegible] Ristorante 餐廳 3-10
12 ALL'ORO 餐廳 3-10
13 Gelateria Venchi 甜品店 3-11
14 Canova Tadolini 餐廳 3-11
15 Im à go at the Hassler 餐廳 3-12
16 Osteria Barberini 餐廳 3-12
17 Al 34 餐廳 3-13
18 美第奇家族別墅 Villa Medici 3-13
19 Il Gianfornaio 餐廳 3-14
20 Babette 餐廳 3-14

世界博覽會舉辦場地
波各賽公園 Villa Borghese

01 Map3-2 C2

乘地鐵A線至Spagna站，步行約5分鐘即達

這座佔地面積達80公頃的巨大公園，僅次於多里亞潘菲利別墅公園（Villa Doria Pamphili），是羅馬第二大的公園，園內有湖泊、神殿、噴泉、雕塑以及博物館等。公園於1605年由紅衣主教斯皮昂•波各賽斥資建造，作為波各賽家族私人的藝術品收藏室。

20世紀初，公園開放予公眾使用，在1911年時更成為了舉辦世界博覽會的場地。博覽會部分富特色的展館至今仍保留著，包括由愛德溫•魯特延斯（Edwin Lutyens）設計的「英國學校」（British School），與及丹麥、埃及和瑞典等國的展場。

公園的湖泊上設置了人工島，島上興建了一座仿照愛奧尼亞風格的神廟，愛奧尼亞就是希臘神話中的健康之神。而公園內的波各賽美術館 ，也是遊客來此參觀的重要景點之一。

地：Piazza di Siena 00197 Roma

藝術小天地

波各賽美術館 Museo e Galleria Borghese

02 Map3-2 D2

波各賽公園內

這座美輪美奐的小型美由紅衣主教西皮歐內•波各賽在17世紀修建的私人別墅。在別墅中不僅有他叔父教皇保羅五世贈送的諸多文物，還展示有他收藏的貝里尼令人驚嘆的大理石雕像，其中不乏《Ratto di Proserpina》這樣栩栩如生的藝術精品。此外，在波各賽美術館內還收藏有拉斐爾的《卸下聖體》和提香的《聖愛與俗愛》等藝術作品。

貝里尼的Ratto di Proserpina

拉斐爾的《卸下聖體》

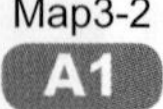

地: Piazza Scipione Borghese 5　電: 068413979

時: 周二至周日 9:00am-7:00pm，周三至 10:00pm，周四至 9:00pm　費: 13 歐元 (另加 2 歐元預約費)

認識意大利原居部落

朱利亞公園博物館 Museo Etrusco di Villa Giulia

03 Map3-2 A1

乘坐電車2號或19號至Museo Etrusco Villa Giulia站，下車即達

博物館建於1551年，專門收藏意大利原始部族伊特拉斯坎人(Etruscan)藝術品的博物館，這座博物館是全世界收藏此類作品最重要的地方。重要的作品包括描述建城神話的《母狼哺子》(Romolo e Remo Allattati dalla Lupa)石雕、《大婦寢棺》(Sarco Fago degli Sposi)、《阿波羅》(Apollo)像，以及一些日常生活用品。

地: Piazza di Villa Giulia 9, 00198 Roma

時: 周二至周日 9:00am-8:00pm，周一休息

電: 063226571　費: 10 歐元

網: www.villagiulia.beniculturali.it

《天使與魔鬼》重要場景
人民聖母教堂
Chiesa di Santa Maria del Popolo

04 Map3-2 A3

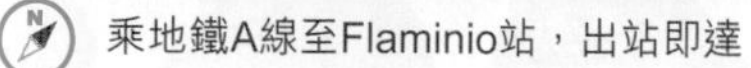

乘地鐵A線至Flaminio站，出站即達

傳說古羅馬暴君尼祿（Nero）死後葬在品奇歐公園（Pincio），他的鬼魂化身為惡魔烏鴉，使附近的人們害怕不已。1099年，教皇巴夏爾二世（Paschal II）為了安撫民心，便在附近建造這座教堂。因為藏有貝里尼和卡拉瓦喬(Caravaggio)的珍貴作品，使它成為了羅馬館藏藝術品最豐富的教堂之一。

教堂內部以巴洛克式設計，莊嚴華麗；內部設有8座祭室，都放滿大量宗教藝術的珍藏。例如伽拉吉祭室中，便藏有卡拉瓦喬的畫作《聖馬太殉教圖》。至於最為人熟悉的，當然是基吉祭室。祭室是文藝復興名畫家拉斐爾為其贊助者銀行家基吉所設計的，兩側的雕塑是由貝里尼和羅倫澤多所作。圓頂鑲嵌畫描繪上帝為七個天體的創造者。這裡也是《天使與魔鬼》一書中的重要場景之一，指向天空的金字塔形方尖碑，一個光源俯照著一座金字塔、和平鴿等……這些符號在書中都暗指著共濟會，亦令「基吉祭室」成為這座教堂的參觀重點。

地：Piazza del Popolo, 12 00187 Roma

電：0645675909

優美的宗教藝術
人民廣場 *Piazza del Popolo*

05
Map3-2
A3

乘地鐵A線至Flaminio站，出站即達

人民廣場因人民聖母教堂而得名。從古羅馬時代起，人民廣場就是進入羅馬城的重要通道之一。然而從建築學角度判斷，這座廣場應該是經歷了文藝復興、巴洛克和新古典主義共3個時期而逐漸形成的。

廣場上的聖山聖母堂（Santa Maria di Montesanto）和奇跡聖母堂（Santa Maria dei Miracoli）無疑加強了廣場氣勢。這兩座教堂都建於17世紀下半葉，兩者的外觀十分相似，僅在穹頂形狀方面有區別——左側的聖山聖母堂的穹頂為橢圓形的，而奇跡聖母堂的穹頂則為圓形。1653年，瑞典女王克里斯蒂娜皈依天主教。為了迎接女王的到來，亞歷山大七世任命貝里尼裝點人民門的內壁，並在門上雕刻了「祝您旅途如意」（Felice faustoque ingressui）的字樣。

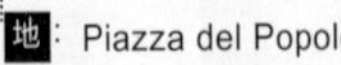
地：Piazza del Popolo

風景秀美的城市花園
品奇歐公園 Pincio Gardens

Map3-2 B3 06

人民廣場東側

早在古羅馬時代，品奇歐公園就已經是一座風景秀美的美麗花園，1608年紅衣主教西皮歐內•波各賽把附近土地據為己有，直到1901年這裡才重新對公眾開放。現今的品奇歐公園是由來自荷蘭的朱塞佩•巴拉迪亞於19世紀初所設計。在院內栽植的大片棕櫚、海松和槐樹之間，散落著眾多意大利偉人的雕像。此外，在品奇歐公園內，還有哈德良皇帝為紀念愛人所修建的一座方尖碑，展示了這位偉大皇帝情深的一面。

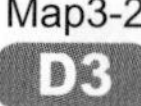

地: Pincio Gardens

傳承三代的海鮮老店
Andrea

07 Map3-2 D3

乘地鐵A線至Spagna站，步行約10分鐘即達

位於羅馬最高雅的Via Veneto巷道內的Andrea海鮮老店創立於1928年，現今已經傳承了3代，作為羅馬以海鮮料理聞名的老餐館，Andrea吸引了各地慕名而來的觀光客，來到店內享用海鮮意大利粉等各式料理。

地: Via Sardegna 28

時: 12:30nn-3:00pm，6:00pm-11:00pm

純正的英國鄉村茶館風情

08 Map3-2 B4

Babington's Tea Rooms

乘地鐵A線至Spagna站，位於西班牙階梯旁的土黃色建築

開業於 1893年的Babington's Tea Rooms是由英國人創辦的茶館，現今店內依舊呈現出純正的英國鄉村茶館風情。如果對羅馬城內隨處可見的咖啡館感到厭倦的話，可以在Babington's Tea Rooms內品嘗這裡的英國茶、印度茶和中國茶，此外還有這裡的Babington's Special Blend特調茶與各種小茶點。在羅馬陽光燦爛的午後，在這裡小憩片刻，感受純正的英式下午茶，不失為假日休閑的絕佳選擇。

地：Piazza di Spagna 23 電：06-6786027
時：10:00am-11:00pm，周二休息
網：www.babingtons.com

健康之選

09 Map3-2 B4

GINGER Sapori e Salute

乘地鐵A線至Spagna站，步行約5分鐘即達

餐廳概念是將健康和品味融為一體，餐廳設計也如所提供的食物一樣感覺自然清新，以關心你的健康和飲食為宗旨，提供時令蔬菜，新鮮肉類和魚類以及使用於Le Masciare農場生產的特級初榨橄欖油。店內八成的菜式也以植物為主，亦提供輕食如三文治、果汁、沙律及奶昔等健康有機食品。

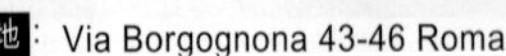

地：Via Borgognona 43-46 Roma
時：9:30am-11:30pm 電：0669940836
網：https://www.gingersaporiesalute.com

炸鳳尾魚漢堡，配搭特別以炸香的鳳尾魚，青瓜及馬蘇里拉芝士等一同製作。

羅馬真正的中心
西班牙廣場 Piazza di Spagna

10 Map3-2 B4

乘地鐵A線至Spagna站，出站即達

西班牙廣場自17世紀以來，一直是羅馬文化和旅遊的中心地帶。不少藝術家就住在馬爾古塔大街和巴布伊諾大街，這兩條街上有很多古玩店和藝術畫廊。西班牙台階是電影《羅馬假期》的外景鏡頭，十分有名。台階上有很多畫像和賣鮮花的小攤。

台階前的「破船噴泉」是巴洛克大師貝里尼的父親彼得（Pietro）改建的，他將原來的噴泉外圍改成了一條破船，半淹在水池中，噴泉的水於是先流入破船，再從船的四邊慢慢溢出，成了西班牙廣場觀賞的重點之一。

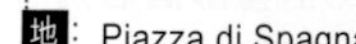

地：Piazza di Spagna

美酒伴松露
AD HOC Ristorante

11 Map3-2 A4

乘地鐵A線至Spagna站，步行即可到達

餐廳位於西班牙廣場及人民廣場之間，一棟16世紀的建築物內。菜式精緻，以松露作賣點，提供多款松露菜式和套餐，服務員會先把以玻璃罩着的松露端上讓食客聞其香味，並嚴選當地最新鮮食材製作，酒架內放滿許多不同年份的餐酒來配襯美食，如想在羅馬吃一頓精緻地道的高級意菜，這裡是不錯的選擇！

地：Via di Ripetta, 43 Roma
時：6:30pm-10:30pm
電：06 323 3040
網：https://www.ristoranteadhoc.com/en/

名廚創意菜
ALL'ORO

Map3-2 A4

乘地鐵A線至Flaminio站，步行7分鐘即可到達

餐廳坐落於The H'All Tailor Suite五星級酒店內，榮獲米芝蓮一星級榮譽，每道菜式都經過廚師Riccardo Di Giacinto設計，充滿創意，單看賣相已十分吸睛。餐廳環境及食物質素高，並強調美食必須配上美酒，才是一頓完美的晚餐，酒窖內酒類品種多，服務員親切有禮，細心為你挑選合適的餐酒配襯。

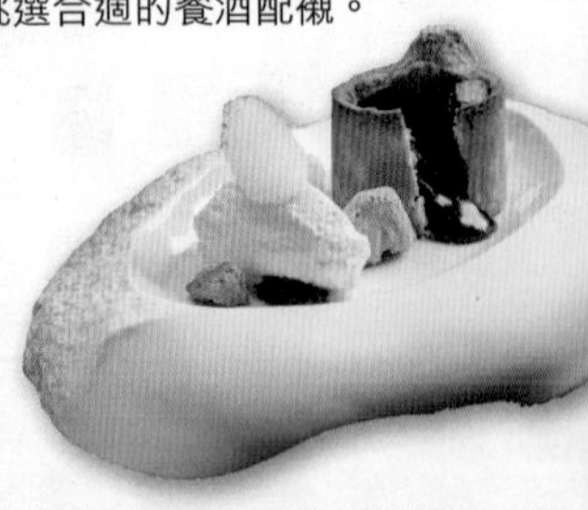

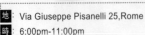

地：Via Giuseppe Pisanelli 25,Rome
時：6:00pm-11:00pm
電：60 979 96907
網：https://www.ristorantealloro.it/

百年歷史朱古力
Gelateria Venchi

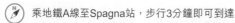

 乘地鐵A線至Spagna站，步行3分鐘即可到達

一間超過百年歷史的朱古力及意大利Gelato店。店主 Silviano Venchi憑着對朱古力的熱情，當時年僅16歲便開始在商店裡學製朱古力，更於1878年正式成立Venchi朱古力精品店。Venchi擁有140年的歷史，雖然在倫敦、香港、杜拜及紐約等主要城市及全球設有共100多家分店，但來到意大利發源地，不妨試試味道會否與別不同。

Assortment Truffles松露朱古力

地：Via della Croce, 25/26, 00187 Roma
時：9:30am-12:00mn
電：06 6979 7790
網：it.venchi.com

百年雕塑餐廳
Canova Tadolini

 乘地鐵A線至Spagna站，步行10分鐘即達

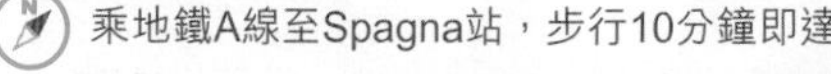

曾是意大利著名雕刻家Antonio Canova 的工作室，後來由Tadolini家族繼承了，本來想作為博物館展示遺留下來的500件藝術品，但後來索性改為餐廳及咖啡室作經營。餐廳內因有很多栩栩如生的大型雕塑充滿整間餐廳，顯得更為獨特。除提供意大利菜午餐及晚餐外，你也可選擇在咖啡室邊喝杯咖啡或甜品，邊欣賞這間乘載了150年歷史的雕塑博物館餐廳。

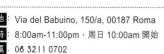

地：Via del Babuino, 150/a, 00187 Roma
時：8:00am-11:00pm，周日 10:00am 開始
電：06 3211 0702
網：https://www.canovatadolini.com/

羅馬第一家全景餐廳

Imàgo at the Hassler

15

Map3-2 B4

乘地鐵A線至Spagna站，步行即可到達

餐廳名字Imàgo來自拉丁文，意思為願望和思想，也希望食客於體驗獨特美食同時，能提供永恆之城的景色。餐廳開業五十年，是羅馬第一家擁有全景的餐廳，可飽覽聖母瑪麗亞大教堂、聖喬萬尼大教堂、萬神殿及威尼斯宮等建築，無論是日與夜的景色同樣吸引，難怪不少政客、皇室、音樂家及演員都是其座上客。另一誘人之處，是行政總廚Andrea Antonini的創意意大利美食，曾獲選CondéNastTraveler熱門排行榜的前95名餐廳之一，於2009年更獲選為米芝蓮餐廳。

地：6° piano, Hotel Hassler
時：7:30pm-10:30pm 電：06 699 34726
網：https://www.hotelhasslerroma.com/

松露份量十足

Osteria Barberini

16

Map3-2 C4

乘地鐵至Barberini站，步行2分鐘即可到達

Osteria Barberini是一家以家庭式經營的餐廳，店鋪分為兩層只有40個座位，但內裡卻不是吃一般的家庭式意菜，而是被歐洲人列為世界三大珍貴美食之一的松露菜式。菜式價格不高，卻不只是一兩片松露作點綴，份量十足，令你過足口癮。注意吃白松露的當造季節是每年的10月至12月，而黑松露的當造季節則在1月至3月，餐廳經常爆滿，記得要先預約。

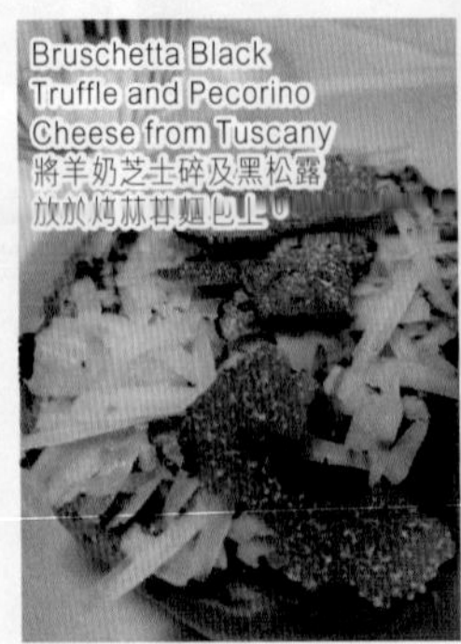

Bruschetta Black Truffle and Pecorino Cheese from Tuscany
將羊奶芝士碎及黑松露放於烤林甘麵包上

地：Via della Purificazione, 21, 00187 Roma
時：周一至周六 12:30nn-2:30pm，7:00pm-11:00pm；周日休息
電：06 474 3325
網：http://www.osteriabarberini.com/en/

體貼服務 Al 34

17 Map3-2 B4

乘地鐵A線至Spagna站，出站步行3分鐘

Al 34餐廳建立於1968年。他們的菜單包括了許多意大利和羅馬的經典菜餚，如意大利粉、炸魷魚、烤羊肉、肉丸、炸芝士球、炸茄子、炸花椰菜等。餐廳有一個寬敞的室內用餐區，也有一個舒適的露天用餐區，可以欣賞到街道的景色。服務人員友好而專業，會用英語、法語、西班牙語和德語與客人溝通，也會根據客人的喜好和需求，推薦適合的菜餚和酒水。

地：Via Mario de' Fiori, 34, 00187 Roma
電：066795091
時：12:30nn-11:00pm
網：https://www.ristoranteal34.it/

美第奇家族別墅 Villa Medici

18 Map3-2 B3

乘地鐵A線至Spagna站，出站步行5分鐘

美第奇家族是意大利的傳奇家族，影響力橫跨15世紀至18世紀中期。家族雖然在佛羅倫斯發跡，但在意大利全國都有根據地。Villa Medici就是美第奇家族在羅馬的別墅，始建於1540年，1576年被美第奇家族買下，並將其打造成一座展示美第奇家族權勢和藝術品的宮殿。主樓的建築風格融合了文藝復興時期和巴洛克時期的元素。外部建築以其對稱的布局和豐富的雕刻而聞名。別墅的花園借鑒了家族在比薩和佛羅倫斯建造的植物園，由一個對稱的庭院和一個梯田花園組成。庭院中央是一個噴泉，周圍環繞著花壇和雕像，營造一個和諧而美麗的環境。

地：Viale della Trinità dei Monti, 1, 00187 Roma　電：0667611
時：10:00am-7:00pm，周二休息　費：入場費 10 歐元、入場連導賞 14 歐元　網：https://www.villamedici.it/

人氣麵包屋
Il Gianfornaio

18 Map3-2 B4

乘地鐵A線至Spagna站，出站即達

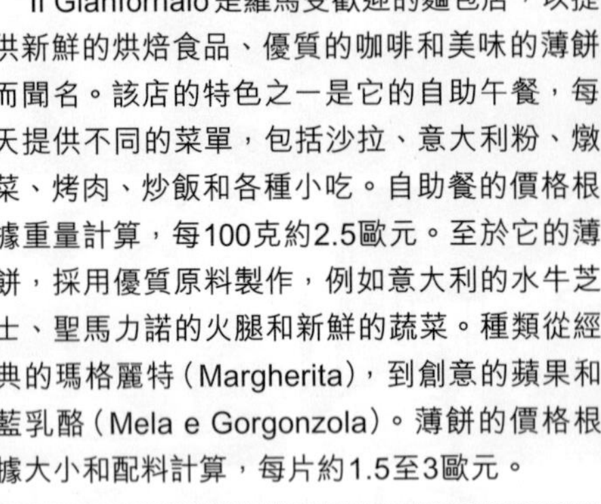

Il Gianfornaio是羅馬受歡迎的麵包店，以提供新鮮的烘焙食品、優質的咖啡和美味的薄餅而聞名。該店的特色之一是它的自助午餐，每天提供不同的菜單，包括沙拉、意大利粉、燉菜、烤肉、炒飯和各種小吃。自助餐的價格根據重量計算，每100克約2.5歐元。至於它的薄餅，採用優質原料製作，例如意大利的水牛芝士、聖馬力諾的火腿和新鮮的蔬菜。種類從經典的瑪格麗特（Margherita），到創意的蘋果和藍乳酪（Mela e Gorgonzola）。薄餅的價格根據大小和配料計算，每片約1.5至3歐元。

地：Via di S. Sebastianello, 6, 00187 Roma
電：0623487006
時：8:00am-8:30pm，周日 9:00am 營業
網：https://www.ilgianfornaio.com/

濃濃藝術風
Babette

19 Map3-2 A3

乘地鐵A線至Spagna站，出站步行10分鐘

餐廳位於這是一條著名的藝術家街道Via Margutta，曾經住過許多畫家、雕塑家和電影明星，例如名導演費里尼（Federico Fellini）、名畫家畢卡索（Pablo Picasso）和大明星柯德莉夏萍（Audrey Hepburn）。餐廳的建築是一座優雅的建築，內部裝飾了許多美麗和現代的藝術品和書籍。餐廳提供豐富的傳統及創新意菜，更有過百款意大利及法國佳釀選擇，是羅馬的一個不可錯過的美食體驗。

地：Via Margutta, 1d, 00187 Roma
電：063211559
時：10:00am-10:30pm，周一休息
網：https://www.babetteristorante.it/

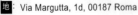

威尼斯廣場
Piazza Venezia

交通速讀

1.特米尼火車站→威尼斯廣場

40、64號巴士
Stazione Termini→
Piazza Venezia
車程：12分鐘

2.古羅馬廣場→威尼斯廣場

步行
Piazza del Colosseo→Piazza Venezia
沿Via dei Fori Imperiali步行0.85公里
行程：15分鐘

必遊景點

埃馬努埃爾二世紀念堂、威尼斯宮、多利亞潘菲利美術館、特萊維噴泉

MAP 4-2
威尼斯廣場 Piazza Venezia

羅馬市中心最大的廣場
威尼斯廣場 Piazza Venezia

Map4-2

乘地鐵B線至Colosseo站，出站右轉直走，過古羅馬遺跡區步行約15分鐘，或乘電車8號線於Venezia站下車即達

羅馬市中心5條大街匯合其上的威尼斯廣場，是羅馬市中心最大的廣場，廣場中央原先是公共交通工具的聚集地。從1980年下半年起，羅馬市政府對它進行了整頓，使之更加美麗壯觀。威尼斯廣場西面是羅馬最著名的文藝復興式的宮殿式建築——由巴爾保樞機主教於1455年興建的威尼斯宮。1943年威尼斯宮改為對公眾開放的藝術博物館，廣場也因威尼斯宮而得名。廣場東側的威尼斯保險總公司大樓，是馬納塞於1911年仿照對面的威尼斯宮而建的，大樓中間有作為威尼斯標記的獅像。

地：Piazza Venezia,00186 Rome

紀念意大利統一
埃馬努埃爾二世紀念堂
Monumento a Vittorio Emanuele II

02 Map4-2 B5

威尼斯廣場南側

紀念堂位於威尼斯廣場和卡比托利歐山之間，用以紀念統一意大利的第一位國王埃馬努埃爾二世。由朱塞佩•薩科尼（Giuseppe Sacconi）設計於1895年，於1935年完成。

紀念堂用純白大理石建造，設有宏偉的階梯，門前放置著巨大的埃馬努埃爾二世騎馬雕像，和兩尊策騎著戰車的維多利亞女神雕像。另外紀念堂兩邊矗立著兩座鍍金雕像，分別代表「思想」和「行動」。紀念堂的底層設有意大利統一博物館。而紀念堂館前，則設置了無名英雄墓，紀念為意大利獨立而陣亡的士兵。

地：Piazza Venezia,00186 Rome
時：9:30am-7:30pm
網：免費

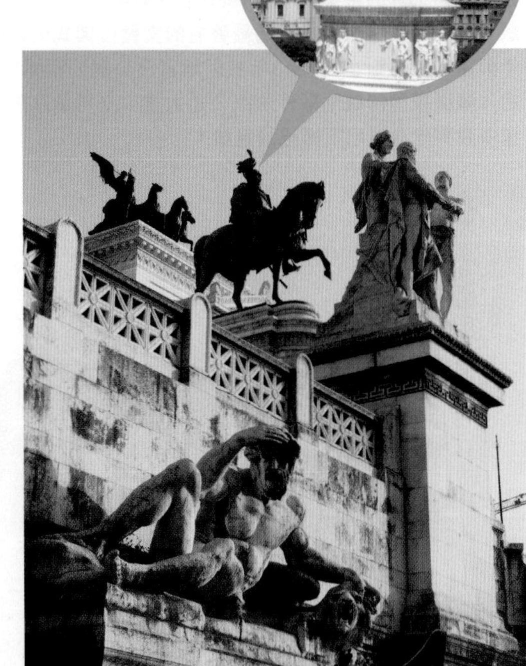

墨索里尼的辦公室
威尼斯宮 Palazzo Venezia

03 Map4-2 B4

威尼斯廣場側

威尼斯宮位於埃馬努埃爾二世紀念館的斜對面，是一座磚紅色的哥特式建築。這座建築始建於1455年，是教皇保祿二世擔任樞機主教時所興建，為羅馬最早的文藝復興建築之一。16世紀中葉，這裡曾成為威尼斯共和國的大使館，而威尼斯宮從此得名。至20世紀法西斯統治時期，墨索里尼曾在此辦公，並在二樓的陽臺上發表過著名的演講。目前則為博物館，收藏15-17世紀文藝復興時期的陶瓷器、銀器、室內裝飾品和武器等。

地：Via del Plebiscito, 118 00196 Roma 時：9:30am-7:30pm 電：06-699941
費：16 歐元 網：https://vive.cultura.gov.it/it/palazzo-venezia

大量文藝復興時代珍藏
多利亞潘菲利美術館 Galleria Doria Pamphilj

04 Map4-2 B4

由威尼斯廣場沿Via del Corso街直行約5分鐘即達

《教宗英諾森十世肖像習作》

位於潘菲利宮的多利亞潘菲利美術館，曾經是教皇英諾森十世的住宅，現在裡面儲存了大量文藝復興時代的藝術珍藏，其中最著名的藏品包括由西班牙畫家維拉斯奎茲(Diego Velázquez)繪畫的《教宗英諾森十世肖像習作》(Velazquez's portrait of Innocent X)，與及Titian(提香)描述施洗約翰殉道的《莎樂美》(Salomé with Head of John the Baptist)。此外美術館也珍藏了其他意大利大師的作品，如卡拉瓦喬和圭爾奇諾的作品，拉斐爾的兩紳士肖像，還有柯雷喬未完成的作品《道德寓意》等。

地：Via del Corso 305, Rome 00186 時：9:00am-7:00pm
電：06-797323 費：17歐元 網：www.doriapamphilj.it

聞名中外的許願池
特萊維噴泉 *Fontana di Trevi*

05 Map4-2 C3

乘地鐵A線至Barberini站，由Via del Tritone出口往下坡直走，左轉Via Stamperia直走，步行約7分鐘即達

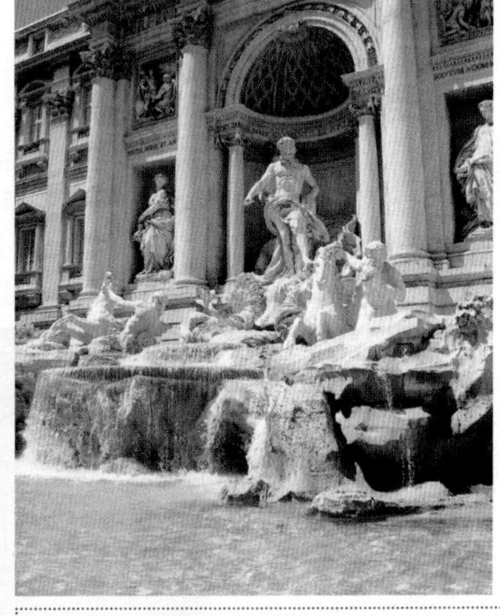

特萊維噴泉又稱許願池噴泉，共花了30年才完成，是羅馬的象徵之一。噴泉建築完全左右對稱，在中央立有1尊被2匹駿馬拉著奔馳的海神像，海神像是在1762年由雕刻家伯拉奇設計。在海神的左右兩邊各立有兩尊水神，右邊的水神像上，有一幅《少女指示水源》的浮雕，浮雕上面有代表四季的四位仕女像。羅馬有則美麗的傳說：只要背對噴泉，成功從肩以上拋3枚硬幣到水池裡，第1枚是代表找到戀人，第2枚是彼此真心相愛，第3枚是蜜運成功，婚後並會一起重返羅馬。

地：Piazza di Trevi

超過1800年歷史的紀念柱
可隆納廣場 *Piazza Colonna*

06 Map4-2 B3

乘地鐵A線至Barberini站，途經特萊維噴泉再步行3分鐘即達

可隆納廣場因為中央矗立著馬可•奧瑞利歐紀念柱（Colonna di Marco Aurelio）而命名，這根高柱建於193年，由28塊大理石堆砌而成，至今已有超過1800年歷史。柱身表面刻有螺旋狀的浮雕，敘述馬可•奧瑞利歐皇帝在166年對馬克曼尼人發動的馬克曼尼戰爭。而柱內更建有約200級樓梯直通頂端。

廣場上設有八角形的大理石水池和噴泉，噴射口本以獅子頭裝飾，在1830年修復時，添加了兩條海豚，這兩條海豚的尾巴與兩個張開的貝殼互相纏繞，形態生動可愛。

地：Piazza Colonna

羅馬市交通樞紐
聖西爾維斯特廣場 Piazza di San Silvestro

07 Map4-2 B2

乘地鐵A線至Barberin站，出站步行10分鐘即達

聖西爾維斯特廣場因San Silvestro in Capite教堂而名命，而教堂則因為藏於洗禮堂裡面的聖約翰頭像而聞名全國。教堂最初建於8世紀，原址為太陽神的神殿，橫跨由教皇Stephen III及Paul I兩個年代才完工。至13世紀初，教堂開始了第一次修復工程，增加了鐘塔；經過16世紀和17世紀的修復，便形成了現在的外觀。

聖西爾維斯特廣場也是羅馬市內重要的公共交通轉運站，同時也是郵政總局和國際電信局的所在地。

地：Piazza di San Silvestro, 17/A 00187 Roma

時：7:00am-7:00pm，
周日 9.00am-12:45pm，3:30pm-6:30pm

羅馬的香榭麗舍大道
康多提路 Via Condotti

08 Map4-2 B1

乘地鐵A線至Spagna站，沿西班牙廣場階梯直下即達

血拼名牌是遊意大利重要的節目。法國有香榭麗舍大道，羅馬的康多提路亦不遑多讓。康多提路是羅馬市最著名的購物街，毗鄰歷史悠久的西班牙廣場，它正是電影《羅馬假期》的主要場景。短短的三百多米長的街道，名牌服飾店卻是一間接一間，各具特色的櫥窗設計令人賞心悅目，LV、Gucci、Prada、Ferragamo、Bulgari、Cartier、Valentino、Armani等等……全是意大利和國際名牌，令人目不暇給。

地：Via condotti

充滿文藝氣息的古典咖啡館
Antico Caffe Greco

09 Map4-2 B1

乘地鐵A線至Spagna站，由西班牙廣場走進Via Condotti，步行約5分鐘即達

創立於1706年的Antico Caffe Greco是一家歷史悠久的古典咖啡館，早在18世紀就已經是眾多文人墨客最喜愛的咖啡館。店內陳設著眾多大理石雕刻和古典畫作，充滿濃郁的文藝氣息。由於Antico Caffe Greco毗鄰西班牙廣場，經常可以看到來自世界各地的遊客步入這家充滿著古典風情的咖啡館內，坐在紅色絨布椅上一邊品嘗香醇的意大利咖啡，一邊小憩片刻。

地：Via Condotti 86　時：9:30am-9:00pm
電：06-6791700　網：https://anticocaffegreco.eu/

意大利的總統府
奎里納爾宮
Palazzo del Quirinale

10 Map4-2 D3

乘地鐵A線至Barberini站，出站後步行15分鐘即達

奎里納爾宮位於羅馬7座山丘中最高的奎里納爾山上，在1870年之前一直是教皇的夏季行宮。現時，奎里納爾宮成為了意大利共和國總統府，宮殿前的廣場中央有雙子星噴泉，噴泉上有4尊古羅馬時期的雙子星神和他們的馬匹雕像。奎里納爾宮內的庭院和花園別具一格，四周栽種著大量奇花異草，高大挺拔的棕櫚樹給地中海風情濃郁的花園帶來幾分熱帶氣息。每年6月2日意大利國慶節時，總統都在此舉行盛大的國慶招待會，場面非常熱鬧。

地：Piazza del Quirinale, 00187 Roma
時：周二至三、周五至日 9:30am-4:00pm
電：06-46991　費：1.5 歐元
網：https://palazzo.quirinale.it/　註：需於網上預約

考古遺址變身百貨公司

Rinascente Roma Tritone

11 Map4-2 C2

乘地鐵A線至Barberini站下車，出站後步行3分鐘

Rinascente 的羅馬店樓高八層，雲集800多個品牌，每層由不同建築師設計，按不同種類劃分為時裝、手錶、飾品、化妝品都一應俱全，至於最頂層有星級名廚Riccardo Di Giacinto主理的Madel Terraneo餐廳，亦可俯瞰羅馬市全景。整個百貨公司最矚目的必定是底層，在翻新工程中發掘出古羅馬人建造的遺址Aqua Virgo引水渠，而且它到今天依然為羅馬市中心附近的噴泉提供源源不絕的水源。加上百貨公司保留了原址的四層古建築，成為了樓中樓，所以甚有看頭！

Aqua Virgo引水渠考古遺址。

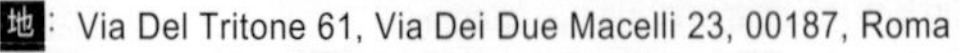

地：Via Del Tritone 61, Via Dei Due Macelli 23, 00187, Roma 時：10:00am-9:00pm

電：0291387388 網：https://www.rinascente.it

註：消費超過 154.94 歐元可享 12% 的退稅，只要於地庫辦理手續

意式風情 That's Amore

12 Map4-2 C2

乘地鐵於Barberini站下車，步行6分鐘

於2004年創立的That's Amore 提供正宗的意大利菜式，著名菜式有手工意大利麵、即製新鮮出爐pizza及意式甜品等，必試其海鮮意大利麵，自家製的彈牙意粉沾上鮮甜的海鮮汁，十分美味，值得一試。餐廳地點方便，於著名景點噴泉附近，環境雖然不算大，但牆上掛滿舊相片，有點溫暖的小店感覺！

地：Via in Arcione,115 00187 Rome
時：11:00am-12:00mn
電：06 67 90 302
網：https://wwwac.thatsamore-restaurant.com/

意式火腿伴美酒 La Prosciutteria

13 Map4-2 C2

乘地鐵於Barberini站下車，步行6分鐘

甫進餐廳即被其佈置所吸引，小木櫃內放滿餐酒及小飾物，天花四周掛着一隻隻的黑毛豬腿，相信大家已估到這裡是以吃意大利風乾火腿為主的小店。小食盤材料十分豐富，以大大塊的木板盛載着多款意式風乾火腿、芝士、麵包及生果等，再配以美酒邊喝邊吃。店內店外由早到晚都擠滿人，氣氛十分熱鬧。

地：Via della Panetteria 34A 00187 Rome
時：11:30am-11:30pm，周五及六至 12:00mn
電：06 678 6990
網：https://laprosciutteria.com/

羅馬地中海菜式
Ristorante La Fontana di Venere

14 Map4-2 C3

乘地鐵於Barberini站下車，出站後步行約10分鐘於特萊維噴泉附近

Ristorante La Fontana di Venere提供傳統的地中海和羅馬菜式，配以著名的意大利葡萄酒，地埋位置甚佳，於特萊維噴泉附近，吸引不少遊客前來光顧。與外面熱鬧的遊客區相比，進入餐廳後即感到寧靜愜意，中央放了紀念女神納斯雕像，別具風味。以高品質食材，配合簡單的烹調方式，製作出一道道精緻美味的地中海菜。

地：Vicolo de Modelli, 56 00185 Rome
時：12:00nn-3:00pm ; 7:00pm-10:30pm
電：06 6992 4087
網：http://www.fontanadivenere.it

於意大利每家餐廳都有獨門製法的長或短意大利麵。

長龍三文治店
Pane e Salame

15 Map4-2 B3

乘地鐵於Barberini站下車，出站後步行約10分鐘於特萊維噴泉附近

店舖名字Pane e Salame意思是麵包和香腸，單看名字大概已知是吃什麼。櫥窗內放滿各種意式三文治，份量十足，足夠二人分享，但因店子小，所以由早到晚都是排隊的人群，建議三文治可外賣，但如想試這裡著名的mixed cutting board，便要在店內品嘗，讓你可一次過試齊8種不同口味的意式火腿，一邊喝着酒一邊品嘗，愜意非常。

地：Via Santa Maria in Via　19, 00187 Rome
時：12:00nn-10:00pm
電：06 679 1352
網：https://www.facebook.com/panesalameroma/

古老建築時尚商場
Galleria Alberto Sordi

16 Map4-2 C3

位於圓柱廣場 (Piazza Colonna)附近

Galleria Alberto Sordi又名拱廊街，位處於Piazza Colonna 圓柱廣場外，是遊客必到景點。建築物內外的設計也值得欣賞，內裡拱廊型天花，設計得十分漂亮，是集購物及飲食於一身的建築，店內有不少我們熟悉的牌子，如Zara, Calvin Klein, Furla等，還有不少當地創作品牌，經過時不妨一逛。

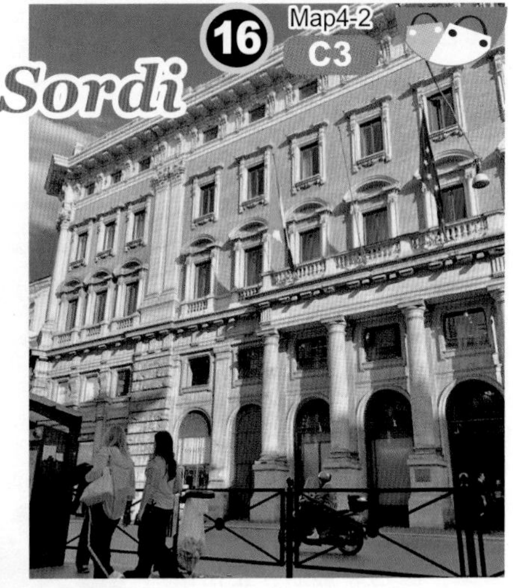

地：Galleria di Piazza Colonna, Piazza Colonna, 00187 Roma

時：9:00am-8:00pm

電：06 6919 0769

網：https://galleriaalbertosordi.com/

挑戰一級方程式賽車
Ferrari Store Roma

17 Map4-2 A1

乘地鐵A線至Spagna站，由西班牙廣場走進Via Condotti，步行約5分鐘即達

來到法拉利專門店，除了能購買衣服或模型作為紀念品外，亦可體驗作為F1賽車手願望，雖然不是真正落場，但可透過電腦熒幕一嘗當賽車手心願，建議先於網上作預約。店舖共四千多呎，十分寬敞，是意大利第三大的旗艦店，店內有一系列的法拉利產品出售，如行李箱、外套、頭盔、鎖匙扣等精品，是法拉利迷必到景點。

地：Via Tomacelli,147 001-86 Rome

時：10:00am-8:00pm

電：06 8375 8510

網：https://store.ferrari.com/store-locator/stores/ferrari-store-roma

沉浸式體驗博物館 IKONO

18 Map4-2 A3

乘地鐵A線至Barberini站，出站步行15分鐘

IKONO位於萬神殿附近，是一家沉浸式體驗博物館。它結合了藝術、技術和互動性，共分為九個區域，每個區域都有一個獨特的主題和風格，例如羅馬浴場、東京街、太空站、海洋世界及未來世界等。遊客可以與互動式和藝術性的裝置互動，例如光影、音樂、顏色和形狀，並拍攝照片和視頻，分享的創意和感受。IKONO i的體驗適合所有年齡段的人參與，體驗的時間約為一小時，每15分鐘開始一個時段，每個時段最多容納25人。

地：Via del Seminario, 111, 00186 Roma
電：065571424
時：10:00am-9:00pm，周六日至10:00pm
費：成人18歐元，小童（3-15歲）12.5歐元，3歲以下免費
網：https://ikono.global/it/roma/

羅馬特色菜 Antica Osteria di Pietra

19 Map4-2 B3

乘地鐵A線至Spagna站，出站步行15分鐘

餐廳成立於1756年，由一位名叫Pietro Frezza的麵包師創立。這是一家傳統的羅馬餐廳，提供地道的意大利菜，包括海鮮、肉類和羅馬的特色菜，例如鹽煮牛肉(saltimbocca)、奶酪和胡椒醬意大利粉(cacio e pepe)和卡邦尼意大利粉(carbonara)。店名的意思是「古老的石頭酒館」，因為它位於一條古老的石頭街道上，這條街道曾經是教皇的住所，也是羅馬的文化和宗教中心之一。除了餐廳，酒吧部分還提供了各種雞尾酒，包括原創的創作、舊的經典和新的經典，以及無酒精的選擇。

地：Via di Pietra, 88, 00186 Roma
電：0639751564
時：12:00nn-11:30pm，周二休息
網：https://www.instagram.com/anticaosteriadipietra/

羅馬中央車站

Roma Termini

交通速讀

1.古羅馬廣場→羅馬中央車站(地鐵)

地鐵B線
Colosseo→Roma Termini
車程：5分鐘

2.西班牙廣場→羅馬中央車站(地鐵)

地鐵A線
Spagna→Roma Termini
車程：5分鐘

必遊景點

聖母瑪麗亞大教堂、國立羅馬博物館、天使聖母教堂、國立古代美術館

01 聖母瑪麗亞大教堂 Basilica di Santa Maria Maggiore 5-3
02 埃斯奎利諾廣場 Piazza dell'Esquilino 5-4
03 國立羅馬博物館 Museo Nazionale Romano 5-4
04 共和國廣場 Piazza della Repubblica 5-5
05 天使聖母教堂 Santa Maria degli Angeli 5-5
06 國立古代美術館 Galleria Nazionale d'Arte Antica 5-6
07 巴貝里尼廣場 Piazza Barberini 5-6
08 勝利聖母教堂 Santa Maria della Vittoria 5-7
09 威尼托街 Via Vittorio Veneto 5-7
10 羅馬中央車站 Roma Termini 5-8
11 Pinsere Roma 餐廳 5-8
12 Orma Bistrot 餐廳 5-9
13 Museo Boncompagni Ludovisi 餐廳 5-9
14 Alice Pizza Restaurant 餐廳 5-10
15 Capuchin Crypt 博物館 5-10

羅馬四大教堂之一
聖母瑪麗亞大教堂
Basilica di Santa Maria Maggiore

01 Map5-2 C3

乘地鐵A/B線至Termini站，步行約5分鐘即達

羅馬聖母大教堂是羅馬四大教堂之一。在羅馬所有長方形大教堂中，聖母瑪麗亞大教堂算是結合所有建築風格最成功的教堂：仿羅馬式鐘樓是中世紀的表徵，1377年建造，高達75米，被譽為羅馬之冠。

教堂的中殿是5世紀建築，天花板富麗堂皇，克斯馬蒂式鑲嵌地磚花紋精美。36根圓柱是從古代羅馬的神殿搬來的，而以列柱支持的水平樑是典型的初期基督教教堂建築手法。大門背面聖母子的彩色鑲嵌玻璃畫的風格，也可嗅出文藝復興的氣息。

主殿祭壇中描繪舊約聖經36個場景的鑲嵌畫是5世紀基督教初期的遺物，金碧輝煌的壁畫的下面，還有傳説中的聖物——據説耶穌幼時嬰兒床的木頭殘片就保存在這個容器裡。教堂內部除了主殿以外，右側是西斯托小教堂，左側則是保利納小教堂，屬於17世紀初期巴洛克藝術風格。

地：Piazza di Santa Maria Maggiore 42
時：7:00am-6:45pm 電：06-6988 6800 費：免費
網：www.vatican.va/various/basiliche/sm_maggiore/index_it.html

以宏偉教堂為背景的城市廣場

02 Map5-2 C3

埃斯奎利諾廣場
Piazza dell'Esquilino

乘地鐵A/B線至Termini站，步行約5分鐘即達

埃斯奎利諾廣場上有一座教皇西斯多五世於1587年樹立的方尖碑，廣場一旁聳立的大聖母教堂規模宏偉，從公元5世紀起就已經屹立於此，迄今已有1500年歷史，有多位不同時期、不同風格的建築大師為其整修。如今，這些不同年代的建築風格，也在這座宏偉建築中完美融合在一起。

地：Piazza dell'Esquilino

古羅馬的藝術瑰寶

03 Map5-2 C3

國立羅馬博物館
Museo Nazionale Romano

乘地鐵A/B線至Termini站，出站即達

成立於1889年的國立羅馬博物館，由迪歐克雷濟安諾大浴場改建而成，在博物館內收藏了大量1870年之前在羅馬出土的文物與藝術品，其中由米高安哲奴設計的天使聖母教堂中庭，主要展示了石棺、馬賽克壁畫等；馬西莫宮則展示了眾多古羅馬的人物石雕；八角廳是一幢充滿古羅馬風情的磚砌八角圓柱浴場，陳列著大量精美的大型銅雕，其中《休息的拳擊手》雕像的手部還纏著布條，神態栩栩如生。

地：Largo di Villa Peretti1

時：周二至周日 9:00am-7:00pm

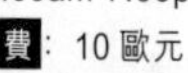

電：06480201 費：10 歐元

不同年代的建築和諧共處

共和國廣場 Piazza della Repubblica

04 Map5-2 C2

乘地鐵A線至Repubblica站，出站即達

共和國廣場又被羅馬人稱為「半圓形廣場」，廣場正中有一座由馬里奧•魯特利於1901年設計的水神噴泉，4位裸體的女神姿態誘人地趴在4種動物身上，其中海馬代表海洋、水蛇代表河流、天鵝代表湖水、蜥蜴則代表地下暗河。共和國廣場的前身是迪歐克雷濟安諾大浴場的遺跡，現今則已經被各個不同時期的建築分割得七零八落，其中最引人注目的建築，是由米高安哲奴設計改建的天使聖母教堂。

地：Piazza della Repubblica

科學和信仰的結合

天使聖母教堂 Santa Maria degli Angeli

05 Map5-2 C2

共和國廣場側

1561年，教皇庇護四世 (Pius IV) 任命米高安哲奴將戴克里先浴場的一部分改為教堂。米高安哲奴把浴場原先的設計融合教堂的空間——把簡單的入口設置在浴室原來熱水室的環形殿，又將浴場的三個巨大的十字交叉拱頂改造成教堂的中殿，而教堂呈十字形，教堂的左右兩翼末端都建有小禮拜堂。羅馬標準時間的這條子午線(玫瑰線)，原來也是設於天使聖母教堂的東側側殿。羅馬當時將這條子午線Meridian line訂為本初子午線Prime Meridian，透過太陽射進教堂的光線製訂時間，可算是一次科學和信仰的結合。

地：Piazza della Repubblica Roma　電：064880812

時：10:00am-1:00pm，4:00pm-7:00pm

網：www.santamariadegliangeliroma.it

12-18世紀的藝術寶庫

06 Map5-2 B2

國立古代美術館

Galleria Nazionale d'Arte Antica

乘地鐵A線至Barberini站，出站即達

毗鄰巴貝里尼廣場的國立古代美術館是一幢3層拱形大別墅。作為巴貝里尼家族的住所，這幢外觀華美的大屋現今已經被辟為展示巴貝里尼家族收藏品的博物館，遊客可以在這裡欣賞到大量12至18世紀繪畫、陶瓷器以及家具，其中不乏拉斐爾、卡拉瓦喬、里皮等大師的精美作品。

地：Via delle Quattro Fontane, 13, 00184 Roma
時：10:00am-7:00pm 電：064814591 費：12 歐元
網：https://www.barberinicorsini.org/

向教皇致敬的廣場

07 Map5-2 B2

巴貝里尼廣場

Piazza Barberini

乘地鐵A線至Barberini站，出站即達

由巴貝里尼教皇最鍾愛的巴洛克大師貝里尼設計的廣場充滿藝術美感。廣場正中的海精靈噴泉動感十足，貝里尼還將教皇的家族紋章——蜜蜂標誌設計在噴泉上。此外街角還有一座精緻的蜜蜂噴泉，吸引了眾多遊客拍照留念。

地：Piazza Barberini

引人入勝的巴洛克教堂

勝利聖母教堂 Santa Maria della Vittoria

08 Map5-2 B2

乘地鐵A線至Repubblica站，由Via Orlando出口出來後直走到S. Bernardo廣場噴泉旁即達

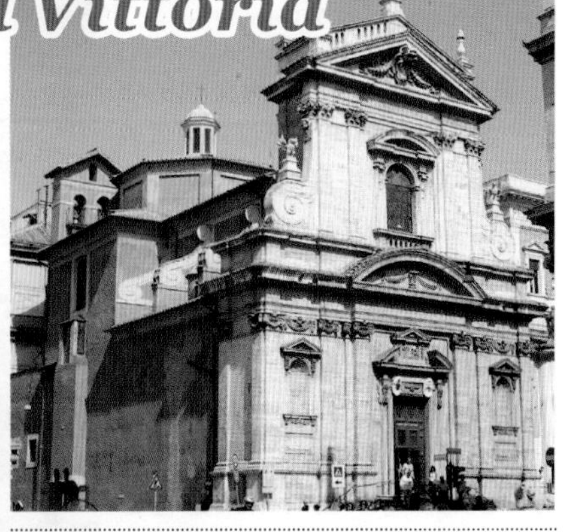

勝利聖母教堂建於17世紀，由貝里尼與其學生花了12年時間合力完成，是一座華美的巴洛克風格建築，教堂內的神壇左側禮拜室內收藏了一尊為《聖德蘭之狂喜》的雕塑，代表著「狂喜」的天使，微笑著用手中的弓箭射向面前的聖人，上方的天窗則透射進來黃金般的神聖光芒，充滿令人震撼的神聖美感，被譽為貝里尼最具戲劇張力的傑作。

聖德蘭之狂喜

地：Via 20 Settembre, 17

時：9:00am-12:00nn, 3:30pm-6:00pm

電：0642740571

網：https://www.turismoroma.it/en/places/church-santa-maria-della-vittoria/

羅馬最有名的大街

威尼托街 Via Vittorio Veneto

09 Map5-2 B2

乘地鐵A線至Spagna站，出站後步行5分鐘即達

威尼托大街是羅馬最有名的大街——彎彎曲曲的街道雖然不算長，卻是最能代表羅馬的繁華。這裡有羅馬最豪華、最有名氣的酒店、商店、夜總會及其他娛樂場所，是全國各地和來自其他國家的富人們來羅馬時居住、購物、悠閒的地方，也是他們顯示其身份和富有的地方。

地：Via Vittorio Veneto

交通樞紐
羅馬中央車站 Roma Termini

10 Map5-2 D3

乘地鐵A/B線至Termini站

羅馬中央車站是羅馬交通的中心，無論是從機場，還是任何景點或周邊城市，都是中轉的主要地點。車站內部設施一應俱全，有服裝店、藥妝店，連日常用品，甚至是紀念品都能在這裡買到．近年這裡改建部分地方作中央市場(Mercato Centrale Roma)，內有十五個攤檔，有Pizza店、意大利餐、Gelato等，出發前來這裡醫肚，非常方便。

地：Roma Termini, Piazza dei Cinquecento
時：8:00am-12:00mn
網：http://romatermini.com/ 網：www.mercatocentrale.it/roma

變奏版 Pizza
Pinsere

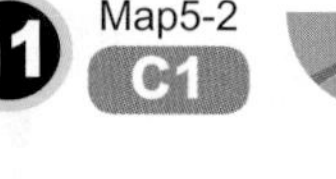

11 Map5-2 C1

乘地鐵A線至Repubblica站，出站步行10分鐘

Pinsere是一個專門提供羅馬傳統的pinsa的外賣店，名字來自於一個拉丁詞，意思是「壓平」或「壓碎」，因為pinsa的麵團需要用手或擀麵杖壓成一個薄片。pinsa是一種比普通的薄餅更輕盈和易消化的食物，它的麵團是用小麥、大麥和大豆粉混合而成的，並且形狀呈橢圓形。Pinsere每天都會用新鮮的食材製作各種口味的pinsa，例如番茄和馬蘇里拉芝士（pomodoro e mozzarella）、火腿和菠菜（prosciutto e spinaci）和南瓜和火腿（zucca e prosciutto），戶外亦提供座位予客人把美食「就地正法」。

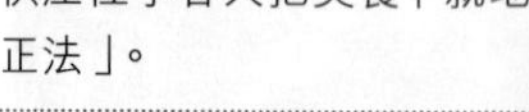
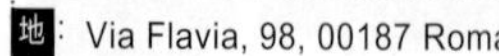

地：Via Flavia, 98, 00187 Roma
電：0642020924
時：10:00am-9:00pm，周六日休息
網：https://www.facebook.com/Pinsere/

名廚主理

Orma Bistrot

12 Map5-2 B1

乘地鐵A線至Repubblica站，出站步行12分鐘

Orma Bistrot是一家位於Via del Tritone街的高級餐廳，由出生地哥倫比亞的知名廚師Roy Caceres主理，更獲米芝蓮一星美譽。餐廳菜單分為兩個部分：一個是「Iconic」，展示了 Roy Caceres 的經典菜餚，如他的招牌「魚子醬麵包」和「鴨胸蘋果派」；另一個是「Unique」，展示了他的最新創作，如「鱈魚酥皮餅」和「牛肉酥皮餅」。這些菜餚都是以簡約而精湛的手法呈現，突出了食材的本質和風味。除了美食，餐廳亦設有一個寬敞的露天平台，可以欣賞羅馬的美景。

Roy Caceres。

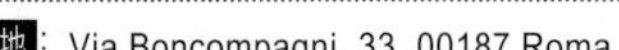

地: Via Boncompagni, 33, 00187 Roma
電: 068543182
時: 12:00nn-2:00pm，周日及一休息
網: https://www.ormaroma.it/

裝飾藝術博物館

13 Map5-2 C1

Museo Boncompagni Ludovisi

乘地鐵A線至Barberini站，出站步行12分鐘

Museo Boncompagni Ludovisi，是羅馬現代藝術國家畫廊的一部分，於 1995 年開放，旨在推廣和發展意大利的裝飾藝術，服裝和時尚。這座別墅是由建築師 Giovanni Battista Giovenale 在 1901 年以巴洛克風格和新藝術運動的影響建造。1972 年，Boncompagni家族將別墅及其家具捐贈給國家。博物館收藏了來自別墅和現代藝術國家畫廊的繪畫，雕塑，陶瓷和原始家具，以及約 800 件服裝和時尚配飾，展示了從 19 世紀末到 20 世紀末的意大利時尚史，以及意大利時尚的崛起和發展。

地: Via Boncompagni, 18, 00187 Roma
電: 0642824074 費: 免費入場
時: 9:00am-7:00pm，周一休息
網: https://direzionemuseiroma.cultura.gov.it/museo-boncompagni-ludovisi/

新派薄餅店 Alice Pizza Restaurant（Termini店）

14 Map5-2 D2

乘地鐵A/B線至Termini站，出站即達

Alice Pizza是一家連鎖的意式薄餅店，在羅馬及全國有數百間分店，以提供新鮮，美味，多樣的薄餅而聞名。它的特色是「薄餅切片」，也就是按照客人的喜好，從不同口味的薄餅中切下一片或多片，然後按照重量計算價格。薄餅選擇非常豐富，有約 60 種不同的口味，包括素食，純素，無麩質等，都是用優質的食材如特級初榨橄欖油，新鮮的蔬菜，香草和芝士等現場烤制，保證了薄餅的溫度和新鮮度。

地：Via Marsala, 66, 00185 Roma
電：0689573867 時：9:30am-10:00pm
網：http://www.alicepizza.it/

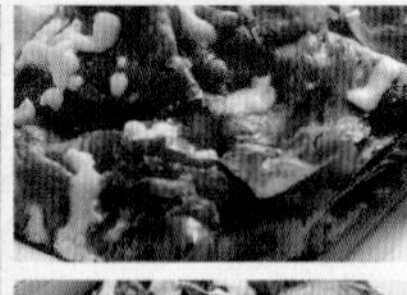

遺骸博物館 Capuchin Crypt

15 Map5-2 B2

乘地鐵A線至Barberini站，出站步行3分鐘

Capuchin Crypt是一個地下墓穴，屬於Santa Maria della Concezione dei Cappuccini 教堂的一部分。它包含了約 3700 具被認為是 Capuchin 修道士的遺骸，這些遺骸被用來裝飾了幾個小教堂的牆壁和天花板。這個墓穴的目的不是為了展示死亡的恐怖，而是為了提醒人們生命的短暫和自身的死亡。墓穴的歷史可以追溯到 1631年，至今已有超過五百年歷史。它由六個房間組成，其中五個房間充滿了人類的骨頭作裝飾。雖然景點有些陰森可怕，但卻是非常有特式的體驗。

地：Via Vittorio Veneto, 27, 00187 Roma
電：0688803695 時：10:00am-6:30pm
費：10 歐元
網：https://museoecriptacappuccini.it/

特拉斯提弗列
Trastevere

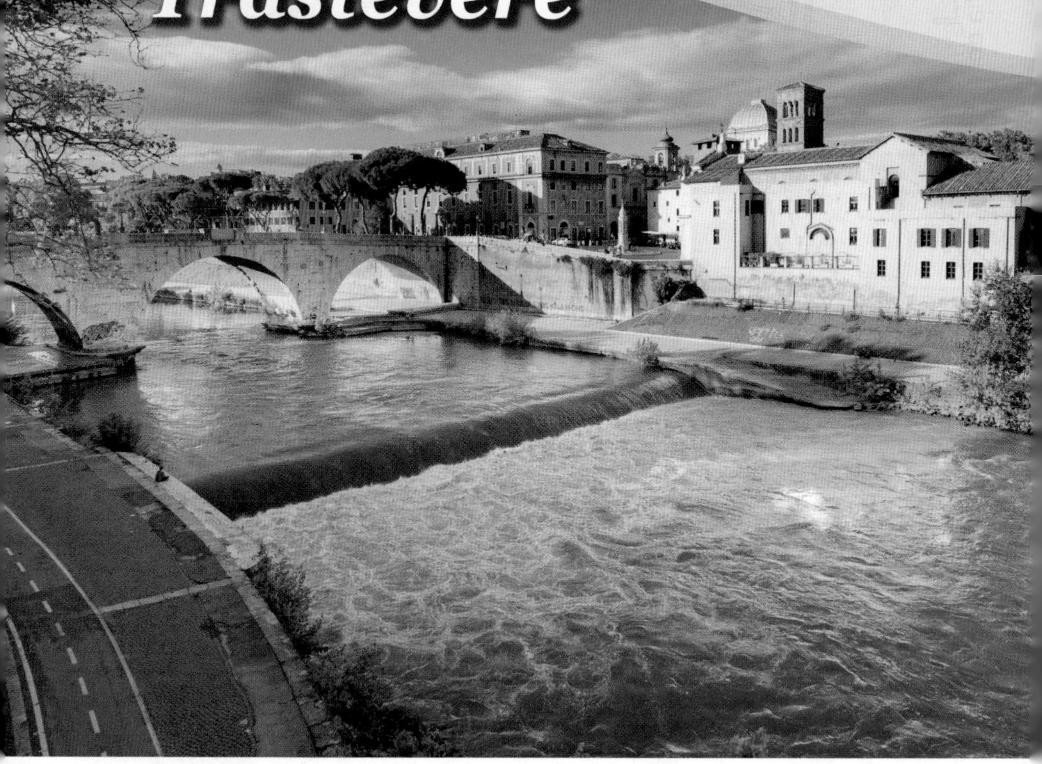

交通速讀

羅馬中央車站→特拉斯提弗列(地鐵+巴士)

地鐵A線
Roma Termini→Valle Aurelia
車程：13分鐘

31、33號巴士
Valle Aurelia→Villa Doria Pamphili
車程：30分鐘

必遊景點

多里亞潘菲利別墅、Ivo餐廳

01 特拉斯提弗列 Trastevere 6-3
02 台伯河 Tevere 6-4
03 Rugantino 餐廳 6-4
04 IVO A TRASTEVERE 餐廳 6-5
05 Sabatini 餐廳 6-5
06 多里亞潘菲利公園 Villa Doria Pamphili 6-6
07 Freni e Frizoni 餐廳 6-7
08 Ristorante Galeassi 餐廳 6-7
09 Dar Poeta Trastevere 餐廳 6-8
10 Glass Hostaria 餐廳 6-8
11 Twice Vintage Shop 二手店 6-9
12 Porta Portese Market 假日市集 6-9
13 越台伯河聖母大殿 Basilica di Santa Maria in Trastevere 6-10
14 Ponte Sisto 餐廳 6-10
15 Tonnarello 餐廳 6-11
16 Pasta e Vino Osteria 餐廳 6-11
17 Osteria Nannarella 餐廳 6-12
18 羅馬植物園 Orto Botanico di Roma 6-12

古色古香的羅馬舊城區
特拉斯提弗 *Trastevere*

01 Map6-2 B2

乘電車8號線至Trastevere/Mastai站，下車即達

位於台伯河右岸Gianicolo山腳下的特拉斯提弗列，是羅馬人最喜愛聚集的城區，其彎曲的小巷與兩側古老的建築充滿古樸的歷史風韻。特拉斯提弗列吸引人的魅力，在於這裡保存完好的中世紀風情，街巷兩旁林立著的眾多餐館、小酒吧，是羅馬人夜生活的最愛。此外，地處特拉斯提弗列的聖母教堂，是基督教在羅馬第一個正式教堂，相傳是由教皇卡利斯多一世於3世紀時修建，當時羅馬的基督教信仰尚未普遍。教堂直到12世紀才最終完工。

地：

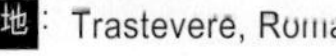
Trastevere, Roma

羅馬的母親河 台伯河 Tevere

02 Map6-2 D1

乘電車8號線至Arenula- Ministero Grazia E Giustizia站，下車即達

台伯河是羅馬市內最主要的一條河，是意大利第三長河。它源自亞平寧山脈富默奧洛山西坡，流經羅馬後，於奧斯蒂亞附近注入地中海。

台伯河的河水不算清澈，乾旱時期兩岸的青苔鋪滿堤岸。河的一邊是羅馬的左岸，安靜、古樸，石板路間滿是風塵僕僕的記憶。橫跨台伯河的石橋在羅馬有很多，最有名的就是聖天使橋。這座橋直接通向聖天使堡，橋上12座天使雕像座座維妙維肖。

地: Tevere, Roma

輕鬆享用鄉村美食 Rugantino

03 Map6-2 D2

乘電車8號線至Belli站，下車步行3分鐘即達

Rugantino位於羅馬市內特拉斯提弗列的地處Viale di Trastevere大道旁，是特拉斯提弗列歷史最悠久的一家小酒館。盧卡提諾毗鄰的道路是特拉斯提弗列最吸引人的地方，石板鋪成的道路彎曲迷人，充滿了悠閒安逸的氛圍。遊客在特拉斯提弗列遊覽之餘，可以來到盧卡提諾，享受一餐這裡的美味菜餚，感受羅馬人最普通的日常生活。

地: Via della Lungaretta, 54, 00153 Roma

時: 12:30nn-3:30pm、7:30pm-11:30pm 電: 06-5818517

網: www.anticaosteriarugantino.com

意大利菜的人氣老店 04

Map6-2 D2

IVO A TRASTEVERE

乘電車8號線至Trastevere/Mastai，下車步行約3分鐘

開業於1962年的Ivo地處羅馬市內最具中古世紀風情的特拉斯提弗列，是一家人氣頗高的意大利菜老店。在餐廳門前有一座頗為引人注目的烤爐，除了吸引來往行人注意外，也可以現場製作美味的香脆薄餅。此外，遊客在特拉斯提弗列遊覽之餘，還可以坐在Ivo的露天座位上小憩片刻，品嘗這裡提供的各種美味意大利菜式。

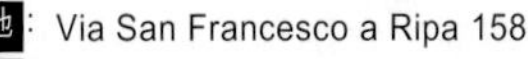

地：Via San Francesco a Ripa 158

時：周三至周一 6:00pm-12:00mn，周日 11:30am-12:00mn，周二休息

電：06-5817082 網：http://ivoatrastevere.it/

美味的羅馬傳統料理 05

Sabatini

Map6-2 D2

乘電車8號線至Trastevere/Mastai，下車步行約10分鐘即達

創立於1958年的Sabatini毗鄰風景優美的聖母廣場，是一家擁有50餘年歷史的老字號餐館。遊客在Sabatini除了可以品嘗到美味的羅馬傳統料理及小羊肉料理外，還可以品嘗這裡廚師精心烹製的各種新鮮美味的海鮮料理。

地：Piazza S.Maria in Trastevere 13

時：10:30am-11:30pm 電：06-581-8307

網：www.ristorantisabatini.com

羅馬最大的公園

多里亞潘菲利公園 Villa Doria Pamphili

06 Map6-2 A2

乘電車8號線至Gianicolense/Colli Portuensi，下車後步行約10分鐘即達

多里亞潘菲利公園是羅馬的一座17世紀別墅，是羅馬最大的風景園林，也是羅馬市民休閒娛樂之地。這座別墅最初是潘菲利（Pamphili）家族的別墅，1760年該家族絕嗣，1763年，教宗克雷芒十三世將這座園林授予多里亞（Doria）親王，從此稱為多里亞潘菲利別墅。

這座別墅花園的核心稱為老別墅（Villa Vecchia），在1630年以前就已經存在。其後，潘菲利家族開始收購鄰近的葡萄園，別墅面積便不斷擴展。在別墅的最高點，可以俯瞰整個羅馬，令人感覺愉快，所以別墅也稱之為「歡樂別墅」（Villa delle Allegrezze）。

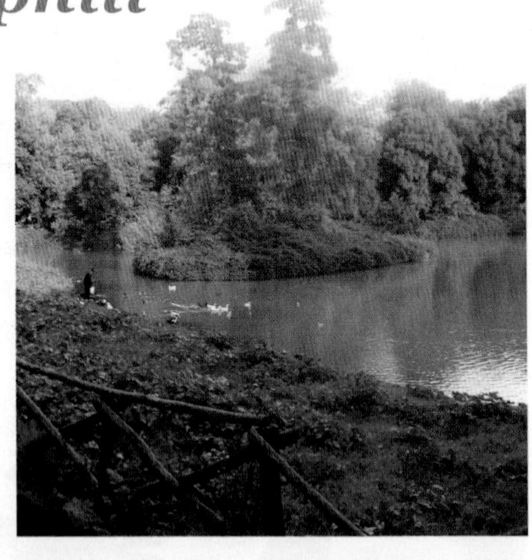

地：Villa Doria Pamphili, Via S Pancrazio, Rome, Lazio, Italy

費：免費入場

網：http://villadoriapamphilj.it/

邊飲邊食邊享歡樂時光
Freni e Frizoni

乘電車8號線至Trastevere/Mastai，下車步行約9分鐘即達

由舊車房改建而成的酒吧Freni e Frizoni名字解作剎車掣與離合器，酒吧設計又Punk又型，是一眾happy hour友的聚腳地。由晚上7點開始，主角雖然是各種賣相吸引的手調酒品，並以各種電影名字作為酒名，但卻設有自助餐桌裝滿各種素小食，只要點任何一杯飲品便可無限享用，邊飲邊食邊傾偈，氣氛相當熱鬧，不妨前來感受一下羅馬人的熱情歡樂時光。

地: Via del Politeama, 4, 00153 Roma
時: 6:30pm-2:00am 電: 06 4549 7499
網: https://www.freniefrizioni.com/en/

感受羅馬人悠閒氣息
Ristorante Galeassi

08 Map6-2 D2

乘電車8號線至Trastevere/Mastai，下車步行約6分鐘即達

從1950年開始經營，食物以當地傳統美食及海鮮為主，尤其是青口及海鮮意粉新鮮美味，被食客們一致讚好。附近雖然有多家意大利餐廳，但這家卻以位置佔優，位於Piazza Santa Maria，面對美麗的噴水池，環境吸引，坐於戶外位置品嚐美食，可感受到當地的悠閒飲食氣氛，所以餐廳從早到晚都擠滿人。

地: Piazza S.Maria in Trastevere,3 00153 Roma
時: 10:00am-12:00mn
電: 06 580 3775
網: https://www.ristorantegaleassi.it/

Superbufala pizza 傳統意大利pizza加有番茄醬，水牛及羊奶芝士，香草及橄欖等配料。

木烤火爐製香脆Pizza

09 Map6-2 C1

Dar Poeta Trastevere

乘電車8號線至Trastevere/Mastai，下車步行約10分鐘即達

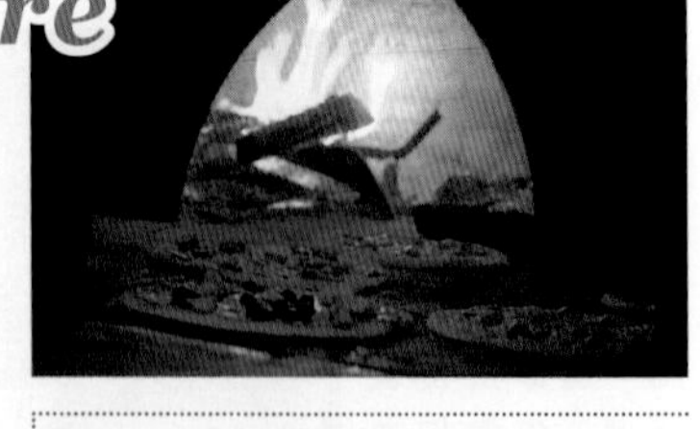

餐廳位於Appio Tuscolano街區Via Appia Nuova附近的小巷內，是一家吃即烤薄餅的小店，環境氣氛熱鬧，設有室內及室外座位，各有不同風格。店內設有即烤薄餅火爐，以木放入烤箱內燃燒，令新鮮出爐的薄餅更香脆。另外，無論是麵包或薄餅也是以自家意大利麵粉搓成後再發酵，餐廳還有傳統意菜及甜品等供應。

地：Vicolo del bologna 45 - 00153 Roma
時：12:00nn-12:00mn
電：06 588 0516
網：https://www.darpoeta.com/

米芝蓮之選

Glass Hostaria

10 Map6-2 C1

乘電車8號線至Trastevere/Mastai，下車步行約10分鐘即達

這是一家創新的意大利餐廳，無論是環境、食物及服務都屬一流，榮獲一星級米芝蓮，只提供晚餐，每道菜的設計都獨一無二，甚具創意，令顧客無論是眼睛或嘴巴同樣得到滿足。餐廳亦甚貼心，有專為素食者提供的菜式，滿足不同人士需要。

地：Vicolo de' Cinque,58,00153 Roma
時：7:00pm-10:30pm，
周六日加開 12:30nn-3:00pm 時段，
周一、二休息
電：06 5833 5903
網：www.glasshostaria.it

Beef fillet tartare (26歐元) 牛肉他他，配上杏仁及芹菜等配料。

羅馬尋寶店
Twice Vintage Shop

Map6-2 11 D2

乘電車8號線至Trastevere/Mastai，下車步行約5分鐘即達

由兩位羅馬姐妹Tania和Cristina創辦的Twice古著店。店內產品種類甚多，有男裝、女裝、手袋、帽、鞋及飾物等，有不少皮褸及復古手袋，當中不乏Prada、Gucci、Moschino等名牌。店主兩人認為復古是另一種穿著態度，並不只是順應潮流衣著，她們所找的復古產品當中有不少作品都是在1920年至1990年間首次創作的，絕對是古著愛好者的尋寶地。

地：Via di San Francesco a Ripa,7,00153 Rome
時：11:00am-1:30pm、2:00pm-8:00pm
時：06 581 6859
網：www.twicevintage.com

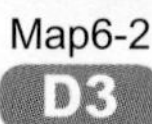

Map6-2 12 D3

羅馬最大的跳蚤市場
Porta Portese Market

乘電車8號線至Porta Portese站，下車即達

Porta Portese Market是羅馬最著名的跳蚤市場，逢周日在特拉斯提弗雷區的泰伯河左岸舉行。市場的歷史可以追溯到1945年，當時羅馬剛剛從納粹佔領中解放出來，人們開始在街上販賣他們的物品，以換取一些錢或食物。它主要是一個服裝市場，出售新的和二手的衣服，但也可以找到古董、書籍、唱片、珠寶、家居用品和各種小玩意。遊客也可以在這裡嘗試一些美味的意大利街頭食物，比如薄餅，炸魷魚，或者炸餅。溫馨提示：人群密集之處，請小心保管財物。

地：Piazza di Porta Portese, 00153 Roma
時：逢周日 7:00am 2:00pm
網：https://www.facebook.com/fleamarketportaporteseroma/

羅馬最古老的教堂
越台伯河的聖母大殿 Basilica di Santa Maria in Trastevere

13 Map6-2 C2

乘電車8號線至Trastevere/Mastai，下車步行約5分鐘即達

越台伯河的聖母大殿為越台伯河區最大的教堂，建於四世紀，是古羅馬最古老的教堂之一，也是第一座獻給聖母的教堂。傳說這家教堂是興建於耶穌出生之日，曾發生從地上冒出石油的奇蹟。教堂內的阿維拉小禮拜堂，為羅馬十七世紀後創新的建築物，小禮拜堂採用了彷博羅米尼設計，而圓屋頂則採用了開放式的設計。

地：Piazza di Santa Maria in Trastevere, 00153 Roma
時：7:30am-8:30pm
網：https://www.santamariaintrastevere.it/

西斯托橋
Ponte Sisto

乘電車8號線至Belli站，下車步行3分鐘即達

建於1473-1479年，是羅馬一條甚具歷史價值的橋樑，跨越台伯河，連接雷戈拉區與特拉斯提弗區的Trilussa 廣場。西斯托橋前身為奧勒留橋，後來於中世紀被稱為安東尼橋，但在772年倫巴第國王攻打羅馬時被毀了部份橋樑，後來教宗西斯都四世重建，設計保留了羅馬橋樑及奧勒留橋的基礎，並將橋改為西斯托橋，目前橋上只限行人步行。

地：Piazza Trilussa, 00153 Roma

百年老字號
Tonnarello

15 Map6-2 C2

乘電車8號線至Trastevere /Mastai站，下車步行10分鐘即達

Tonnarello成立於 1895 年，至今已有超過125年的歷史。餐廳以海鮮菜餚而聞名。招牌菜Tonnarelli是一種手工製作的方形麵條，配以當地海鮮如烤魚、魷魚及不同的醬汁，令人回味無窮。此外，這裡的烤海鮮拼盤(Antipasto alla griglia)、烤魚(Al forno)及燉魚(Zuppa di pesce)都是必嘗美食。而餐廳提供的是Pinsa薄餅，外表為長方形及較傳統薄餅輕盈，多嘗幾款也不怕吃不下。

地：Via della Paglia, 1/2/3, 00153 Roma
時：11:30am-11:00pm
網：https://tonnarello.it/

承傳奶奶的食譜
Pasta e Vino Osteria

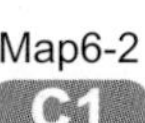

16 Map6-2 C1

乘電車8號線至Belli站，下車步行10分鐘即達

Pasta e Vino Osteria是特拉斯提弗列區受歡迎的餐廳，以其新鮮的手工製麵和美味的醬汁而聞名。餐廳的創辦人是一對夫婦，他們各自由自己的母親師承廚藝，包括製麵及調製醬汁的技巧。餐廳最受歡迎的菜餚之一是卡邦尼意粉(Carbonara)，這道菜加入茄子、洋蔥、蕃茄和橄欖，令口感酸甜可口。另外焗烤千層茄子(Parmigiana)及Tiramisù，都是店內熱門的招牌菜式。

Carbonara。

Parmigiana。

地：Via della Pelliccia, 12, 00153 Roma 電：065836863
時：12:00nn-12:00mn 網：https://pastaevinoroma.it/

烤羊專家
Osteria Nannarella

17 Map6-2 D2

乘電車8號線至Trastevere /Mastai站，下車步行5分鐘即達

Osteria Nannarella與Tonnarello同屬一個老闆，但Osteria Nannarella比較年輕，創立於1930年，至今未滿一百歲。餐廳行傳統路線，同樣有提供Tonnarelli（方形麵條）及Pinsa（長方形薄餅），但最特出的卻是烤羊肉（Agnello al forno）。這道菜是用新鮮的羊肉烹製而成，通常是烤羊腿。羊肉烤得非常嫩，肉汁豐富，非常美味。甜點方面，餐廳的提拉米蘇是不容錯過的，口感柔滑，香氣四溢。

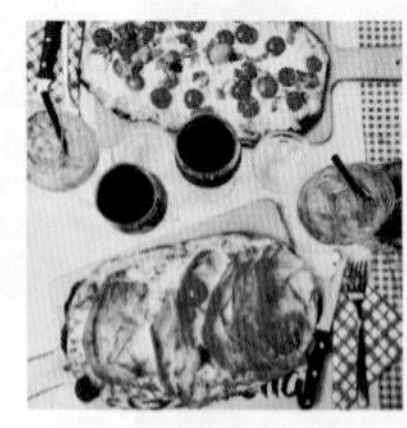

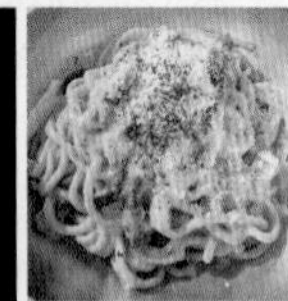

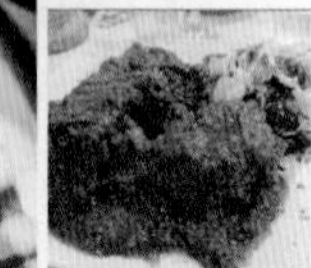

地：Piazza di S. Calisto, 7/a, 00153 Roma 電：065815378
時：11:30am-11:00pm 網：https://nannarellaroma.it/

意大利最大的植物園
羅馬植物園
Orto Botanico di Roma

18 Map6-2 B1

乘公車23、208號線至Lgt Farnesina站，下車步行10分鐘即達

Orto Botanico di Roma羅馬植物園成立於1883年，佔地 12公頃，擁有約 2000平方米的溫室，是意大利最大的植物園之一。植物園共分為不同的區域，包括：熱帶和亞熱帶植物區、溫帶植物區、岩石花園、珍稀植物區及溫室區等。園內擁有超過 3000 種植物，包括熱帶，亞熱帶，地中海和本地的物種。它的建築和景觀也很有趣，如 Corsini 宮殿，日本花園，中世紀花園，瀑布和噴泉。它還有一個蝴蝶館，可以觀賞各種美麗的蝴蝶。

地：Largo Cristina di Svezia, 23 A - 24, 00165 Roma
時：9:00am-6:30pm 費：成人 8 歐元，6-11 歲小童 4 歐元
電：0649917107 網：https://ortobotanicodiroma.it/

梵蒂岡
Vatican

交通速讀

1.羅馬中央車站→梵蒂岡(地鐵+步行)

地鐵A線
Roma Termini→Ottaviano
車程：15分鐘

步行
Ottaviano→Vatican Museums
沿Viale Vaticano和Via degli Scipioni步行0.6公里
行程：10分鐘

2.羅馬中央車站→聖天使城堡(地鐵+步行)

地鐵A線
Roma Termini→Ottaviano
車程：15分鐘

步行
Ottaviano→Castel Sant'Angelo
沿Via Ottaviano步行1.3公里
行程：16分鐘

必遊景點

聖天使城堡、聖伯多祿大教堂、梵蒂岡博物館

02 聖伯多祿大教堂 Basilica di San Pietro	7-5
03 聖伯多祿廣場 Piazza San Pietro	7-6
04 梵蒂岡博物館 Musei Vatican	7-7
05 拉斐爾展覽室 Stanze di Raffaello	7-8
06 西斯汀禮拜堂 Cappella Sistin	7-9
07 梵蒂岡花園 Giardini Vaticani L'Arena del Gelato	7-10
08 L'Arena del Gelato	7-11
09 Savelli Religious	7-11
10 Wine Bar De' Penitenzieri	7-12
11 Giuliani	7-12

堅若磐石的堡壘

聖天使城堡 Castel Sant'Angelo

乘地鐵A線至Lepanto站，出站步行10分鐘即達

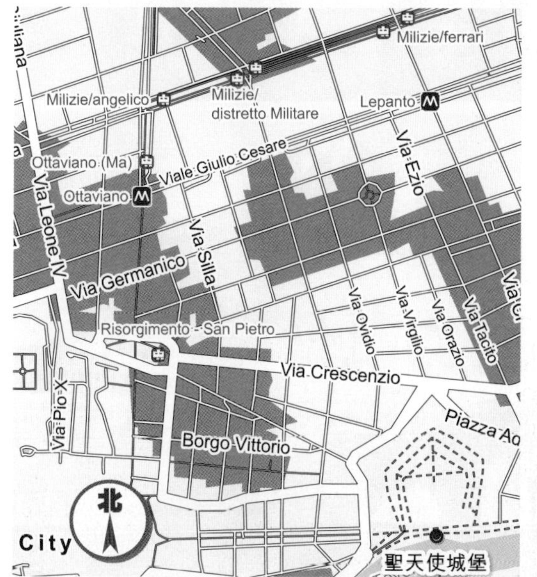

聖天使城堡最初是130-139年哈德良大帝所建的陵寢，後來羅馬帝國的各代皇帝都安葬於此。聖天使城堡的名字源於6世紀，當時黑死病肆虐，教皇格里高利一世受大天使米伽勒神諭，在城堡頂部樹立了持劍的米伽勒銅像，後來瘟疫平復，從此城堡便名為聖天使城堡。此外，在城堡前方的聖天使橋上還立有12尊手持耶穌受難刑具的天使雕像，是文藝復興時期巴洛克大師貝里尼的傑作。

地：Lungotevere Castello 50
時：9:00am-7:30pm，周一休息
電：06-6189111
費：20 歐元
網：http://www.castelsantangelo.com/

聖天使城堡除了是皇家陵寢外，歷史上還曾經作為監獄。由於臨近梵蒂岡，聖天使城堡還被教皇作為避難之地：城堡內設教皇廳，與梵蒂岡教皇宮之間設有密道相連；聖天使城堡還是羅馬的要塞。聖天使城堡今天已變為博物館，珍藏不少盔甲、兵器以及意大利名家的畫作等。

基督教世界最神聖的大教堂
梵蒂岡聖伯多祿大教堂 Basilica di San Pietro

Map7-2 02

聖殤像

乘地鐵A線至聖伯多祿大教堂北方的Cipro Musei Vaticani站，步行約5分鐘；或至聖伯多祿大教堂北方的Ottaviano站，由S.Pietro出口沿Via Ottaviano朝古城牆步行約7分鐘即達

始建於4世紀的聖伯多祿大教堂，最初是君士坦丁大帝下令在聖伯多祿墓上修建的長方形會堂。1452年尼古拉五世下令重建早已老舊的教堂，在文藝復興時期由布拉曼特建成教堂，之後聖迦羅、拉斐爾、米高安哲奴等相繼參加重建，1626年才全部完成。

聖伯多祿大教堂最為引人注目的就是由米高安哲奴設計的高達132.5米的巨大圓頂，大圓屋頂下是用貝里尼的青銅蓋覆蓋著的教皇祭壇，下面的禮拜堂裡有聖伯多祿的墓。墓前跪著的是由新古典主義雕刻家卡諾巴作的教皇庇奧六世像。

遊客進入大教堂後在右邊走廊裡，可以欣賞到米高安哲奴25歲時完成的《聖殤》(Pietà)，雖然只能隔著玻璃欣賞，作品卻仍然能打動人心。登上房頂的大圓屋頂的入口在面向教堂外側正面的右手邊。儘管有電梯，不過遊客要到屋頂花園必須要登330級台階。

地: Piazza San Pietro
時: 4月至9月7:00am-7:00pm，10月至次年3月7:00am-6:30pm（圓頂8:00am至5:45pm）
電: 066982
費: 免費
網: https://www.basilicasanpietro.va/it.html
註: 露膊的上衣或露膝的褲或裙皆不得內進

橢圓形的宏偉廣場

聖伯多祿廣場 *Piazza San Pietro*

Map7-2 03

聖伯多祿大教堂前方

由貝里尼在1656-1667年期間設計建造的聖伯多祿廣場，是一座寬達240米的橢圓形大廣場。廣場周圍呈半圓形的長廊裡有4列共284根多利安柱式的圓柱，圓柱上面是140個聖人像。中央矗立的巨大方尖碑高25.5米，重320噸，是公元40年由埃及運來的，它曾被擺放在尼祿的大競技場中。

橢圓形的聖伯多祿廣場左右2個圓心的位置各有一座噴泉，右邊的噴泉是瑪德爾諾17世紀時設計修建，左側的是貝里尼修建的複製品。作為基督教世界最神聖的象徵之一，聖伯多祿廣場與之後的聖伯多祿大教堂代表了耶穌的身體與張開的雙臂，隨時準備擁抱從世界各地前來的信徒。此外，教皇每個星期天的正午時分也會出現在最頂層右邊第二個窗口，向廣場上聚集的人們祝福。

地：Piazza San Pietro

羅馬教廷珍藏總匯
梵蒂岡博物館 Musei Vaticani

Map7-2
04

羅馬聖伯多祿教堂北面

可以與倫敦大英博物館和巴黎羅浮宮相媲美的梵蒂岡博物館，位於羅馬聖伯多祿教堂北面，其前身是一座教皇宮廷。作為世界上最早開設的博物館，梵蒂岡博物館早在5世紀末就已有雛形，博物館內分為12個博物館和5個藝術長廊，還包括屋頂花園，收藏的展品包括古希臘、古埃及、文藝復興以及現代藝術品，不論是公元前1世紀時的希臘雕刻群像《拉奧孔》，還是古羅馬時期的《觀景台的阿波羅》雕像，以及米高安哲奴在西斯汀禮拜堂創作的《創世紀》和《最後的審判》都堪稱無與倫比的藝術珍品。

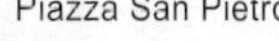

地：Piazza San Pietro
時：8:30am-6:30pm，周五六至 10:30pm，周日休息
費：17 歐元
網：https://www.museivaticani.va/

Map7-2 05

梵蒂岡博物館的重點
拉斐爾展覽室
Stanze di Raffaello

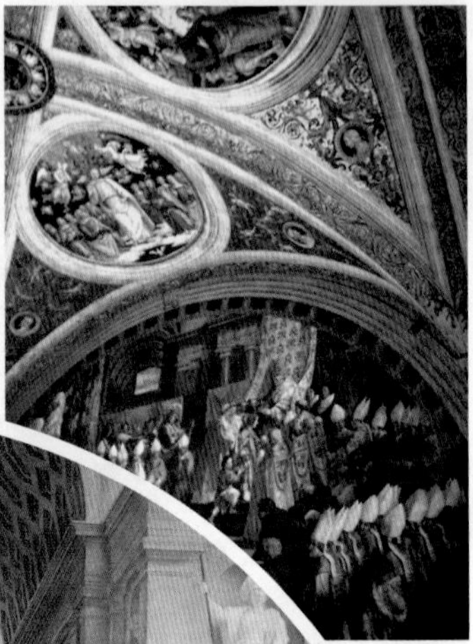

拉斐爾畫室是梵蒂岡博物館的重點所在，主體是4個房間中拉斐爾的壁畫傑作，因此命名為「畫室」。4幅壁畫分別在1508-1511年拉斐爾25-28歲期間完成。

拉斐爾畫室第一個房間的壁畫是《梵蒂岡的火災》，據説847年梵蒂岡城發生大火，由於站在畫面後上方的教皇利奧四世揮手畫了十字架，大火立刻熄滅。第二個房間右面的壁畫《聖事爭論》是在1509-1510年完成的；《雅典的學院》位於第二房間左面，畫面以表現古代雅典柏拉圖的學院為背景，將地中海沿岸各國的古今著名學者齊聚一堂。第三房間的壁畫《埃里奧多羅被逐出聖殿》是在1512-1514年完成的，而油畫《西斯汀聖母》則是拉斐爾聖母畫的主要代表作，從構思到完工均顯出畫家嚴肅的深思，反映了拉斐爾的人道精神、文化素養和完美的技巧。

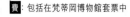

費: 包括在梵蒂岡博物館套票中

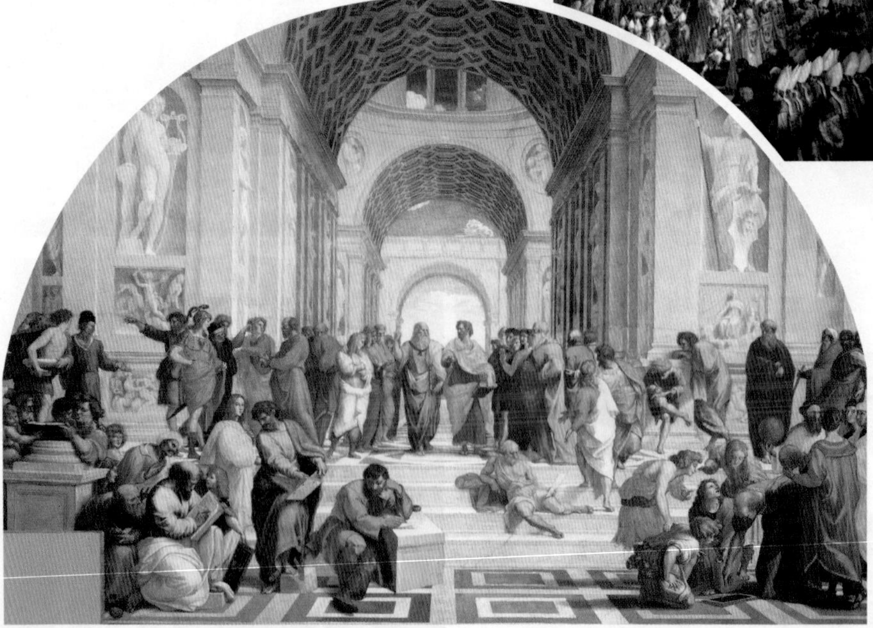

上帝與阿當

米高安哲奴登峰造極畫作
西斯汀禮拜堂 Cappella Sistina

Map7-2 06

集中了意大利文藝復興時期的繪畫藝術精華而聞名於世的西斯汀禮拜堂建於1480年，最初是作為教皇私人禮拜堂。禮拜堂內沒有柱子，側牆的高處有6扇半圓拱形窗戶，房頂呈穹隆形狀。

西斯汀禮拜堂因收藏了米高安哲奴、拉斐爾、波提切利等著名藝術大師的作品而聞名於世，堂內祭壇兩側牆壁各有6幅壁畫，分別由平圖里基奧、佩魯吉諾、波提切利、科西莫•羅賽利、西尼奧利等名家創作，祭壇後正面牆上是米高安哲奴的名作《最後的審判》。禮拜堂房頂上是米高安哲奴創作的巨幅畫作《創世紀》，帶給仰望壁畫的遊客一種莊嚴肅穆、神聖可畏的感覺。

祭壇後米高安哲奴的《最後的審判》壁畫

教堂頂上有米高安哲奴以聖經《創世紀》故事創作的圖畫

費：包括在梵蒂岡博物館套票中

梵蒂岡的美麗花園
梵蒂岡花園 *Giardini Vaticani*

Map7-2 07

梵蒂岡花園被聖伯多祿大教堂、博物館和梵蒂岡城牆包圍在內，從外界是看不到的，但當遊客來到聖伯多祿大教堂的圓頂或參觀梵蒂岡博物館時，就能看到部分綠意盎然的花園景致。花園已經有800多年的歷史，花園裡花木茂盛、古樹參天，各種花草維護得相當用心。此外，在眾多奇花異草之間，還散落著國務院、行政大樓和法院等單位運作的地方，也設有一般日常生活機構，如電台、報社、消防隊、郵局、藥局、免稅商店及超級市場——凡是一個國家所應具有的，這裡也一應俱全。

費：包括在梵蒂岡博物館套票中

人氣意大利雪糕店
L'Arena Del Gelato

Map7-2 08

於聖天使城堡步行約5分鐘即達

這是一間極具人氣的意大利雪糕店，鄰近聖天使城堡(Piazza San Pietro)，故吸引不少遊客前來朝聖。店主熱情開朗，雪糕都是由他親自製作，有十多款口味選擇，味道香甜軟滑。除了雪糕外，亦有不同飲品提供，店主會因應季節而作出不同配搭，如新鮮水果沙冰及甜品等，難怪被譽為羅馬最佳雪糕店。

地：Via di Porta Castello, 8, 00193 Roma
時：24 小時　電：06 6880 6312
FB：L'Arena Del Gelato

宗教藝術品
Savelli Religious

Map7-2 09

位於聖伯多祿廣場側

已有120年歷史的Savelli，名字源於一個非常古老的歷史，是中世紀和現代羅馬的歷史編織在一起。位於聖伯多祿廣場附近，將信仰融合成飾物、裝飾品及各樣的宗教用品和藝術品等。以全人手製作的念珠、獎章、十字架，以及雕塑和神聖藝術品，當中展出的作品包括意大利著名藝術家的複製品，並於1980年開始於自家的工作室製作並提供一些特色的紀念品出售。

地：Via Paolo VI, 27-29, 00193 Roma
時：9:30am-6:00pm
電：0668307017
網：https://www.savellireligious.com/

Foro Romano　Piazza Navona　Piazza di Spagna　Piazza Venezia　Roma Termini　Trastevere　Vatican

由早飲到晚 Wine Bar De' Penitenzieri

Map7-2 10

乘地鐵A線至Lepanto站，出站步行20分鐘即達

這是一間有點古色古香的小餐館感覺，甚富當地色彩的餐廳酒吧，也受當地人所愛戴，且營業時間相當長，你可以選擇前來這裡吃早餐、午餐、下午茶甚至是晚餐，因從早上5:30營業至晚上10:00，適合任何時段前來光顧。菜式種類也很多，有麵包、三文治、意大利粉、海鮮及pizza等，當然不少得要品嘗這裡的各式美酒，種類繁多，任君選擇，是一家結合餐廳及酒吧的小餐館。

地：Via Dê Penitenzieri 16/16A/16B 00193 Roma
時：5:30am-10:00pm，周日休息
電：06 687 5350
網：https://www.winebardepenitenzieri.it/

傳統口味朱古力 Giuliani

Map7-2 11

乘地鐵A線至Ottaviano站，出站步行約6分鐘即達

Giuliani Chocolate於70多年來致力製作高質多口味的朱古力及糖果，店主Giulio Giulian曾於40年代前往瑞士學習製作朱古力及Marrons Glacés。Marrons Glacés是意大利人傳統小食，做法是將剝殼後的栗子以糖漿熬煮，讓每粒栗子都能吸收到糖漿，也可在栗子外覆蓋一層朱古力，全以人手製作。除朱古力外，其他產品如蜜餞水果及軟糖等同樣受歡迎。

地：Via Paolo Emilio,67a,00192 Roma
時：9:00am-8:00pm，周日 9:00am-1:00pm
電：06 324 3548
網：https://www.marronglaces.it/

羅馬周邊
Roma Suburbs

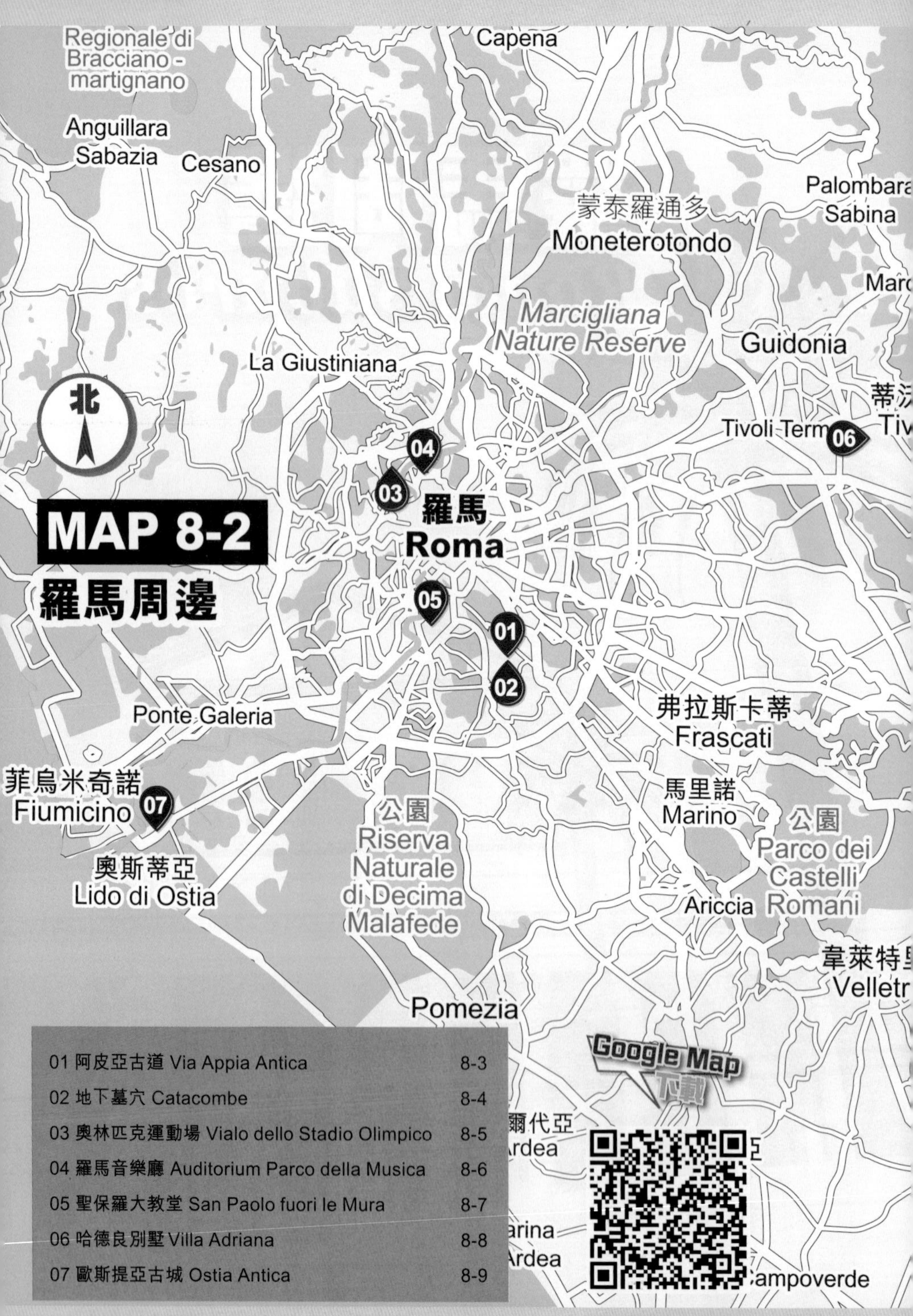

Regionale di Bracciano - martignano
Capena
Anguillara Sabazia
Cesano
Palombara Sabina
蒙泰羅通多
Moneterotondo
Marcigliana Nature Reserve
Guidonia
La Giustiniana
北
Tivoli Term
04
03
06
羅馬
Roma
MAP 8-2
羅馬周邊
05
01
02
Ponte Galeria
弗拉斯卡蒂
Frascati
菲烏米奇諾
Fiumicino
07
馬里諾
Marino
公園
Riserva Naturale di Decima Malafede
公園
Parco dei Castelli Romani
奧斯蒂亞
Lido di Ostia
Ariccia
Pomezia
Google Map 下載

二千餘年的古道

阿皮亞古道 Via Appia Antica

Map8-2 01

由威尼斯廣場乘Via Appia Antica專車前往

位於羅馬市區東南側聖塞巴斯蒂阿諾門外的阿皮亞古道，是公元前312年羅馬執政官阿皮歐•克勞迪奧修建的。由於古羅馬人「生於城內，卒於城外」的民俗，城外的阿皮亞古道兩側散落著大量各式各樣的墓塚，其中還包括對外開放的聖卡里斯托、聖塞巴斯提亞諾和多米提拉3處集體地下墓穴。此外，在阿皮亞古道周圍，還有綿延的圓拱水道和古羅馬別墅的遺跡，充滿了歷史的古老風韻。

地: Via Appia Antica 58

電: 06-5126314

費: 入場免費，公園內部分博物館須收費

網: www.parcoappiaantica.it

古羅馬的集體墓穴

地下墓穴 Catacombe

Map8-2 02

由威尼斯廣場乘Via Appia Antica專車前往

根據羅馬法律的規定，基督徒是不允許葬在羅馬城內的，因此在羅馬帝國接受基督教之前，羅馬基督徒都是集體葬在地下墓穴。早期的墓穴是一些簡單的洞穴，大多數地下墓穴為4層，都有著1個體系龐大的陳列館和許多狹窄的通道和階梯。死者的屍體都被穿上了完整的衣服——由亞麻布包裹，並撒上一種特殊的膏藥以防止屍體的腐爛，之後裝在厚板製成的密封棺材中，木板的正面刻上死者的姓名、死亡的時間以及他的宗教信仰。毗鄰阿皮亞大道的聖卡利斯托地下墓穴（Catacombs of St. Callixtus）是其中極具代表性的，它是第一代羅馬主教的墓穴，也是後來很多位主教的墓穴所在地。

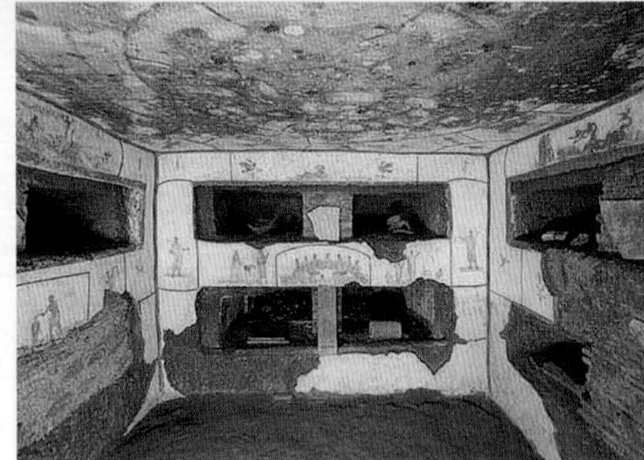

地：Via Appia Antica, 110/126 00179 ROME
時：9:30am-12:00nn，2:00pm-5:00pm，周三休息
電：06-51301 51
費：10 歐元
網：www.catacombe.roma.it

火爆刺激的意甲聯賽和羅馬打比

奧林匹克運動場
Vialo dello Stadio Olimpico

Map8-2

03

乘坐地鐵A線至Flaminio Piazza del Popolo站，再轉乘224路巴士即達

位於羅馬城北郊的奧林匹克運動場曾經是第17屆奧運會的主體育場，由建築設計大師Enrico Del Debbio、Carlo Roccatelli和Annibale Vitellozzi 設計，這裡同時也是羅馬最為知名的體育場。作為意甲球會羅馬和拉素的主場球場，羅馬奧林匹克運動場內幾乎每個周末都會有引爆人們激情的意甲聯賽上演，在數萬觀眾的吶喊助威聲中，欣賞一場頂尖的足球比賽，也成了眾多遊客來到羅馬後不可錯過的觀光項目。

地：Via Foro Italico
電：06-36851

最受歡迎的現代音樂聖地

羅馬音樂廳
Auditorium Parco della Musica

Map8-2

乘坐地鐵A線至Flaminio Piazza del Popolo站，再轉乘2路巴士即達

地處奧林匹克村附近的羅馬音樂廳由意大利知名建築師洛倫佐•皮亞諾設計修建，並於2002年正式完工開幕。羅馬音樂廳內共有3個表演大廳，其中最大的1個大廳可容納2,800人同時欣賞優美的古典音樂。

羅馬音樂廳的中庭空間是一處可同時容納3,000人的露天舞台，每到夏季時都會舉行世界級的藍調及爵士音樂會。此外，毗鄰羅馬音樂廳的21世紀國家藝術博物館也同樣由洛倫佐•皮亞諾設計修建，與音樂廳一同組成了羅馬最受歡迎的文藝聖地。

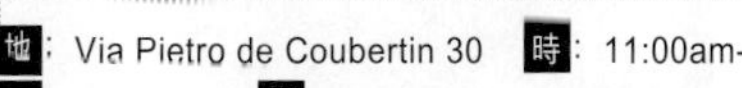

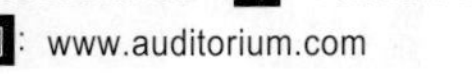

地：Via Pietro de Coubertin 30 時：11:00am-6:00pm
電：06802411 網：www.auditorium.com

Map8-2 05

羅馬四大聖教堂之一
聖保羅大教堂 *San Paolo fuori le Mura*

乘坐地鐵A線至Basilica S. Paolo站，出站後步行5分鐘即達

聖保羅大教堂位於羅馬城外南邊，是羅馬四大聖教堂之一。最初是君士坦丁大帝下令在保羅墓上修建的，後經幾次擴建，非常富麗堂皇。不幸的是1823年的一場大火將教堂完全燒毀，後在1854年重新修建。教堂前佇立著聖保羅手握殉教長劍的雕塑，象徵他為基督教所進行的卓越奮鬥。教堂正面19世紀的金碧輝煌的鑲嵌畫在陽光下熠熠閃光。教堂內部雄偉莊嚴，由於宗座祭壇設在保羅墓之上，故只有教皇才被允許在此做彌撒。

地：Piazzale San Paolo, 1, 00146 Roma　時：7:00am-6:30pm
電：06 698 80 800　網：http://www.basilicasanpaolo.org/

古羅馬皇帝的度假別墅
哈德良別墅 *Villa Adriana*

乘羅馬地鐵B線至Ponte Mammolo站下車，再轉乘羅馬至蒂沃利(Tivoli)之巴士至Tivoli站

哈德良別墅位於蒂沃利市郊的山腳下，與遠處的羅馬城遙遙相望，原為古羅馬帝國的皇帝哈德良所建，故由此而得名。整個建築群落周長約5公里，包括宮殿、神廟、劇場、圖書館、浴場和花園等。

因為哈德良皇帝自身的文化和藝術素養極高，據説他曾經親自設計了羅馬城中希臘與羅馬風格和諧結合的神殿，所以這處由他的規劃出的別墅同樣亦是雋美非凡，以其園林之美、館閣佈局錯落有致、複雜多變而著稱於世，每一處細節都展現出精緻高雅的意境。

地：Largo Marguerite Yourcenar 2 00019 Tivoli Roma

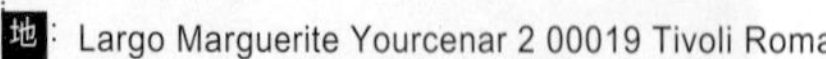

時：11 月至 1 月 8:15am-5:00pm、2 月 8:15am-6:30pm、3 月 8:15am-6:30pm、4 月至 9 月 8:15am-7:30pm、10 月 8:15am-6:30pm

電：07-74530203　費：12 歐元

古羅馬時代的海港城市
歐斯提亞古城 Ostia Antica

Map8-2 07

由羅馬乘火車至Ostia Antica站

位於台伯河入海口的歐斯提亞古城始建於公元前4世紀，曾是古羅馬時代防御外敵、偵測敵軍從水路進犯的要塞，之後逐漸發展成為一座擁有城牆、城門和寬闊大道的海港城市，並在1-3世紀發展至頂峰。

現今的歐斯提亞古城中由大塊火山岩鋪成的大道依舊平坦，道路兩旁林立著劇場、神殿、城市廣場、市集、小磨坊、公共浴場、普通民居等古建築。透過那些屹立不倒的拱廊和精美的馬賽克與石雕，遊客依舊可以感受到這座擁有2000餘年歷史的古羅馬海港城市曾經的風貌。

地：Via dei Romagnoli 717

時：11 月至 2 月 8:30am-4:30pm、3 月 8:30am-5:15pm、4 月至 9 月 8:30am-7:00pm、10 月 8:30am-6:30pm、周一、12 月 25 日休息

電：06-56358099

費：19 歐元 (每月首個周日免費)

網：www.ostiaantica.beniculturali.it

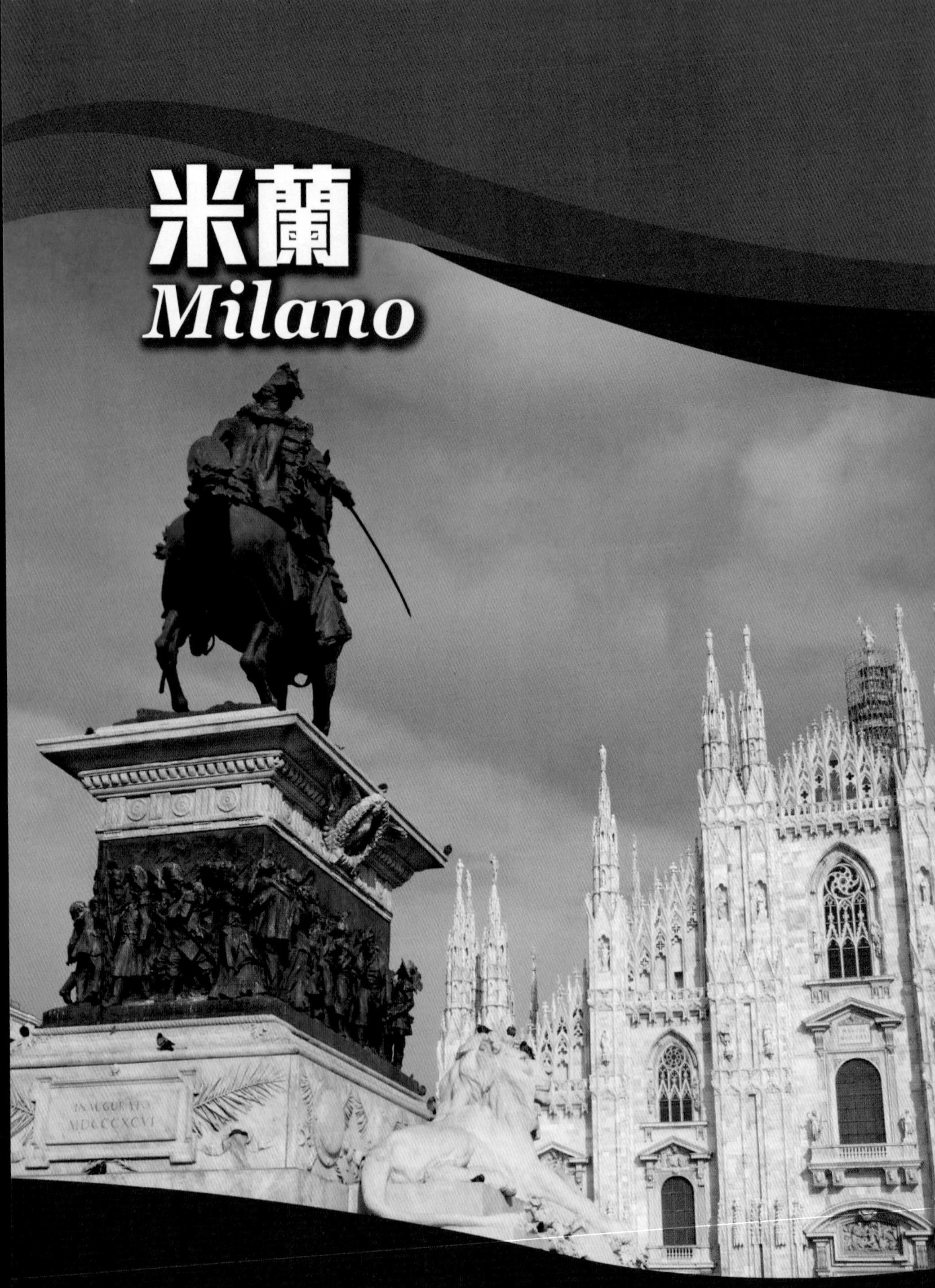
米蘭
Milano
INAUGURATO
MDCCCXCVI

米蘭 *Milano*

位於意大利北部的米蘭是世界時尚之都，同時也是意大利第二大城市。作為倫巴第大區首府和米蘭省省會，米蘭擁有世界半數以上的著名品牌，是世界五大時尚之都之首，也是ARMANI，VERSACE，PRADA，VALENTINO及MOSCHINO等世界頂級服裝的大本營，米蘭時裝周更是影響著世界時尚。此外，米蘭還是一座著名的歷史文化名城：偉大的達•芬奇留下了最為輝煌的作品《最後晚餐》；如同一團白色火焰的米蘭大教堂直聳雲霄；斯卡拉大劇院代表著世界歌劇之巔。

對外交通

航空

米蘭共有3個機場，分別是Malpensa國際機場、Linate機場和Orio al Serio機場，其中Malpensa國際機場是意大利北部的重要國際機場，有飛往歐洲各地和意大利各地的航班，香港直飛米蘭的航班也在這裡降落；Linate機場有一些歐洲和國內航班會在這裡起降；Orio al Serio機場距離米蘭市區45公里左右，主要是廉價航空公司的航班在這裡起降。

由Malpensa機場往米蘭中央車站可乘坐Malpensa Express，每半小時一班，單程13歐元，來回20歐元，行駛時間由5:43am-10:43pm。車票在機場及火車站皆有售。

網 http://www.malpensaexpress.it/en/

鐵路

米蘭共有8座火車站，最常用的是中央車站、Cadorna車站和Garibaldi車站。此外，遊客需要注意的是米蘭的鐵路有兩套不同系統，分別是FS和FNM，線路和車站都不共用。在購票時一定要看清目的地車站屬於哪個系統，以便在相應的車站購票上車。其中中央車站屬於FS系統，是米蘭主要的火車站。從米蘭乘火車可以到達幾乎所有的意大利城市，以及巴塞羅那、蘇黎世、日內瓦、巴黎、慕尼黑、維也納等歐洲各國主要城市；Cadorna車站屬於FNM系統，開往機場的Malpensa特快就從這裡出發，同時這裡也是地鐵MM1和MM2線換乘站；Garibaldi車站屬於FS系統，是周邊短途列車主要停靠站，地鐵MM2線經過、長途巴士站也在車站旁邊，非常便利。

市內交通

米蘭公共交通工具的運營公司主要是ATM，包括巴士及地鐵，線路很多，前往米蘭周邊小鎮和衛星城非常方便。

地鐵

米蘭共有5條地鐵線路，分別是M1紅線、M2綠線、M3黃線、M4藍色及M5紫色，地鐵站有醒目的紅底白色字母「M」標誌。連接米蘭和周邊市鎮的城鐵共有9條線路，每條都可以直接換乘地鐵。城鐵站標誌為藍底綠色字母「S」，各線路的車次平均每小時有1-4班不等。

巴士

ATM公司的巴士一直運營到凌晨2點，其他公司的線路結束較早，有的可能根本沒有夜間服務。米蘭巴士單程票2歐元，可在90分鐘內任意換乘巴士和有軌電車及1次地鐵或城鐵；遊客還可以購買各種分類的聯票，按照時限、乘坐區域的分類聯票很多，優惠幅度和乘車規則各不相同；此外，米蘭還有一種安全、便捷而廉價的夜間線路Radiobus，在8:00pm至次日2:00am之間運營，可以把乘客送到任何地點。必須至少提前20分鐘預約，在固定地點上車，車站標誌為藍底白字的「RADIOBUS」，車票2歐元。網 **www.atm.it**

的士

米蘭的的士不會在街邊攬客，遊客需要在的士站等候或打電話叫車，但要額外支付司機從接電話到叫車地點的費用。

的士平日6:00am-9:00pm起錶3.2歐元，假日6:00am-9:00pm起錶5.2歐元，晚間9:00pm-6:00am起錶6.2歐元，每1公里1.06歐元。

公共交通收費

與羅馬一樣，米蘭市內的地鐵、巴士和電車都是用同一種交通票，單程票2歐元，每張票可在90分鐘內不限次數乘坐任何交通工具。此外還有1天票(7歐元)、3天票(12歐元)及7天票(17歐元)。首次使用需在打卡機上打卡，印上開始使用的日期。地鐵站和大的巴士站都設有售票機，街頭的書報攤或士多，只要看到招牌上一個大大的「T」或Tabacchi字，也有車票發售。

RETE METROPOLITANA E LINEE FERROVIARIE SUBURBANE
METRO NETWORK AND SUBURBAN RAILWAYS

米蘭地鐵路線圖

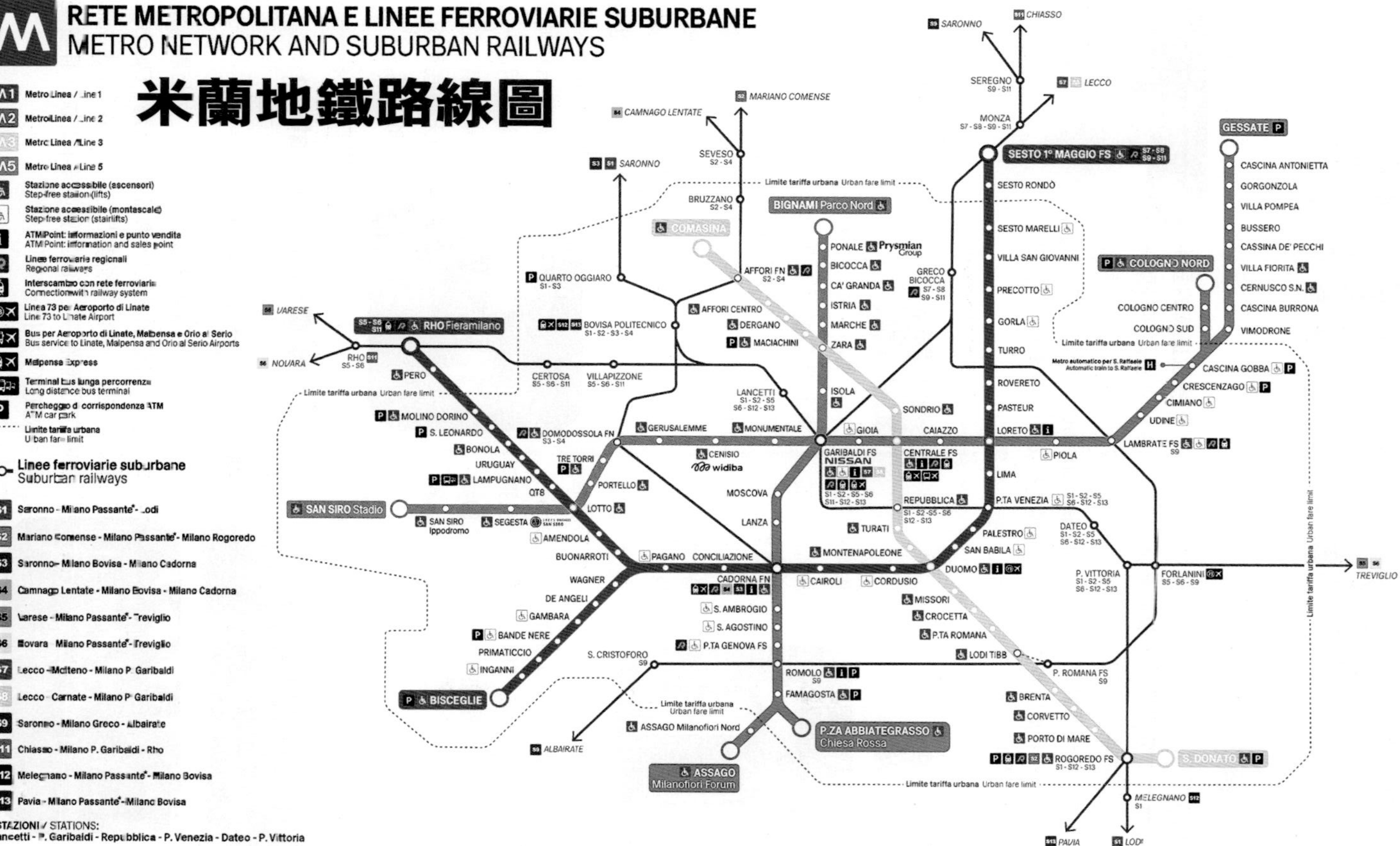

米蘭玩樂

美食

Risotto Milanese是米蘭當地用藏紅花和燉骨頭提味的豆米飯，味道十分獨特。米蘭的名菜包括將乳牛的小腿肉連骨頭一起煮的風味牛肉，與及混合番紅花風味的茄汁燴肉，這些菜和當地的代表性葡萄酒Oltrepo Pavese Barvera厚重的味道很相配。此外，米蘭的薄餅雖然不如羅馬或拿波里的那樣出名，但可口的薄餅店還是隨處可見，而且很多都是獨家配方。

購物

作為追求時尚與高級時裝的購物者的天堂，購物早已成為米蘭人的狂熱嗜好，精品區內匯集了幾乎所有的意大利知名品牌的旗艦店，不論是Giorgio Armani、Prada、Gucci、Versace、D&G等都可以在這裡尋覓到，此外還有大量充滿個性的精緻精裝和飾品，吸引了眾多遊客在這裡大肆購物。

娛樂

在米蘭，你可以在世界最著名的斯卡拉劇場欣賞歌劇，每年12月7日是斯卡拉劇場公演第一天，一直持續到翌年5月，其內容從古典歌劇到現代作品種類繁多；夏天則舉辦音樂會或者上演芭蕾。此外，米蘭的酒吧也是當地人平常消磨時間的地方。遊客熟悉的AC米蘭和國際米蘭兩支頂級球隊的主場也在米蘭城中，每年的同城打比賽將米蘭城劃分成涇渭分明的一半海水一半火焰，並在比賽當天徹底引爆整座城市的激情。

重要節慶

拉丁嘉年華會 Festival Latino Americando

時間：6月中到8月中

拉丁嘉年華活動內容有音樂會、文化展、電影、書籍、旅遊資訊展、傳統美食餐廳、Disco舞區等。嘉年華會的舉辦園區可以容納6千多人，活動期間每晚從下午6:00一直到半夜2:00，伴著星星，欣賞拉丁文化。

Naviglio狂歡 Festa dei Navigli

時間：6月的頭3天

在米蘭的Naviglio狂歡節期間，米蘭的街頭會有遊行，同時各個劇院會有音樂及其他演出。

米蘭時裝周 Milano Moda Primavera Estate

米蘭時裝周每年舉辦兩次，分春夏時裝周（9、10月上旬）和秋冬時裝周（2、3月），是國際四大著名時裝周之一（即米蘭、巴黎、紐約、倫敦）。在四大時裝展之中，米蘭時裝周崛起的最晚，但如今卻已獨佔鰲頭，成為世界時裝設計和消費的「晴雨表」。

米蘭爵士音樂節 Notturni in Villa

時間：6月中至7月期間

在米蘭各地的別墅內舉辦為期3週古典，爵士和歌劇音樂會。

守護神節 Oh Bej! Oh Bej!

每年12月7日舉辦的米蘭守護神節是米蘭最大的節日，該節日是宗教慶典和傳統集會。斯卡拉劇院在這一天拉開它的演出季節，以表示對這一莊重節日的重視。

04	斯福爾采斯科城堡 Castello S forzesco	9-11
05	聖匹沃內公園 Parco Sempione	9-11
06	感恩聖母堂 Santa Maria delle Grazie	9-12
07	聖羅倫佐教堂 San Lorenzo alle colonne	9-13
08	聖安布羅基奧教堂 Sant' Ambrogio	9-13
11	達‧芬奇科技博物館 Museo Nazionale della Scienza	9-16
18	品紅酒吧 Bar Magenta	9-21
21	ATMosfera Tram Ristorante	9-22

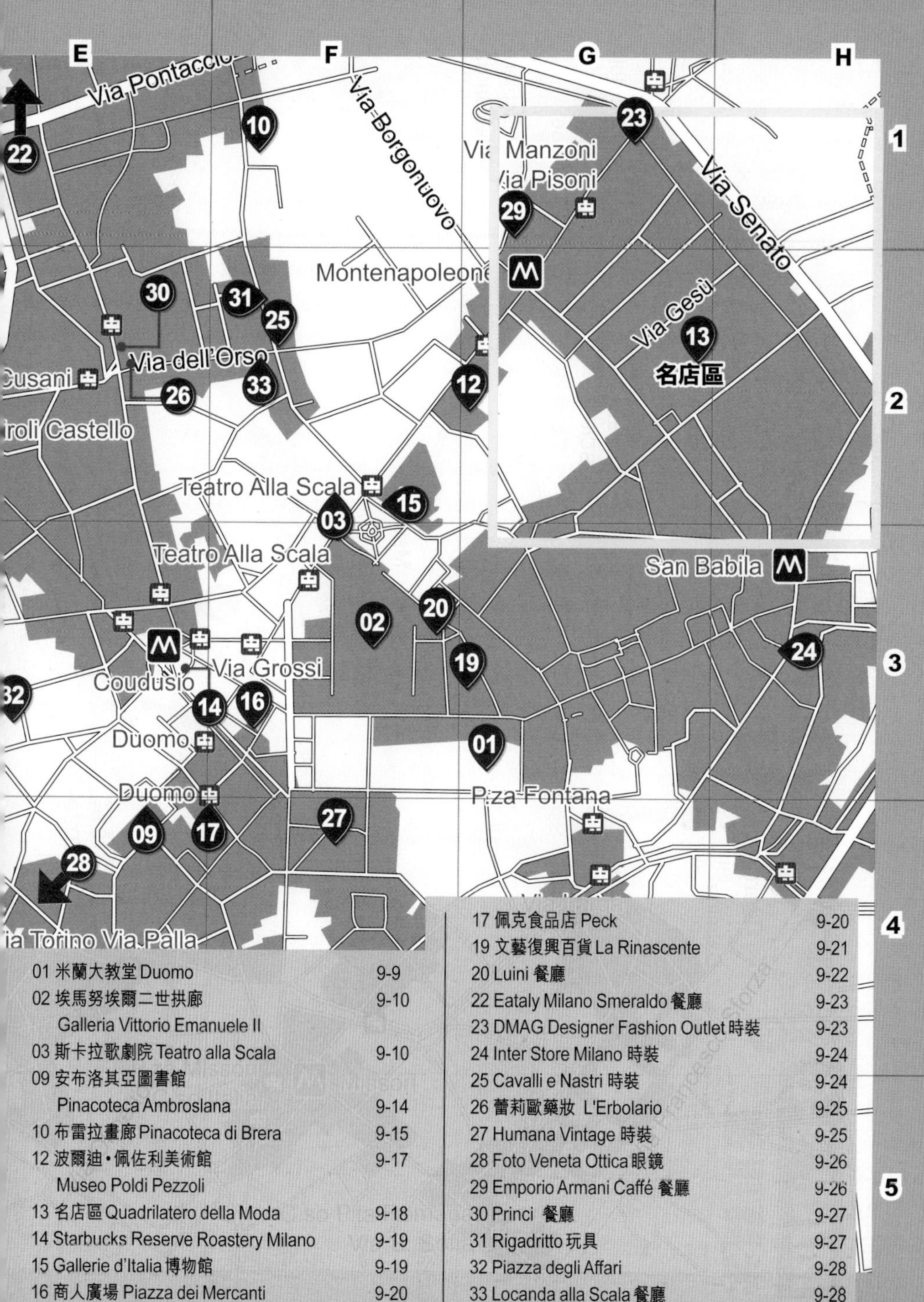
E
F
G
H
1
2
3
4
5
Via Pontaccio
Via Borgonuovo
Via Manzoni
Via Pisoni
Via Senato
Montenapoleone
Via Gesù
名店區
Via dell'Orso
Cusani
Cairoli Castello
Teatro Alla Scala
Teatro Alla Scala
San Babila
Via Grossi
Coudusio
Duomo
Duomo
P.za Fontana
Via Torino Via Palla
22
10
23
29
30
31
25
26
33
12
13
15
03
02
20
19
24
32
14
16
01
09
17
27
28
01 米蘭大教堂 Duomo 9-9
02 埃馬努埃爾二世拱廊 Galleria Vittorio Emanuele II 9-10
03 斯卡拉歌劇院 Teatro alla Scala 9-10
09 安布洛其亞圖書館 Pinacoteca Ambroslana 9-14
10 布雷拉畫廊 Pinacoteca di Brera 9-15
12 波爾迪・佩佐利美術館 Museo Poldi Pezzoli 9-17
13 名店區 Quadrilatero della Moda 9-18
14 Starbucks Reserve Roastery Milano 9-19
15 Gallerie d'Italia 博物館 9-19
16 商人廣場 Piazza dei Mercanti 9-20
17 佩克食品店 Peck 9-20
19 文藝復興百貨 La Rinascente 9-21
20 Luini 餐廳 9-22
22 Eataly Milano Smeraldo 餐廳 9-23
23 DMAG Designer Fashion Outlet 時裝 9-23
24 Inter Store Milano 時裝 9-24
25 Cavalli e Nastri 時裝 9-24
26 蕾莉歐藥妝 L'Erbolario 9-25
27 Humana Vintage 時裝 9-25
28 Foto Veneta Ottica 眼鏡 9-26
29 Emporio Armani Caffé 餐廳 9-26
30 Princi 餐廳 9-27
31 Rigadritto 玩具 9-27
32 Piazza degli Affari 9-28
33 Locanda alla Scala 餐廳 9-28

MAP 9-8
米蘭周邊
36. 愛快羅密歐歷史博物館 Museo Storico Alfa Romeo 9-31
37. 蒙扎公園 Parco di Monza 9-32
38. 帕維亞 Pavia 9-33
39. 曼托瓦 Mantova 9-34
40. 克雷蒙納 Cremona 9-35
41. 西米歐尼 Sirmione 9-36
42. Lake Como 9-37
北
貝加莫
Bergamo
Dalmine
蒙扎
Monza
米蘭
Milano
Rozzano
Treviglio
伊塞奧湖
Lago d'Iseo
伊塞奧
Iseo
Rovato
布雷西亞
Brescia
Malcesine
Bardolino
Sirmione
Peschiera
del Garda
Montichiari
Orzinuovi
Manerbio
洛迪
Lodi
帕維亞
Pavia
Codogno
克雷莫納
Cremona
公園
Parco
Regionale
Oglio Sud
曼切華
Mantova
Broni
Castel San
Giovanni
皮亞琴察
Piacenza

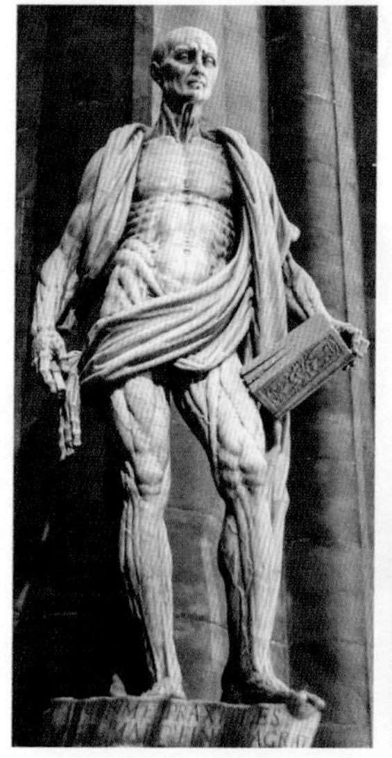

歐洲中世紀最大的教堂
米蘭大教堂 Duomo di Milano

01 Map9-6 G3

乘地鐵紅線、黃線至Duomo站，出站即達

米蘭大教堂是歐洲中世紀最大的教堂，可供4萬人舉行宗教活動。它始建於1386年，1485年才完成。這座教堂全部由白色大理石築成，尖拱、壁柱、花窗欞，有135個尖塔，像濃密的塔林刺向天空，並且在每個塔尖上都有神的雕像。教堂的外部總共有2,000多個雕像，甚為奇特。如果加上內部雕像則總共有6,000多個雕像，是世界上雕像最多的哥德式教堂。

堂內有高達107米的尖塔，出於15世紀意大利建築巨匠伯魯諾列斯基之手。塔頂上有聖母瑪麗亞金色的雕像，在陽光下顯得光輝奪目、神奇壯麗。

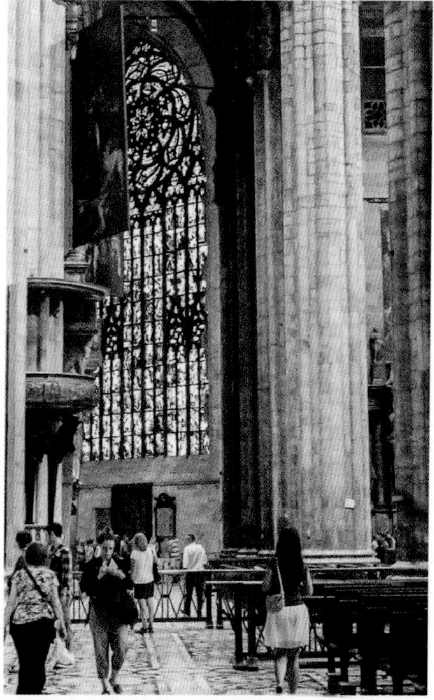

地：Piazza del Duomo 電：0272023375

時：教堂 9:00am-7:00pm，
博物館周二至周日 9:30am -12:30nn，3.00pm- 6:00pm

費：入場免費，教堂 + 博物館 8 歐元，
參觀教堂頂層 13 歐元 (行樓梯) 及 15 歐元 (坐扶手電梯)，
其他範圍或會個別收費

網：https://www.duomomilano.it/en/

米蘭人的「生活區」

埃馬努埃爾二世拱廊 Galleria Vittorio Emanuele II

02 Map9-6 F3

乘地鐵紅線、黃線至Duomo站，出站即達

埃馬努埃爾二世拱廊背靠大教堂，右側雄偉壯麗，有於1877年完成的拱形玻璃的連拱廊直通向斯卡拉廣場。連拱廊、天花板附近的繪畫、人行道上的馬賽克圖案都很精緻，是不能錯過的景點。道路兩旁有咖啡館、餐館、書店及漢堡包店，到處是休息的市民和觀光客，常年都很熱鬧。穿過這條通道來到的斯卡拉廣場，則會看到達●芬奇的塑像。

地：Piazza del Scala, piazza del Duomo
網：www.teatroallascala.org/en/index.html

世界著名的歌劇院

斯卡拉歌劇院 Teatro alla Scala

03 Map9-6 F2

乘地鐵紅線、黃線至Duomo站，出站步行10分鐘即達

斯卡拉歌劇院於1778年正式啟用。這座歌劇院有超過3000個座位及一個會堂，建成後旋即成為一眾米蘭貴族及富豪的集中地。可惜第二次世界大戰期間，斯卡拉歌劇院在空襲中被嚴重炸毀。1946年，斯卡拉歌劇院按照先前的原貌修復完成及重開。現今的斯卡拉歌劇院還設有劇院博物館，展出大量有關歌劇及劇院歷史的珍貴收藏，如畫作、手稿、雕像、戲服及其他文件，其中威爾第的藏品佔了2個展室。另外還設有劇院圖書館，收藏了8萬冊不同文字的戲劇藝術典籍。

地：Via dei Filodrammatici, 2, 20121 Milano
時：博物館入場 9:30am-5:30pm

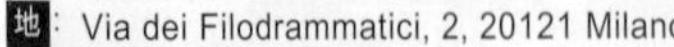

電：02-8053418　時：博物館入場費 12 歐元
網：www.teatroallascala.org/en/index.html

文藝復興大師的傑作
斯福爾采斯科城堡 *Castello Sforzesco*

04 Map9-6 D2

乘地鐵紅線至Cailori或Cadorna站，乘地鐵綠線至Lanza或Cadorna站，下車即達

建成於1466年的斯福爾采斯科城堡位於米蘭市區中部偏西，是統治米蘭公國的斯福爾采斯科家族所建，據説達●芬奇也參與了這座城堡的建設。宏偉的城堡由淺棕色的正方形城牆圍繞，城牆上有高大的城樓，四角各有一個圓柱形的角樓。

斯福爾采斯科城堡內分幾個區域的博物館，有市立博物館和展示埃及遺物的考古學博物館，2樓有畫廊、樂器收藏品。藏品中有據説是米高安哲奴在去世前數日製作的《倫達尼尼的聖母哀痛耶穌》雕刻，它在一樓的大門上，實在不該錯過。

地：Piazza Castello　電：02-88463700
時：城堡：7:00am-7:30pm；
博物館：周二至周日 10:00am-4:30pm
費：入場免費，博物館入場費 5 歐元
網：www.milanocastello.it/ita/home.html

古老典雅的城市花園
聖匹沃內公園 *Parco Sempione*

Map9-6 C1 05

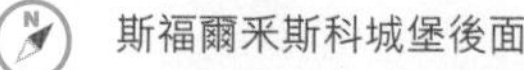
斯福爾采斯科城堡後面

斯福爾采斯科城堡後面是聖匹沃內公園，很適合在陽光充足的下午，一邊吃著美味的意大利雪糕一邊閒逛，其中瓜斯塔拉花園的歷史可追溯到1781年，是城裡最古老的花園。此外，遊客還可以在1784年朱塞佩●皮埃爾馬里尼設計的蒙塔內利花園的小路上散步，欣賞各種當地和異域的植物，並參觀天文館和自然歷史博物館。

地：Piazza Castello, 1 20121 Milano

時：8:00am-8:00pm

聞名世界的《最後晚餐》
感恩聖母堂

06 Map9-6 B3

Santa Maria delle Grazie

乘地鐵紅線至Conciliazione或Cadorna站；或乘地鐵綠線至Cadorna站，出站後步行5分鐘即達

建於1490年的感恩聖母堂由索拉里設計完成，是一幢外觀非常漂亮的典型倫巴第(Lombardia)風格紅磚建築。由於教堂曾被改造成為斯福爾釆斯科家族墳墓，並拆除了原先的後殿重建為文藝復興風格的佈道台，故教堂內外呈現出兩種截然不同的風格。

毗鄰教堂一側的餐廳牆壁上繪製有達•芬奇於1495年完成的名畫《最後晚餐》，達•芬奇以其深厚的科學造詣，大膽打破常規的繪畫技巧，創造了獨特的透視效果。由於《最後晚餐》是一幅油畫而非傳統的濕壁畫，非常容易受到外界環境的侵蝕，所以數百年來曾多次進行修復，以致最終面目全非。直到1999年，藝術家和科學家對其進行了大規模修復：恢復原有色彩，並且去除了之前修復時覆蓋的顏料，才使之最大限度恢復了本來面目。

地：Piazza della Maria delle Grazie 2, Milan 電：02-4676111

時：9:00am-12:20nn、3:00pm-5:50pm，參觀《最後晚餐》只有 15 分鐘，每次 25 人進場

費：入場免費，參觀《最後晚餐》+ 語音導遊 App 27 歐元

網：《最後晚餐》網上訂票：http://www.milan-museum.com/

羅馬風格的聖殿

聖羅倫佐教堂（米蘭）San Lorenzo alle colonne

07 Map9-6 D5

乘地鐵黃線至Italia Missori站，出站後步行5分鐘即達

羅馬式格局的聖羅倫佐教堂，以16根原屬於2世紀羅馬原始宗教神殿的石柱，排列出象徵大廳的開放式門口。由於教堂的圓頂曾經在1573年倒塌，現今教堂的正面是1894年由建築師Cesare Nava加建的。門前的廣場正中矗立著君士坦丁大帝的銅像。如果在冬季來到聖羅倫佐教堂遊覽，漫步在教堂門前的長柱之間，周圍伴隨著米蘭冬天常見的濃霧，你會產生一種虛幻的感覺。

地：Corsodi Porta Ticinese 39
時：周一至六 8:00am-6:30pm，周六、日 9:00am-7:00pm
電：02-89404129
網：www.sanlorenzomaggiore.com

簡樸的線條美

聖安布羅基奧教堂 Sant' Ambrogio

Map9-6 C4 08

乘地鐵綠線至Sant'Ambrogio站，出站即達

聖安布羅基奧教堂始建於379年，是由米蘭主教聖安布羅基奧在早期基督徒的墳墓上修建的。8世紀的時候又加以擴建，之後9世紀時大主教安斯貝多又修築了圍牆與前廳，使得聖安布羅基奧教堂擁有了頗為特殊的正立面：其簡樸的線條帶給人一種簡約美感，而教堂兩側帶有羅馬倫巴第式風格的鐘塔更加強了這種簡約的線條美。

地：Piazza Sant'Ambrogio 15
時：周一至周六 7:30am-12:30nn，2:30pm-7:00pm，周日 8:00am-1:00pm，3:00pm-8:00pm
電：02-86450895
網：www.basilicasantambrogio.it

09 Map9-6 E4

米蘭文化學術中心

安布洛其亞圖書館 *Pinacoteca Ambrosiana*

達•芬奇的自畫像

乘地鐵紅線、黃線至Duomo站，出站後步行10分鐘即達

建於1603年的安布洛其亞圖書館以米蘭保護神的名字命名，作為當時米蘭學術和文化的中心，收藏的古籍不論廣泛性還是學術價值都是意大利數一數二的。安布洛其亞圖書館內收藏的達•芬奇的402卷繪圖稿堪稱鎮館之寶。

1618年，安布洛其亞美術館在這裡建立，至1621年又增設了美術學院，雖然之後學院衰敗並最終於1776年關閉，但美術館內現今依舊收藏了各類美術品1500 多件，其中包括達•芬奇的《音樂家》、拉斐爾的《雅典學院》、卡拉瓦喬的《水果籃》和波提切利的《簾下的聖母》等藝術大師的數百幅精美畫作。

地: Piazza Pio XI, 2, 20123 Milano　時: 10:00am-6:00pm
電: 02-806921　費: 15 歐元
網: https://www.ambrosiana.it/en/
註: 另有 Leonardo's Last Supper +Pinacoteca Ambrosiana 聯票售 21 歐元，可於 https://www.milan-museum.com/ 購買

米蘭代表性的畫廊

布雷拉畫廊

Pinacoteca di Brera

10 Map9-6 F1

乘地鐵黃線至Montenapolepne站、或綠線至Lanza站，出站後步行10分鐘即達

布雷拉畫廊是米蘭代表性的畫廊，藏品以15-18世紀的倫巴第派和威尼斯派的作品為主。布雷拉畫廊的整座建築是一座四方形庭院，共2層，均有柱廊。庭院中有一座，由新古典主義大師安•卡諾瓦於1809年鑄成的拿破崙一世銅像左手拿著權杖，四周還有許多科學家、藝術家的石像。

布雷拉畫廊的代表藏品有拉斐爾的《聖母瑪麗亞的婚禮》(The Marriage of the Virgin)、《聖母子》，曼提尼亞的《聖殤圖》(Cristo Morto)及提因托雷托、皮埃羅•德拉•弗朗西斯卡、維羅內責等的作品。代表北部意大利的曼提尼亞的《聖殤圖》利用了透視畫法，將橫臥著的耶穌置於眼高的位置，是一幅從腳底開始描繪的獨特的畫。

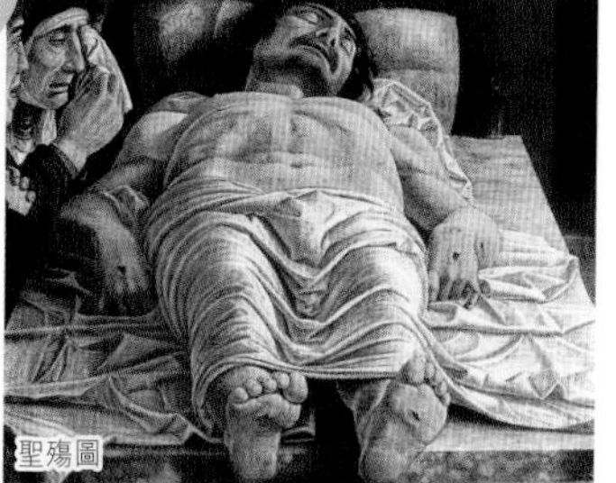
聖殤圖

地: Via Brera, 28, 20121 Milano 時: 8:30am-7:15pm，周一休息
電: 0272263230 費: 16 歐元
網: https://pinacotecabrera.org/en/

驚世才華

達・芬奇科技博物館

Museo Nazionale della Scienza e dellaTecnologia Leonardo da Vinci

11 Map9-6 B4

乘地鐵綠線至Sant'Ambrogio站，出站步行10分鐘即達

達・芬奇雖然出生在佛羅倫斯，但是在米蘭完成了眾多作品，其中最知名的就是他在米蘭創作的名畫《最後的晚餐》。博物館的前身曾是16世紀的修道院，主要收藏達・芬奇的遺物以及與他有關的模型和設計，展品中有達・芬奇為解決運河淤塞而設計的疏浚船、與現代驅動後輪的鏈條結構相同的自行車畫稿、理想城市建築圖和模型等大量手稿，充份反映達・芬奇的科學想像力。

博物館的一樓有「船的歷史」和「蒸汽動力的發展」等展覽；二樓展出計時器、音響和樂器、測量儀器、電訊設備、電氣設備、光學儀器、無線電、照相機、印刷機和打字機等；三樓有圖書館；地下室則展出武器、馬具和車輪等；大樓外，還另設鐵路交通和海空交通共兩個展館。

地：Via San Vittore 21, 20123 Milano

時：周二至周五 9:30am- 5:00pm，周六、周日及假日 9:30am-6:30pm，每周一、1月1日、12月24及25日休息

電：02485551 費：10 歐元 網：www.museoscienza.org

私人住宅改建而成的美術館
12 波爾迪・佩佐利美術館 Museo Poldi Pezzoli

Map9-6 G2

乘地鐵黃線至Montenapoleone站，出站即達

波爾迪・佩佐利美術館是由私人住宅改建而成的美術館。建築外觀兼有古羅馬的凝重華美，又有私家住宅的靜謐溫和。這裡藏有波拉依維羅的《女性的肖像》、波提切利的《聖母子》、曼特尼亞等人的作品，還有許多15-19世紀的繪畫作品、武器、壁毯、家具、掛鐘、青銅像、寶石等個人收藏品展。因為美術館的前身曾經是住宅建築，所以美術館的格局和細處佈置既體現了歐洲傳統的華美，又富有生活情趣。在這裡參觀可以了解米蘭的上層社會生活。

聖母子

女性的肖像

地：Via Manzoni 12 - 20121 Milano
時：10:00am-6:00pm，逢周二休息
電：02-794889 費：14 歐元
網：www.museopoldipezzoli.it

米蘭頂級時尚區 名店區

Map9-6 G2

乘地鐵紅線至San Babila或Montenapoleone站，出站即達

位於蒙提•拿破崙大道與史皮卡大街之間的區域分佈著眾多精品名店，其間錯落著聖安德烈街、耶穌路、聖靈路、Via Borgospesso等街區，眾多國際一線品牌的旗艦店和意大利頂尖品牌紛紛入駐這裡，是喜愛購物逛街的遊客來到米蘭絕對不可錯過的頂級時尚區。此外，這裡還雲集了眾多天才設計大師：Via Osti大街的Bulthaup、Via Durini大街的Cassina、Corso G. Matteotti的Alessi，還有更往北一些的Via Carlo Porta大街的Kartell。這些別具一格的設計吸引了眾多時尚人士。

地：Via Montenapoleone 與 Via della Spiga 之間

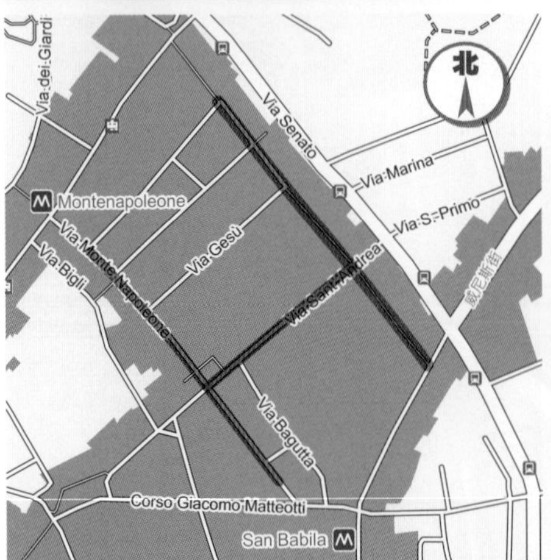

歐洲最大最靚咖啡店
Starbucks Reserve Roastery Milano

14 Map9-6 E3

乘地鐵紅線至Cordusio站，出站即達

被稱為世界上最靚的Starbucks，位於米蘭教堂附近Piazza Cordusio 前郵政局大廈內，全店面積達25,000呎，也是全歐洲最大的一家，甚具氣派。店內設有一座巨型的咖啡烘培機，令顧客欣賞到生咖啡豆烘焙過程及品嘗到最新烘培咖啡豆沖製的咖啡。也設有全球第一個Affogato Station，自製雪糕後加在Espresso上，即成意大利人最愛的Affogato，入鄉隨俗，不妨一試。

地：Piazza Cordusio, 3, Milano
時：7:30am-10:00pm
電：02 9197 0326
FB：Starbucks Reserve Roastery Milano

三合一博物館
Gallerie d'Italia

15 Map9-6 F2

斯卡拉歌劇院對面

意大利藝術不但源遠流長，當代藝術也非常精彩。Gallerie d'Italia就是一座當代博物館，由三座歷史建築組成：布倫塔尼宮(Palazzo Brentani)、安圭索拉·安托納·特拉維爾齊宮(Palazzo Anguissola Antona Traversi)和前意大利商業銀行(Banca Commerciale Italiana)的總部。這些建築物展現了新古典主義、新哥德式和新文藝復興的風格。博物館的藏品跨越從中世紀到20世紀，凸顯了意大利藝術的豐富性和多樣性。遊客可以欣賞卡拉瓦喬(Caravaggio)、卡納萊托(Canaletto)、提埃波羅(Tiepolo)、博喬尼(Boccioni)和莫迪利亞尼(Modigliani)等著名藝術家的作品。藝術品涵蓋多種媒介，包括繪畫、雕塑、素描和裝飾藝術。

地：Piazza della Scala, 6, 20121 Milano
時：9:30am-7:30pm，周四至 10:30pm
電：0800167619 費：5 歐元，18 歲以下免費
網：https://gallerieditalia.com/

米蘭最古老的廣場之一
商人廣場 Piazza dei Mercanti

Map9-6 F3 16

乘地鐵紅線、黃線至Duomo站，出站即達

廣場的歷史可以追溯到13世紀，周邊的建築物包括一系列精美的中世紀和文藝復興風格建築，其中最著名的是Broletto（市政廳）。Broletto建於13世紀，是米蘭市政府的所在地。它的建築風格結合了哥德式和文藝復興元素。另一個重要建築是Loggia degli Osii，建於14世紀，起初作為法院和商業交易所使用。它的結構優雅，有著精美的拱廊和雕刻。遊客可以在廣場上漫步，欣賞古老的建築、雕像和噴泉。廣場周圍還有許多咖啡館、餐館和商店，提供了休息和購物的場所。

Loggia degli Osii。

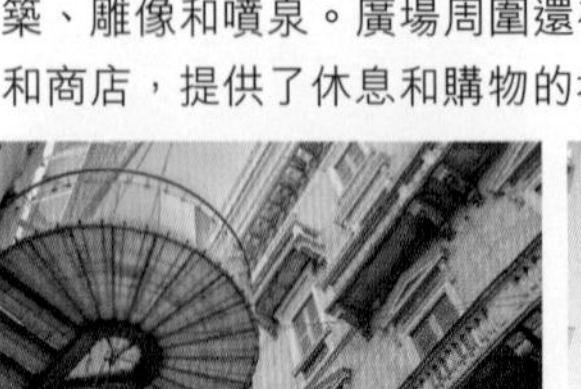

Broletto。

地：Piazza dei Mercanti, 20123 Milano

吃盡意式美食
佩克食品店 Peck

Map9-6 E4 17

乘地鐵紅線、黃線至Duomo站，出站步行5分鐘即達

地處Via Spadari大街的佩克食品店位於一幢自由藝術風格的大廈內，一樓的美食區經營各種新鮮蔬果、奶酪、橄欖油和調味料；閣樓內是酒窖區，擁有意大利各地的葡萄酒佳釀上萬瓶，可以滿足不同喜好的愛酒人士需要；二樓則遍布各種咖啡廳與麵包店。

地：Via Spadari, 9, 20123 Milano
時：周一 3:00pm-7:30pm，周二至周六 9:00am-7:30pm，周日休息
電：02- 8023161 網：www.peck.it

過百年歷史的懷舊氛圍
品紅酒吧 Bar Magenta

18 Map9-6 C3

乘地鐵紅線或綠線至Cadorna站，出站後步行10分鐘即達

地處繁華熱鬧的Corso Magenta上的品紅酒吧開業於1907年，毗鄰感恩聖母堂，周圍林立著眾多古樸的百貨店、麵包房和小酒館，洋溢著濃郁的懷舊氛圍和舊日米蘭的優雅氣氛。品紅酒吧內自由風格的圓弧裝飾，充滿20世紀初的懷舊情調。

地：Via Giosue Carducci, 13, 20121 Milano, Italia
時：周日至周四 7:00am- 翌日 2:00am，周五、六至 3:00am
電：02-8053808 網：http://barmagenta.it/

名牌購物地標
文藝復興百貨 La Rinascente

19 Map9-6 G3

乘地鐵紅線、黃線至Duomo站，出站即達

想要到最多國際品牌的集中地，就必定要數文藝復興百貨，連同地下一樓共十層，囊括了一、二線乃至小眾時裝品牌，手袋、衣服、化妝護膚品、家品以至文具，都一應俱全。百貨公司六樓可以辦理退稅，另外頂層可以俯瞰大教堂的美景。

地：Piazza del Duomo, 20121 Milano 時：10:00am-10:00pm
電：0291387388 網：https://www.rinascente.it/

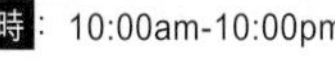

油炸三文治 Luini

 Map9-6 F3 

乘地鐵紅線，黃線至Duomo站，出站後步行3分鐘

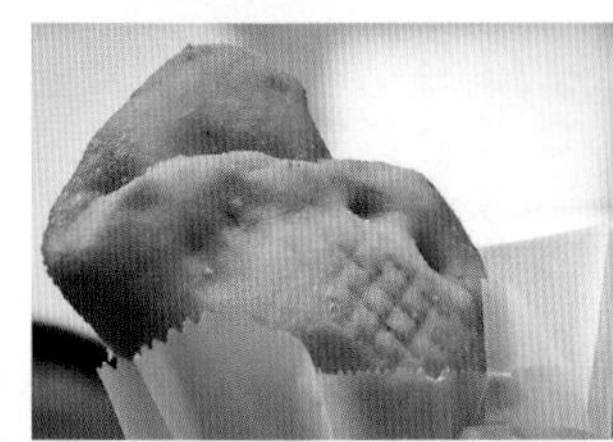

於1888年開業的Luini 原是意大利東南普利亞 (Puglia) 的傳統小食Panzerotti，於1949年由意大利南部搬往米蘭。做法是將釀有餡料的三文治以油炸得香口，起初米蘭人並不太接受，但隨着款式愈來愈多，變得受當地人歡迎。炸三文治有鹹或甜味選擇，如火腿配馬蘇里拉芝士或芝士配朱古力等口味，炸後外層香脆，內裡香軟，每個約5歐元，好味又抵食，也有其他的包點，都是出自傳統手藝，是吃膩了意式三文治的其他選擇。

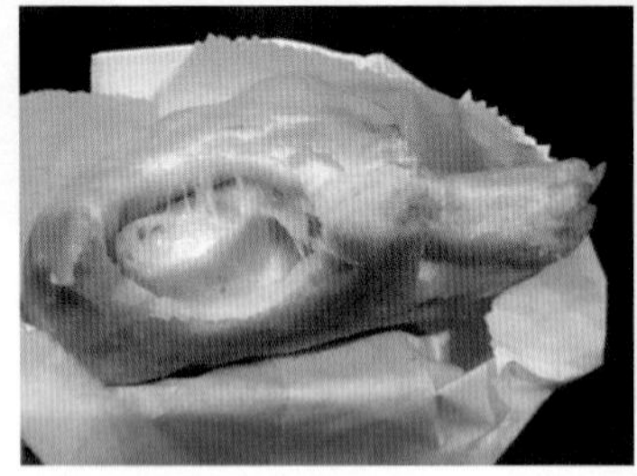

地：Via Santa Radegonda, 16, 20121 Milano 電：02 8646 1917
時：10:00am-8:00pm，周日休息 網：luini.it

浪漫電車之旅 ATMosfera Tram Ristorante

21 Map9-6 D2

乘地鐵紅線至Cairoli Castello ，出站後步行5分鐘

ATMosphere是米蘭最古老的有軌電車，車廂內部經過精心改良成電車餐廳。餐枱及座椅由舊有的柚木改造而成，車內共有24個座位，設有廚房及洗手間。提供西式晚餐，遊客可先於網上預訂及揀選菜單，每位70歐元。電車每晚停泊在Castello 2廣場，並會一邊用餐一邊途經米蘭各景點，路線由斯福爾采斯科城堡出發，經過米蘭大教堂、埃馬努埃爾二世拱廊和斯卡拉歌劇院等景點，全程2.5小時，讓你和最愛在舒適的氣氛下一邊飽覽美景一邊品嘗美食，絕對是獨一無二的體驗。

地：Piazza Castello, 20121 Milano
時：晚餐由 8:00pm-10:00pm（需於網上預約）
電：02 4860 7607
網：atmosfera.atm.it

22 Map9-6 E1

意國美食大聚集
Eataly Milano Smeraldo

乘地鐵綠線，紫線至Garibaldi FS，出站後步行6分鐘

Eataly就是Eat Italy，以推廣優質的意大利食材為宗旨，由老劇院改建而成的大型超市連餐廳，屬全國最大，共四層高，貨品種類齊，新鮮蔬菜、肉類、海鮮、橄欖油、醬汁及葡萄酒等一應俱全，貨品質素高，從早上營業至午夜，是一處方便買手信的地方。商場內不同類型餐廳以種類區分，薄餅、意粉、生蠔、炸物即買即食，猶如高檔意大利美食廣場，是邊逛邊食的好地方。

地：Piazza XXV Aprile, 10 - 20121 Milano
時：8:30am-11:00pm
電：0209997900
網：www.eataly.net/it_it/negozi/milano-smeraldo

23 Map9-6 G1

市區內名牌 Outlet
DMAG Designer Fashion Outlet

乘地鐵黃線至Montenapoleone ，出站後步行3分鐘，近Emporio Armani

位於米蘭的名牌Outlet，銷售過百意大利及國際的名牌包包與時裝，如GUCCI、FENDI、Prada、Burberry、D&G、MIUMIU、YSL、DIOR、VERSACE等，貨品排列整齊，價格為正價貨的五至七折左右，加上可退稅，可以不用舟車勞動走到市外Outlet掃貨，慳回時間繼續血拼。DMAG共有三間店舖，另外兩間位於米蘭名店街 (Montenapoleone) 前後，地址為Via Bigli 4,20121及Via Forcella 13,20144。

地：Via Manzoni 44, 20121 Milan
時：10:00am-7:30pm
電：02 3651 4365
網：https://www.dmag.eu/

國際米蘭專賣店

Map9-6 H3

Inter Store Milano

乘地鐵紅線，黃線至Duomo站，出站後步行10分鐘

來到米蘭，當然要到米蘭兩大勁旅之一，國際米蘭的專賣店朝聖一番。全店分為兩層，入內即被其藍黑標誌球衣圍繞着，地下主要銷售最新波衫及體育用品，一樓展示國米珍貴的紀念品，如歷年重要賽事的用球及球衣、近百幅珍貴照片，當然不可缺國米球星簽名的波衫，球迷來到這裡能近距離欣賞到各種球隊產品，相信心情就如入球般興奮澎湃，好彩的話，還會遇到店內舉行活動，見證球員到來簽名呢！

地：Galleria Passarella 2, 20122 Milano
時：10:00am-8:00pm 電：02 7601 6297
網：https://store.inter.it/

花多眼亂古着店

Map9-6 F2

Cavalli e Nastri

乘地鐵黃線至Montenapoleone站，步行5分鐘即達

Cavalli e Nastri是米蘭最著名的古著店之一，雖說是古著店，但可能稱為古董店更貼切，店內從上世紀20-30年代的連身裙，手袋和配飾都尋找得到。店主通過復古的服裝和配飾，襯托出獨特的精選配搭，吸引不少時裝達人前來這裡一睹風采。當中不少大牌子如Chanel、Gucci、Hermès、Valentino、Versace或YSL。行厭了歐洲名店，轉場到這裡可能會有另類驚喜。

地：Via Brera 2 電：02 7200 0449
時：10:30am-7:30pm
網：https://cavallienastri.com/

意大利第一藥妝
蕾莉歐米蘭店 L'Erbolario

26 Map9-6 E2

乘地鐵紅線至Cairoli Castello，出站後步行4分鐘

L'Erbolario屬意大利植物草本護膚品牌，創辦人崇尚天然，憑着對天然草本植物的熱愛，把小小的實驗室發展成全球知名的品牌。所有產品均萃取自花卉、蔬果、果核精華和百分百植物精油，全部意大利製造，當中植物化妝品成份均由自家種植，扮靚之餘不傷皮膚，故有綠色美容之稱。雖然L'ERBOLARIO在全球都有分店，不過在米蘭店掃貨保證款多價錢優惠，絕對是最佳的伴手禮。

甘菊調理滋養液(Aromatic Chamoile Water)，含甘菊花萃取液，針對乾燥肌膚，立即補充所需的水分，滋潤及清爽肌膚。

地：Via dell'Orso, 18, 20121 Milano
時：9:30am-7:30pm，周日休息
電：39 02 804577
FB：https://www.facebook.com/ERBOLARIO

好心有好報
Humana Vintage

27 Map9-6 F4

乘地鐵紅線，黃線至Duomo站，出站後步行2分鐘

Humana Vintage 所出售的衣服均是獨一無二的二手服，大多是較復古的襯衫、禮服、連身裙及皮袋等，雖沒有名牌服飾，但服裝店背後卻甚有意義，成立了命為Humana people to people機構，它們通過收集、銷售和捐贈舊衣服而所出售的盈利來保護環境，並支持南半球國家的人道主義項目，讓弱勢社群可以自力更新，客人既可購買到心頭好之餘也可做善事。

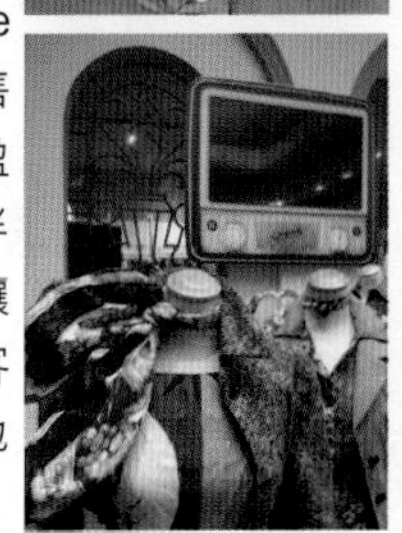

地：Via Cappellari, 3, 20123 Milano
時：周一至周六 10:30am-7:30pm，
周日 11:30am-7:00pm；2:00pm-7:00pm
電：02 7208 0606
網：http://www.humanavintage.it/

眼鏡博物館
Foto Veneta Ottica

28 Map9-6 E4

乘地鐵黃線至Missori，出站後步行7分鐘

店舖藏身於一座19世紀建築物一樓，前身是攝影工作室，店內設計型格十足，帶有懷舊風格，進入後你會發現恍如置身於一個小型的眼鏡博物館內。實際上是一間擁有大量復古鏡框、眼鏡及太陽鏡的古董眼鏡店，店主本身是一名配鏡師，因為喜歡收集眼鏡，希望能將珍藏公諸同好，讓懂得欣賞的人找到各種風格和年代的眼鏡。

地：Via Torino 57, 20123 Milano
時：10:00am-7:00pm，周日休息
電：02 805 5735
網：https://www.fotovenetaottica.com/

吃得到的優雅
Emporio Armani Caffé

29 Map9-6 G1

乘地鐵黃線至Montenapoleone站，步行1分鐘即達

相信大家對以男士西裝起家的Emporio Armani這個國際品牌絕不會陌生，近年也像其他時裝品牌一樣進軍餐飲業。位於米蘭的旗艦店底層更開設了一家咖啡室，環境設計時尚、優雅，走年輕路線，菜單以意粉沙律等輕食為主，也有精緻美味的蛋糕及咖啡，就算不是來購物，也可前來享受一頓名牌午餐。

地：Via dei Giardini, 2, 20121 Milano
時：12:30nn-2:30pm、5:30pm-10:30pm
電：02 6231 2680
FB：Emporio Armani Caffè Milan

用心做包 Princi

Map9-6 E2

乘地鐵紅線至Cordusio站，步行5分鐘即達

女士們除了愛到米蘭買心愛的包包外，其實Princi內的包包也甚吸引，所有麵包、三文治、Pizza及蛋糕等全是即場製作，加上由早到晚人流不斷，保證新鮮，且款式多味道好。更有全米蘭最好吃的士多啤梨批Torta Fragolata，新鮮大粒的士多啤梨配批內的吉士醬甜而不膩、批皮鬆脆，令人回味無窮，難怪於美國、倫敦、日本及上海等地都設有分店。

地：Via Ponte Vetero, 10, 20121 Milano
時：周一至周五 7:00am-8:00pm，周六至周日 8:00am-8:00pm
電：02 7201 6067
網：princi.it

懷舊玩具店 Rigadritto

Map9-6 F3

乘地鐵黃線至Montenapoleone站，出站步行5分鐘

Rigadritto 位於米蘭大教堂附近的Brera小區，而Brera近年被稱為波希米亞小區，佈滿很多非常文青又有個性的小店，有時裝又有飾物，與幾條街之隔的Quadrilatero della Moda名店區大相徑庭。Rigadritto就是Brera區內的懷舊文具店，店主由歐洲搜羅了不同的文具及玩具，有新又有舊，最吸引的當然是極度old school的鐵皮玩具。只要到小店行一圈，童年回憶即時返晒嚟！

地：Via Brera, 6, 20121 Milano 時：10:00am-7:00pm
電：02 8058 2936 FB：Rigadritto

反叛不羈
Piazza degli Affari

乘地鐵紅線至Cordusio站，出站步行5分鐘即達

米蘭的Piazza degli Affari位於市中心的金融區，是米蘭商業和金融活動的核心，也是意大利最重要的商業地標之一。廣場的兩側有多座宏偉的建築，包括由建築師 Paolo Mezzanotte 設計，現為米蘭證券交易所的Palazzo Mezzanotte(梅扎諾特宮)。不過該處最著名的景點，及是由藝術家 Maurizio Cattelan 創作，於 2010 年安裝，名為 LOVE的雕塑。LOVE是自由、仇恨、復仇、永恆的縮寫，這個雕塑是一個巨大的中指，對準了法西斯主義和金融世界，表達了一種挑釁和反抗的態度，也是遊客打卡的熱點。

LOVE雕塑表達了米蘭人敢於抗拒權威的精神。

地：P.za degli Affari, 20123 Milano

溫室餐廳
Locanda alla Scala

乘地鐵黃線至Montenapoleone站，出站步行10分鐘即達

Locanda alla Scala以地道的意大利菜為主，特別是米蘭和皮埃蒙特(意大利西北地區)的特色菜。餐廳的招牌菜包括 Riso Mantecato Alla Milanese E Fondo Di Vitello(米蘭式奶油燉飯配小牛肉汁)和 Millefoglie di lasagna con carciofi e ragù bianco di vitello(千層麵配朝鮮薊和小牛肉白醬)。餐廳還提供豐富的葡萄酒選擇，以及精緻的甜點，如Tiramisù和Panna Cotta(奶油布丁)。餐廳一個玻璃屋頂，裡面種滿了綠色的植物和鮮花，讓客人可以在任何季節都能欣賞到自然的美景，非常療癒。

地：Via dell'Orso, 1, 20121 Milano
時：12:30nn-3:00pm、7:00pm-11:30pm
電：028693273 網：https://locandaallascala.it/

龐大的露天博物館 紀念墓園 Cimitero Monumentale

34

乘地鐵綠線至P.Ta Garibaldi站，出站後步行5分鐘即達

名家雕塑紀念墓園位於米蘭市區的西北處，規模堪與巴黎的拉雪玆公墓媲美，更具特色的是每座墓碑都是栩栩如生、形象各異的雕像，如同一座規模龐大的露天博物館。這座墓園有著悠久的歷史，很多人都在這裡安息，19世紀歷史小說家孟佐尼，以及愛因斯坦的父親赫爾曼都葬在這裡。

參觀墓園適合在白天明亮的日光下，欣賞墓園裡的雕像鋪著的形態各異的影子。在這裡，生與死、現在與永恆的界限都變得模糊。靜靜探訪這裡久眠的名人，細細閱讀墓碑上或長或短的感慨，彷彿世上什麼都不重要，長存的唯有那靜默無言的石像和靜靜的風。

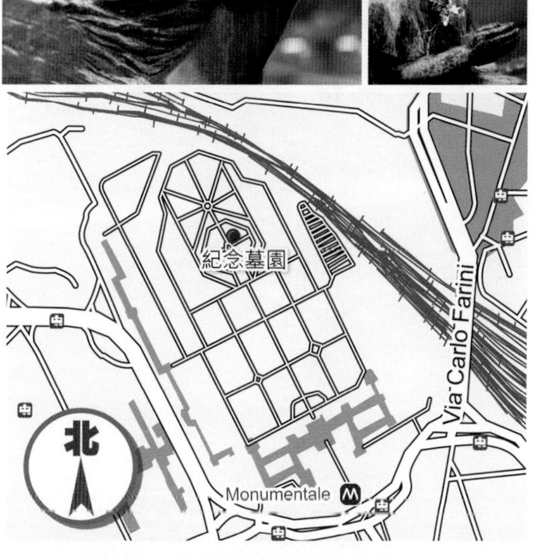

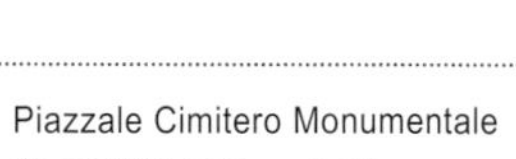

地: Piazzale Cimitero Monumentale
時: 周二至周日 8:00am-5:30pm
電: 02-88465600

AC米蘭和國際米蘭的主場

聖西羅球場 San Siro/Stadio Giuseppe Meazza

35

乘電車至Rospigliosi Axum (S.Siro)站，出站即達

距離米蘭市中心僅6公里的聖西羅球場，是由一名叫佩特羅 • 皮雷利的AC米蘭球迷修建並捐贈給自己心愛的球隊的。聖西羅球場的正式名稱為朱塞佩 • 梅阿查球場，這裡除了作為AC米蘭和國際米蘭共有的主場，同時也舉辦了無數次世界頂級的足球賽事。儘管為了紀念20世紀30-40年代的球星梅阿查，球場已經於1980年被正式命名為梅阿查球場，但AC米蘭的球迷依舊將其親切地稱為聖西羅。

地：Piazzale Angelo Moratti, 20151 Milano
時：9:30am-6:00pm 電：02-4879 8201
費：參觀博物館 + 導賞團 30 歐元
網：www.sansiro.net

Museo Alfa Romeo: entrate in 100 anni di Storia

意大利知名跑車的歷史
愛快羅密歐歷史博物館
Museo Storico Alfa Romeo

Map9-8

36

由米蘭乘火車至Garbagnate Parco Groane站，再轉乘的士前往

成立於1976年12月的愛快羅密歐歷史博物館位於阿雷塞鎮。如果是愛快羅密歐的車迷，這座博物館是絕對不可錯過的去處。它分為6層，有4個主要部分。博物館第一部分是專為汽車而設的展廳，展覽是按照時間順序排列，強調汽車在運動和變化之間的緊密聯系，展品包括100餘輛愛快羅密歐汽車，以及底盤、發動機等部件。

博物館的第二部分專門展出「夢之車」的設計，古董車、概念車、現代汽車等展品令遊客目不暇接。由於愛快羅密歐的產品涉及航空工業也是久有盛名的，故第三部分的展品中包括14架飛機發動機以及1架飛機。第四部分展區專門展出贏得眾多獎項的愛快羅密歐車型作品。

地: Viale Alfa Romeo, 20020 Arese Milano
時: 10:00am-6:00pm，周二休息
電: 0244425511 費: 12 歐元
網: https://www.museoalfaromeo.com/

Map9-8

國家賽車場
蒙扎公園 Parco di Monza

由米蘭乘火車至Monza，
下車後轉乘的士前往

蒙扎公園環境幽雅，寬闊的步道散布在高大林木和翠綠草坪的環抱中，步道盡頭便是米蘭著名的皇室別墅建築。這棟建築古樸優美，體現著意大利皇室繁複優雅的宮廷氣息以及古樸厚重的歷史感。在高大雄偉的宮殿後面，是開闊的英式公園，公園北邊有幾座體育場，意大利最有名的蒙扎賽車道(Monza)也在這裡，作為世界上最重要的賽道之一，每年9月一級方程式大獎賽的蒙扎站比賽都會在這裡舉行，是賽車愛好者不可錯過的去處。

蒙扎大賽車

地：Viale Brianza,1 20052 Monza
網：www.parcovillareale.it

威斯康迪家族的大本營
帕維亞 *Pavia*

由米蘭中央車站乘火車至帕維亞約40分鐘

位於米蘭以南的帕維亞在羅馬帝國成立之前就已存在，西羅馬帝國滅亡後直到11世紀，帕維亞曾經是倫巴第人的首都，之後又淪為日耳曼聯盟下自治政府的所在地。

1359年威斯康迪家族成為帕維亞的領主後，這座古老的城市重新迎來了大規模的擴建。現今漫步在帕維亞城內，依舊可以看到大量典雅優美的紅磚建築和中世紀遺留下來的高塔。此外，在帕維亞城區北側還保留有舊時的城牆遺跡，城郊8公里外的大修院是倫巴第地區文藝復興時期的建築傑作，內部收藏有眾多具有極高藝術價值的藝術品。

地：Pavia, Italia

中世紀古城 曼托瓦 Mantova

Map9-8 39

從米蘭中央車站乘火車至曼托瓦約1小時50分

位於倫巴第大區邊界的曼托瓦，整座城市的建築如同宮殿般華美宏大。曼托瓦的老城區被Mincio河三面環繞，熱愛藝術的當地領主曾聘請了Andrea Mantegna、Leon Battista Alberti、Giulio Romano等文藝復興時期的藝術家，營造出這裡精緻優雅的建築風格。

沿街綿延不斷的拱廊下散布著數不清的商店與咖啡館，建於11世紀的聖羅倫佐教堂充滿古典氣息，毗鄰是公爵府、聖喬治城堡等古建築群。此外，曼托瓦老城區南側的Palazzo Te是由建築師朱利歐‧羅馬諾於1525年設計修建，是Gonzaga家族的斐德里克二世休閒玩樂的場所，其建築內部裝飾堪稱經典，其中壁畫從天花板延伸至牆角的巨人廳尤其令人震撼。

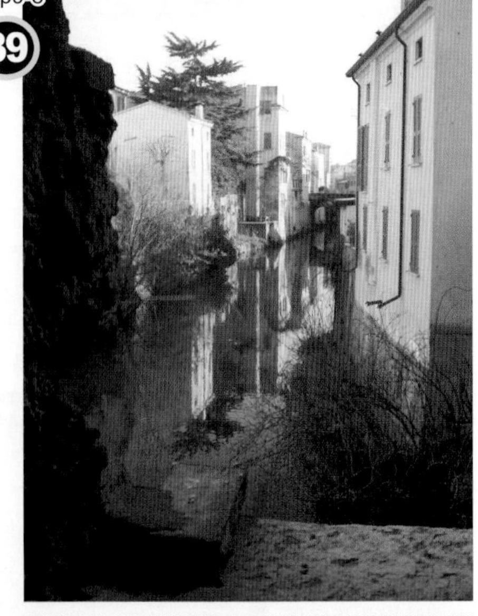

地：Mantova, Italia

小提琴發源地
克雷蒙納 Cremona

Map9-8 40

由米蘭中央車站乘火車至克雷蒙納約1小時

位於米蘭東南端的克雷蒙納，早在公元前218年就已經是頗具規模的古羅馬城市。蠻族入侵羅馬後城市開始向外擴張，中世紀與文藝復興時期，克雷蒙納出現了許多精緻的貴族住宅，其中14-17世紀手藝精湛的製琴工匠們，更是為這座小城帶來了濃郁的藝術氣息，進而使這裡成為了小提琴的發源地。生於1505年的Andrea Amati被公認為小提琴之父，在這座小城製作了上百把小提琴，而Giuseppe Guameridel Gesu製作的小提琴也堪稱經典作品。現今遊客還可以在克雷蒙納的皇宮欣賞這些出自製琴大師之手的頂尖之作。

地：Cremona, Italia

風景優美的湖濱小鎮
西米歐尼 Sirmione

Map9-8

41

由米蘭中央車站乘火車在Desenza-nodel Garda/Sirmione站下車即達，行程約1小時45分鐘

位於米蘭與威尼斯之間的西米歐尼，毗鄰意大利面積最大的湖泊——加達湖。北寬南窄的加達湖是由冰河融化而成，因其優美的湖畔風景，自古以來就受到但丁、歌德等詩人作家的讚頌。地處湖泊南側的西米歐尼是一座風景優美的湖濱小鎮，13世紀時統治維羅納的Scaligeri家族曾經在這裡修建了一座城堡。以古堡為圓心，舊城區逐步向外發展，最終形成了這古色古香的湖濱小鎮。此外，西米歐尼北端的Grotte di Catullo是公元前1世紀拉丁詩人Catullo的別墅遺址，遊客可以在這碧藍湖水的陪伴下，感受這段久遠的歷史。

地：Sirmione, Italia

人間仙境 科莫湖Lake Como 42

Map9-8

由米蘭Cadorna/ Centrale乘火車往Como Nord Lago（近科莫湖），或Como San Giovanni（近科莫鎮），車程約1小時

科莫湖（Lake Como）是歐洲最美麗的湖泊之一，它位於意大利北部的阿爾卑斯山腳下，呈倒Y字形，分為三個分支，湖水清澈湛藍，景色如詩如畫。湖泊面積廣闊，湖岸線綿延約170公里，湖面周圍散佈著迷人的小鎮和村莊。著名的湖畔小鎮包括科莫（Como）、贊托（Cernobbio）、貝爾拉焦（Bellagio）和蒙特索拉（Menaggio），每個地方都有其獨特的魅力和特色。

科莫湖周圍的小鎮和村莊保持著悠久的歷史和豐富的文化遺產。這裡有許多古老的建築物、教堂和城堡，展示了不同時期的建築風格和藝術特色。遊客可以漫步在狹窄的街道上，欣賞彩色的房屋、傳統的街景和當地的生活氛圍。

科莫湖還提供各種戶外活動和娛樂選擇。遊客可以乘船遊覽湖泊，欣賞湖光山色和湖畔小鎮的美景。湖泊周圍的山區和自然保護區提供了徒步旅行、登山和自行車等活動的機會。

地：Lake Como
網：https://www.lakecomo.is/

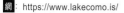

佛羅倫斯
Florence

佛羅倫斯 *Florence*

佛羅倫斯是意大利首屈一指的藝術名城，也是公認的歐洲最美麗的城市之一。佛羅倫斯的意大利語原意為「花之都」，詩人徐志摩曾將其翻譯為「翡冷翠」。歷年來達•芬奇、但丁、米高安哲奴、拉斐爾這些聲名顯赫的藝術大師，用自己的才華裝飾了這座城市。現今的佛羅倫斯市區仍保持了古羅馬時期的格局，全市有40多個博物館和美術館，包括世界第一所美術學院、世界美術最高學府——佛羅倫斯美術學院。可以説，意大利藝術精華薈萃於此。

對外交通

航空

佛羅倫斯的Amerigo Vespucci機場距離市區很近，遊客從機場可乘坐機場巴士到市內新聖母教堂火車站，每半小時一班。此外，前往佛羅倫斯的遊客也可選擇乘坐廉價航空公司的航班飛往比薩伽利略機場，然後在機場乘火車前往佛羅倫斯市內。

鐵路

佛羅倫斯擁有多個火車站，其中新聖母車站(Santa Maria Novella)是佛羅倫斯的中央火車站，不僅有開往意大利和歐洲各地的線路，也有連接市內各火車站的線路。Campo di Marte車站是佛羅倫斯比較次要的火車站，主要負責開往比薩、維亞雷焦(Viareggio)和阿雷佐(Arezzo)的國內線路。都靈-米蘭-拿波里南北高速鐵路縱貫意大利，在Belfiore車站停靠。從佛羅倫斯前往波隆那(Bologna)只需要35分鐘，而前往米蘭只需要1小時35分鐘。

市內交通

巴士

佛羅倫斯城市內的公共交通主要由AT公司經營，巴士總站位於新聖母車站旁。巴士單次票價為1.7歐元。遊客可以乘坐從新聖母教堂開往米高安哲奴廣場的12或13號循環路線，每20分鐘一班。請注意佛羅倫斯巴士上不設售票，乘客必須在上車前在巴士站或Tabacchi小店購票。另有10程車票售價15.5歐元。

網 **https://www.at-bus.it/en/ticket**

觀光巴士

佛羅倫斯設有兩條觀光巴士線，都是由火車站開出，一天票29歐元。不過市內行走路線與12、13號巴士非常相似，所以選坐市內巴士較划算。

網 **https://www.city-sightseeing.it/florence/**

佛羅倫斯玩樂

美食

曾經統治佛羅倫斯的麥第奇家族把法國廚藝帶到佛羅倫斯，富饒的托斯卡尼山地和蔚藍的地中海則提供了品類繁多的新鮮食材——從肥嫩的T骨牛排到芬芳的葡萄酒，佛羅倫斯人以創造藝術品的天才和熱情創造了明朗、艷麗、濃郁的佛羅倫斯美食。

購物

在充滿文藝復興氣質的佛羅倫斯可以買到各種具有藝術氣息的紀念品：在中央郵局旁邊的Porta Rossa街上就有很多雅緻的文具店；名牌服裝、皮革製品的專賣店則集中在托納布奧尼大街(Via de Tornabuoni)和人稱「步行者天堂」的卡釆蓮里大街（Via de Calzaiuolio）；珠寶首飾在老橋(Ponte Vecchio)一帶，橋上眾多的金銀工藝店都有400年的歷史。

娛樂

夜晚佛羅倫斯狹窄的石板路上飄蕩著優雅的弗魯特的曲調，穿著肥大褲子的街頭藝人在表演雜耍。世界聞名的佛羅倫斯五月音樂節、仲夏之夜在皮蒂宮(Palazzo Pitti)庭院中舉辦的新型歌劇與芭蕾，都是喜愛古典高雅藝術的人們最愛。此外在佛羅倫斯各教堂內還會舉辦小型音樂會。

重要節慶

煙火節 Explosion of the Cart
時間：3月底-4月底

煙火節在大教堂前舉行，是延續了6個世紀的傳統活動。作為春季佛羅倫斯最精彩的節日之一，煙火節中還有勇士爬上巨大的彩車點燃掛著的爆竹，吸引了眾多遊客參與其中。

佛羅倫斯音樂劇節 Maggio Musicale Fiorentino
時間：5月至6月

佛羅倫斯音樂劇節是當地重要的節慶。音樂節期間，意大利音樂劇台前幕後的精英都會云集共同演出一套名為《Maggio Musicale Fiorentino》的劇目。除了音樂劇，同時間佛羅倫斯四處還會舉行不同的音樂會、合唱團及芭蕾舞表演，令人目不暇給。

Firenze card (72小時有效)

使用範圍：

- 佛羅倫斯七十多間博物館及教堂入場券
- 持卡人參觀不用預約並可排快速通道進入景點
- 佛羅倫斯公共交通卡(只限Firenze card+)
- 佛羅倫斯免費WiFi服務(只限Firenze card+)

費用：85歐元(Firenze card)，7歐元(Firenze card+)

訂票網址：http://www.firenzecard.it/

註 抵達佛羅倫斯後，可憑訂票信及護照在指定地點換卡或以App購買及下載。

並非佛羅倫斯所有博物館及教堂都可免費入場，使用前請先上網查清楚；遊客必先購Firenze card才可另購Firenze card+。

額外多送48小時

佛羅倫斯卡App的用戶，可以免費下載Firenzecard Restart程式，便可以在佛羅倫斯卡使用72小時後，額外獲得48小時使用時間，繼續參觀之前未曾前往的景點。

MAP 10-4

佛羅倫斯 Firenze

01 聖母百花大教堂 Santa Maria del Fiore	10-7
02 喬托鐘樓 Campanile di Giotto	10-8
03 大教堂美術館 Museo di Santa Maria del Fiore	10-8
04 聖喬萬尼洗禮堂 Battistero di San Giovanni	10-9
05 烏菲兹美術館 Galleria degli Uffiz	10-10
06 支蒂宮 Palazzo Pitti	10-11
07 帕拉汀娜畫廊 Galleria Palatina	10-12
08 波波里花園 Giardino di Boboli	10-12
09 聖羅倫佐教堂 Basilica di San Lorenzo	10-13
10 聖馬可廣場 Piazza San Marco	10-14
11 聖母廣場 Piazza della Santissima Annunziata	10-14
12 新聖母瑪麗亞教堂 Santa Maria Novella	10-15
13 香料藥草藥房 Farmacia di SantaMaria Novella	10-16
14 藝術學院美術館 Galleria dell'Accademia	10-17
15 國家博物館 Museo Nazionale del Bargello	10-17
16 米高安哲奴廣場 Piazzale Michelangelo	10-18
17 米高安哲奴博物館 Casa Buonarroti	10-18
18 但丁故居 Casa di Dante	10-19
19 聖靈教堂 Basilica of Santo Spirito	10-19
20 老橋 Ponte Vecchio	10-20
21 聖十字教堂 Basilica of Santa Croce	10-21
22 領主廣場 Piazza della Signoria	10-22
23 韋奇奧宮 Palazzo Vecchio	10-23
24 Gucci Garden	10-23
25 麥第奇 - 里卡迪宮 Palazzo Medici Riccardi	10-24
26 阿雷希酒窖 Enoteca Alessi	10-24
27 佛羅倫斯中央市場 Mercato Centrale	10-25
28 巴爾迪尼花園 Giardino Bardini	10-25
29 Eatly Florence 餐廳	10-26
30 Vivoli Gelateria 雪糕店	10-26
31 Gelateria La Carraia 雪糕店	10-27
32 Antico Fattore 餐廳	10-27
33 Trattoria Zàzà 餐廳	10-28
34 Trattoria Mario 餐廳	10-28
35 La Loggia del 餐廳	10-29
36 Trattoria Dall'Oste 餐廳	10-29

MAP 10-6
佛羅倫斯周邊
北
37 聖吉米納諾 San Gimignano 10-30
38 西恩納 Siena 10-31
39 法拉利博物館 Museo Ferrari 10-32
40 蒙特卡蒂尼 Montecatini 10-33
41 聖多明尼哥教堂 Fiesole 10-33
A
B
C
D
1
2
3
4
5
薩索羅
Sassuolo
卡斯泰爾諾
沃內蒙蒂
Castelnovo
be' Monti
韋爾加托
Vergato
Sestola
Abetone
Porretta Terme
卡斯泰爾諾
沃迪加爾
法尼亞納
Castelnovo
di Garfagnana
馬薩
Massa
Pistoia
Montecatini
Terme
普拉托
Prato
維亞雷焦
Viareggio
盧卡
Lucca
佛羅倫斯
Firenze
比薩
Pisa
恩波利
Empoli
Pontedera
Tirrenia
利佛諾
Livorno
San Gimignano
沃爾泰拉
Volterra
Rosignano
Solvay
Cecina
Siena

歐洲最美的教堂
聖母百花大教堂 Santa Maria del Fior

01 Map10-4 C2

從Firenze S.M.N火車站步行約15分鐘即達

聖母百花大教堂又叫做聖瑪利亞•德爾•弗洛雷大教堂，被稱為是歐洲最美的教堂。這座教堂於1295年由阿爾諾沃•迪卡姆比奧在原佛羅蒂諾大教堂的基址上興建，1496年完工。教堂總高度為107米。與其它教堂不同的是，聖母百花大教堂是世界上第一座帶有大圓頂教堂，圓頂由10塊浮雕組成，頂內有螺旋形階梯直通穹頂，可鳥瞰佛羅倫斯市風光。

聖母百花大教堂氣勢恢弘，基本顏色採用意大利國旗的綠、紅、白3色。教堂外牆採用意大利卡拉拉的白色大理石、普拉托的綠色大理石與瑪雷瑪的粉紅色大理石鑲嵌而成，裝飾華麗，線條明快，色彩優雅，恰似百花齊放。花之聖母教堂雕像以聖母瑪利亞為中心，手捧耶穌基督的瑪利亞，左右兩邊有耶穌的12位門徒。

地：Piazza del Duomo

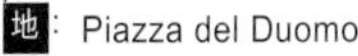

時：教堂 10:45am-4:45pm，其餘部分有不同開放時間

費：免費 電：055-2302885

網：www.ilgrandemuseodelduomo.it

大教堂的標誌性景觀

喬托鐘樓 Campanile di Giotto

Map10-4 C2

02

聖母百花大教堂旁邊

坐落在聖母百花大教堂廣場之上，由文藝復興時期的藝術巨匠喬托所設計的喬托鐘樓，正是這座教堂的標誌性景觀。鐘樓高約82米，四方形的結構顯得修長、勻稱，通體以潔白的花崗石建成，表面布滿了精心設計的拼貼圖案和繁複的浮雕，雖然歷經歲月滄桑，時至今日依然在陽光的映襯下熠熠生輝。鐘樓的一側設有台階，共計約414級，遊客倘若登上頂端的露台，更可以360°的視角俯瞰整個佛羅倫斯的景色。

地：Piazza del Duomo 時：8:15am-6:45pm
費：30 歐元 (聖喬萬尼洗禮堂 + 聖雷帕拉達教堂 + 喬托鐘樓 + 大教堂美術館聯票)
電：055- 2302885 網：https://duomo.firenze.it/

集中收藏的藝術珍品

大教堂美術館 Museo dell' Opera di Santa Maria del Fiore

Map10-4 D2

03

聖母百花大教堂前

從19世紀末期開始，聖母百花大教堂及喬托鐘樓、聖喬萬尼洗禮堂中的藝術珍品就集中收藏在大教堂美術館內。館內最著名的藏品是米高安哲奴的《聖母子》雕塑，同時這也是他三個同題材作品中的第二個。美術館二樓展示有多那太羅的木雕作品《抹大拉》，以及由羅比亞和多那太羅建造的聖歌隊席位，這些都是文藝復興風格的重要作品。此外，美術館中還收藏著從13-18世紀使用的祭祀用品、洗禮堂的祭壇、喬托鐘樓的絞盤、教堂大圓頂的模型和建造工具等重要文物。

地：Piazza del Duomo 時：8:30am-7:00pm
費：30 歐元 (聖喬萬尼洗禮堂 + 聖雷帕拉達教堂 + 喬托鐘樓 + 大教堂美術館聯票)

《聖母子》(Pietà)雕塑。

抹大拉。

但丁接受洗禮的教堂
聖喬萬尼洗禮堂
Battistero di San Giovanni

04 Map10-4 C2

聖母百花大教堂前

聖喬萬尼洗禮堂位於大教堂前這座11-13世紀的八角形建築，是用與大教堂同樣美麗的彩色大理石建造，據說但丁也是在這裡接受洗禮的。

這裡共有3扇青銅的大門：南門是安德雷亞•皮薩諾的作品；北門與東門是吉貝爾蒂的作品；東門非常精美，被米高安哲奴命名為「天國之門」，雖然飽歷風霜，依然閃著金色的光輝。內部的屋頂部分裝飾有以《最後的審判》、《創世紀》等為主題的拜佔庭風格的瑪賽克鑲嵌畫。這裡還有德納特羅與米開羅茲設計的教皇約翰二十三世之墓。

被譽為「天國之門」的東門

地：Piazza S. Giovanni

時：8:15am-7:30pm，周六至 6:15pm

網：30 歐元 (聖喬萬尼洗禮堂 + 聖雷帕拉達教堂 + 喬托鐘樓 + 大教堂美術館聯票)

意大利最大的美術館
烏菲茲美術館 Galleria degli Uffizi 05

Map10-4 C4

乘1號線巴士至Galleria Degli Uttizi，下車步行5分鐘即達

烏菲茲美術館建於1560年，這座建築物最初是按麥第奇家族的柯西摩一世旨意建造的，用來作為佛羅倫斯公國政務廳辦公室。由於辦公室在意大利語中發音為烏菲茲，於是便成了美術館的名稱。在世界所有美術館中，烏菲茲以其豐富的意大利文藝復興繪畫作品收藏而獨具特色，其中文藝復興巨匠波提切利(Sandro Botticelli)的《維納斯誕生》及《春天》，更是不可錯過的珍藏。

烏菲茲美術館是意大利最大的美術館，在這裡不僅可欣賞到意大利最著名的文藝復興時期的繪畫作品，也同時可欣賞到來自西班牙、德國、荷蘭等國家的名畫傑作。館內共有45間展示室：2-6室是哥特式藝術展、7-14室是文藝復興初期的作品、15-29室是文藝復興鼎盛時期作品、30-45室是較近代的作品。

地：Piazzale degli Uffizi 電：05-5294883
時：周二至周日 8:15am-6:30pm
網：26 歐元，5 天聯票 39 歐元
（包括烏菲茲美術館 + 皮蒂宮 + 波波里花園）

Botticelli的《維納斯誕生》(La nascita Di Venere)

Botticelli另一名作《春天》(Primavera)

麥第奇家族宮殿 皮蒂宮 Palazzo Pitti

06 Map10-4 B5

乘D線巴士至Pitti站，下車即達

氣勢磅礴的皮蒂宮最初是為銀行家盧卡皮蒂建造，於1457年開始修建，在1550年成為麥第奇家族的主要居住地，後來佛羅倫斯城的所有統治者都居住於此。

皮蒂宮分為多間博物館，其中帕拉汀娜畫廊(Palatine Gallery)收藏16及17世紀的名畫，銀器博物館(Museo degli Argenti) 展示來自麥第奇家族的無數的珍品，近代繪畫館(Gallery of Modern Art) 收藏托斯卡尼省(Tuscan) 19-20世紀重要的畫作，皇室居庭(Royal Apartments)展出19世紀特色的家具擺設，加上服裝博物館、陶器博物館和音樂廳等，總稱為皮蒂美術館。皮蒂宮後的博博利庭院(Boboli Gardens)，則是一座靜謐優雅的花園。

地：Piazza Pitti, 1 50125 Florence
時：周二至周日 8:15am-6:30pm
電：055-213440 費：17 歐元，5 天聯票 39 歐元
網：https://www.uffizi.it/palazzo-pitti

皮蒂宮內的美術館 07

Map10-4 B5

帕拉汀娜畫廊 Galleria Palatina

皮蒂宮1樓

帕拉汀娜畫廊是皮蒂宮內的美術館，收藏著歷代麥第奇家族收集來的藝術珍品，這裡收藏了包括拉斐爾、波提切利、提香等藝術家的作品，這些作品被妥善安放在11間沙龍內。其中有5間沙龍的天花板上還有溼壁畫，都是對歷代麥第奇家族先人歌功頌德的畫作。其中最具有代表性的作品，是拉斐爾在文藝復興鼎盛時期的《椅子上的聖母》和《帶面紗的女士》。

《椅子上的聖母》

地：Piazza de' Pitti, 1
時：周二至周日 8:15am-7:00pm
電：055-23885
費：17 歐元 (已包括於皮蒂宮套票內)
網：www.uffizi.com

典型意式花園

Map10-4 B6

波波里花園 Giardino di Boboli 08

乘D線巴士至Pitti站，下車步行5分鐘即達

波波里花園位於皮蒂宮的內側，是典型的意大利式花園。從宮殿左側進入後，首先映入眼簾的是人工鐘乳洞及騎在烏龜上胖胖的小人的噴泉。穿過露天劇場，沿著種有松樹和杉木的小路，就到了一個檸檬與柑橘繁茂、還有小鳥的廣場。花園面積很大，依山而建，很多地方林木高聳，如同未著人跡的原始森林，點綴著富有層次的小房子和柏樹林的小山，有另類田園的感覺。

地：Piazza de Pitti 時：8:15am-6:30pm
電：055 2388786 網：11 歐元，5 天聯票 39 歐元

09 Map10-4 C2

麥第奇家族的私人教堂
聖羅倫佐教堂
Basilica di San Lorenzo

乘C1線巴士至San Lorenzo站，下車即達

1419年由布魯涅內斯基根據中古世紀教堂風格重新設計修建的聖羅倫佐教堂，是麥第奇家族的私人禮拜堂，由3個不同時代，建築風格也各不相同的部分構成，分別是舊聖器室、新聖器室和君主禮拜堂。其中布魯涅內斯基修建的舊聖器室屬於文藝復興初期的新古典主義風格，摒棄了多餘的裝飾，充滿優雅、清爽的氣息。米高安哲奴修建的新聖器室收藏了他的9尊雕像，遊客經過雅致的庭院可以登上米高安哲奴設計的台階，來到位於二樓的聖羅倫佐圖書館，這裡有麥第奇家族歷代收集的共1萬冊古書。

此外，由Matteo Nigetti於1604年設計的君主禮拜堂，運用大理石與珍貴石材鑲嵌出了華麗的內部裝飾；而毗鄰的麥第奇家族墓園內的兩座靈柩上的雕像，也是由米高安哲奴雕刻而成。

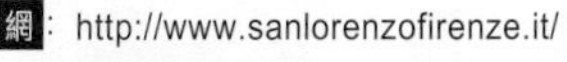

地：Piazza San Lorenzo 50123 Florence

時：10:00am-5:30p m，周日休息

電：055214042　費：9 歐元

網：http://www.sanlorenzofirenze.it/

佛羅倫斯大學城
聖馬可廣場 *Piazza San Marco*

10 Map10-4 D1

乘6、7、10、14、19、20、23、25、31線巴士至Museo Di San Marco站，下車即達

聖馬可廣場周圍林立著藝術學院、音樂院和佛羅倫斯大學等學校，在這裡經常可以看到背著畫筒的學生匆忙走過，因而被譽為是佛羅倫斯最具學術氣息的地方。廣場北側的聖馬可教堂是這裡的標誌建築之一，始建於13世紀，後在15世紀由麥第奇家族最寵愛的建築師米格羅佐擴建，至今依舊可以在教堂內欣賞到Beato Angelico創作的表達虔誠宗教信仰的壁畫。

地：Piazza San Marco

時：教堂 7:00am-12:30nn，4:00pm-8:00pm；教堂博物館：8:15am-1:50pm

費：教堂博物館 11 歐元

祈求美滿婚姻
聖母廣場 *Piazza della Santissima Annunziata*

11 Map10-4 D1

乘6、14、19、23、31線巴士至Ss. Annunziata站，下車即達

聖母廣場兩側的連續拱廊頗具特色，雖然遊客不多，不過卻有眾多佛羅倫斯本地人在這裡悠閒地享受陽光。聖母廣場上由布魯涅內斯基於1419年為孤兒院設計的古典風格圓拱，在文藝復興時期被眾多建築師所模仿，北側的聖母教堂(Basilica della Santissima Annunziata)由米格羅佐於1444-1481年重建，教堂內部的聖母壁畫是佛羅倫斯的宗教信仰象徵之一，婚後的新人們都會來到這裡獻上一束鮮花，祈求婚姻的和諧美滿。

地：Piazza Della Santissima Annunziata

時：聖母教堂：7:30am-12:30nn，4:00pm-6:30pm 開放

Map10-4
12
A2

豐富多彩的宗教壁畫

新聖母瑪麗亞教堂

Santa Maria Novella

乘6、11、12、36線巴士至Santa Maria Novella站，下車即達

始建於1279年，在1357年完工的新聖母瑪麗亞教堂，毗鄰佛羅倫斯火車站，教堂內部除了當時富有的佛羅倫斯家族修建的小祭堂外，豐富多彩的宗教題材壁畫也使整座教堂宛如美輪美奐的畫廊般吸引了各地的遊客。

由於教堂毗鄰火車站，大部分遊客甫一出站就會來到這裡，透過Capella Tornabuoni欣賞Ghirlandaio於1485年繪製的施洗約翰生平的壁畫，隔壁的Cappella di Filippo Strozzi內則收藏有Filippo Lippi創作的聖菲利普屠龍壁畫。此外，教士迴廊內還有當時麥第奇家族統治者柯西摩二世的西班牙家臣所使用的西班牙人大祭堂。

Filippo Lippi的作品

Ghirlandaio的作品

地：Piazza Santa Maria Novella 電：055-219257

時：周一至四 9:00am-5:30pm；周五 11:00am-5:30pm；周六 9:00am-5:30pm；周日及假日 1:00pm-5:30pm
（每月份的開放時間不同，以網上公佈為準）

費：博物館 7.5 歐元 網：https://www.smn.it/

古老藥妝店

新聖母瑪麗亞香料藥草藥房

13 Map10-4 A2

Farmacia di Santa Maria Novella

新聖母瑪麗亞教堂側

1221年多明尼哥教士在新聖母瑪麗亞教堂內栽種藥草，並開始製作各種藥膏和乳霜作為醫療用途。1612年教堂開始採納當時托斯卡尼大公的意見對外營業，迄今已有近800年的歷史。

現今藥房內經營的許多商品配方，依舊是根據當時流傳下來的配方所製成。歷史悠久的新聖母瑪麗亞香料藥草藥房充滿古樸風韻，舒緩的古典音樂與精緻高雅的商品包裝都帶給人們舒適的購物環境。店內共有3個廳堂：大廳主要經營臉部、身體護養及香水；旁廳經營的種類包括燻香與室內芳香水；第三廳中則展示舊時教士調配處方時的玻璃瓶罐，以及蜂蜜、糖果、橄欖油等有機食品。

地：Via della Scala, 16, 50123 Firenze, Italia
時：9:00am-8:00pm
電：055-216276
費：免費入場
網：http://farmaciecomunalifirenze.it/

完美雕塑大衛像

佛羅倫斯藝術學院美術館

Galleria dell' Accademia

14 Map10-4 D1

乘6、7、10、14、19、20、23、25、31線巴士至Museo Di San Marco站，下車行5分鐘即達

佛羅倫斯學院美術館成立於1563年，是歐洲最早的以教授藝術為主的學校。博物館最矚目的，首推高達5.5米的大衛像。據説米高安哲奴創作大衛時，所使用的石頭並非一座完好的大理石。米高安哲奴歷時3年創造了一個準備參加戰鬥的大衛，緊張的肌肉、專注的神情是那麼自然，大衛也成為了米高安哲奴的不朽之作。而米高安哲奴的另一座聖殤像(Palestrina Pieta) 也在此展出。除了雕塑品之外，這裡還收藏了15世紀佛羅倫斯藝術家的重要繪畫。

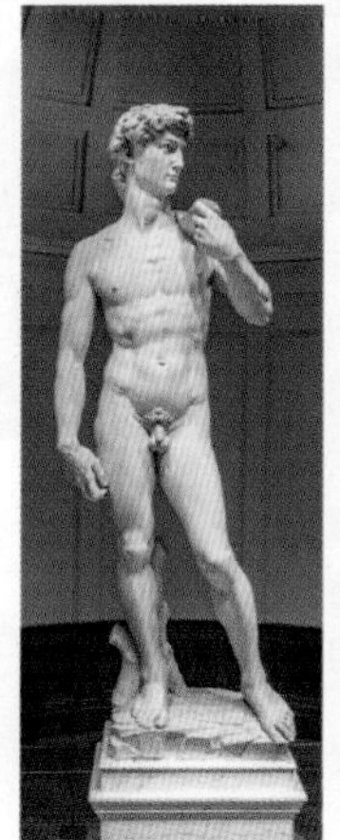

地：Via Ricasoli 60
時：周二至周日 8:15am-6:20pm
電：055-2388609
費：13 歐元
網：https://www.galleriaaccademiafirenze.it/

曾作監獄的博物館

巴傑羅宮國家博物館

Museo Nazionale del Bargello

15 Map10-4 D3

乘C2線巴士至Ghibellina - Baiana Viaggi站，下車即達

巴傑羅國家博物館始建於1256年，曾是一座監獄和政府官邸，是佛羅倫斯保存得最完好的中世紀建築。巴傑羅國家博物館由3座建築物構成，在1859年正式改為國家博物館。這裡主要收藏雕塑和裝飾藝術品，雕塑收藏涵蓋了從中世紀到文藝復興的各個時期；裝飾藏品則包括了陶瓷、玻璃、金屬、象牙、珠寶、漆器、織品等各種材料和工藝的作品，反映了不同時代的文化和藝術風格。

地：Via del Proconsolo, 4, 50122 Firenze
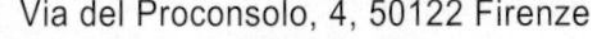
時：8:15am-1:50pm，周六日至 6:50pm，周二休息
電：0550649440 費：10 歐元

眺望佛羅倫斯全景
米高安哲奴廣場 *Piazzale Michelangelo*

16 Map10-4 E6

乘12、13線巴士至P. Michelangelo 01站，下車即達

米高安哲奴廣場位於佛羅倫斯市區南端的高地上，站在廣場上，可以眺望佛羅倫斯市的全景。廣場是由朱塞佩•波吉設計，始建於1868年，從廣場向佛羅倫斯城內望去，紅色磚瓦、古式建築、阿爾諾河、聖母百花大教堂的圓屋頂等等都看得清清楚楚。廣場建成時，中心擺放了米高安哲奴所雕刻的大理石雕像《大衛》。直至上世紀，佛羅倫斯市政府從保護雕塑的角度出發，將雕塑移進了佛羅倫斯美術學院，而廣場上則立了一座青銅製的大衛複製品。

地：Piazzale Michelangelo

欣賞《樓梯上的聖母》
米高安哲奴博物館 *Casa Buonarroti*

17 Map10-4 E3

乘C2、C3線巴士至Teatro Verdi站下車

位於Via Ghibellina的米高安哲奴博物館曾經是米高安哲奴的住所，1508年3月米高安哲奴成為這幢建築的主人，並在這裡居住了一段時間。當時的房屋現已被闢為博物館，遊客在這裡可以感受當時這位藝術大師的日常生活，此外還可以欣賞到米高安哲奴早期的一些作品，包括創作於米高安哲奴15歲時候的《樓梯上的聖母》(Madonna della scala)。

地：Via Ghibellina, 70, 50122 Firenze 電：055-241752
時：10:00am-4:30pm，周二休息 費：8 歐元
網：www.casabuonarroti.it

中世紀的最後一位詩人
但丁故居 Casa di Dante

18 Map10-4 C3

乘C2線巴士至Canto Alla Quarconia站，下車即達

但丁的故居位於市政廣場東邊的一條幽深街巷裡，沿著但丁街走到一個拐角處，眼前出現一座磚石結構的破舊小樓。要不是但丁半身塑像提醒，很難相信這就是但丁故居。但丁展室簡陋而陳舊，展品以圖片和文字資料為主，包括由羊皮紙裝訂成的《新生》、《宴會》、《神曲》等但丁詩作的手稿。在故居二樓展室的玻璃櫃台裡，還有1302年3月佛羅倫斯法庭對但丁的判決書—就是這紙判決書使但丁度過了20年的流亡生活。

地：Via Santa Margherita, 1, 50122 Firenze 電：055-219416
時：11 月至 3 月 週二至五 10:00am-5:00pm，周六、日 10:00am-6:00pm，4 月至 10 月 10:00am-6:00pm
費：8 歐元 網：https://www.museocasadidante.it/en/

鬧市街區中的教堂
聖靈教堂 Basilica of Santo Spirito

19 Map10-4 A5

乘C3、D線巴士至Sant'Agostino站，下車步行5分鐘即達

始建於1250年的聖靈教堂是奧古斯汀教派修建的一所修道院，由布魯涅內斯基於1444年重新設計改建教堂，15世紀末才最終完工，是這位傑出的建築師生前規劃的最後一件作品，其樸素的外觀帶有厚重古樸的風韻。此外，聖靈教堂所處的街區平日攤販聚集，有各種日用品和服飾；而夜幕降臨後沿街的小酒館和餐廳則聚集了眾多年輕的學生和背包遊客，充滿歡聲笑語。

地：Piazza di Santo Spirito 30
時：10:00am-1:00pm，3:00pm-6:00pm，假日 11:30am-1:30pm，3:00pm-6:00pm，周三休息
電：055-210030 網：www.basilicasantospirito.it

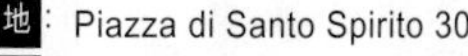

阿爾諾河上最古老的橋

老橋 Ponte Vecchio

Map10-4
B4

乘C3、D線巴士至Ponte Vecchio站，下車即達

阿爾諾河穿越佛羅倫斯，河上古橋眾多，其中最古老和最著名的橋樑要數「老橋」了。該橋建於1345年，河上大部分橋樑在第二次世界大戰被毀，只有「老橋」幸免於難。「老橋」整個橋身由花崗岩砌成，共有3個拱孔。橋面兩側商店鱗次櫛比，兜售工藝品和旅遊紀念品的地攤遍布橋面。橋的建築師菲奧拉萬特•內里的雕像矗立在「老橋」中部。有趣的是，橋兩側建有2-3層的居民住宅，宛如空中樓閣般掛在橋身上。橋上方還有一條空中走廊，將烏菲茲美術館與皮蒂宮連成一片。

地：PonteVecchio

眾多名人與藝術家的安息地

聖十字教堂 Basilica of Santa Croce

21 Map10-4 E4

乘C3線巴士至Magliabechi站，下車即達

聖十字教堂建於1294年，安置了多位重量級名人的紀念碑和陵墓，有藝術大師米高安哲奴、天文學家伽利略、政治家馬基維利、歌劇大師羅西尼等。米高安哲奴的陵墓是由瓦薩利所設計的，石棺下方有3個雕塑，分別代表著繪畫、雕刻和建築。教堂邊上的圓頂帕奇禮拜堂則是布魯內雷斯基所設計的，裝飾有阿尼奧洛 • 加迪1380年畫的壁畫《聖十字架傳説》。

教堂裡寬大的正偏三殿間以8棱列柱，列柱上飛起大跨度的雙沿尖頂連拱。從入口到三大殿盡頭，整個地板用舊墓石鋪成，教堂的彩窗皆為14世紀末期作品。

米高安哲奴的陵墓

地：Piazza Santa Croce 16
時：周一至周六 9:30am-5:30pm，
周日及假期 12:30nn-5:45pm
電：055-2466105　費：8 歐元
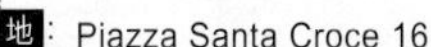
網：https://www.santacroceopera.it/en/

免費雕塑藝術廣場
領主廣場 Piazza della Signoria

Map10-4 C3 22

乘C2線巴士至Condotta站，下車即達

早在14世紀就已是佛羅倫斯政治中心的領主廣場，現今被譽為是佛羅倫斯最美麗的露天博物館。廣場四周最引人注目的建築是由當時著名建築師Arnolfo di Cambio設計的石砌建築老皇宮(Comune di Firenze)，這座1322年最終竣工的建築在1540年成為麥第奇家族的柯西摩一世的住所，現存的大量壁畫都是描述這位開創托斯卡尼大公國的君王的豐功偉績，廣場上的騎馬銅雕像正是柯西摩一世。

此外，在領主廣場四周的雕像也都與佛羅倫斯歷史上的重要事件息息相關，如海神噴泉代表托斯卡尼大公國對海上貿易的掌握；大衛像則是象徵佛羅倫斯的共和時期；而領主迴廊內則擺放了Giambologna的Ratto della Sabine與Cellini的Perseo兩座雕像，充滿藝術美感。

地: Piazza della Signoria

佛羅倫斯共和國的市政廳
韋奇奧宮 Palazzo Vecchio

23 Map10-4 C4

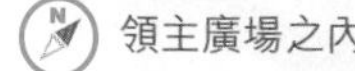

領主廣場之內

建於1294年的韋奇奧宮又名老皇宮，從1871年起至今一直是佛羅倫斯市政府所在地。米高安哲奴的著名雕塑作品《大衛》也曾擺放在韋奇奧宮門外，之後被移往藝術學院美術館收藏，並在廣場上擺放了一座複製品供遊客觀賞。此外，在韋奇奧宮二樓的16世紀沙龍曾經是佛羅倫斯共和國的會議室，室內裝飾著精美的巴爾扎利派繪畫，而三樓的13世紀沙龍則以精緻的穹頂和16世紀的佛羅倫斯地圖壁毯而聞名。

地: Piazza della Signoria

時: 博物館：9:00am-7:00pm，周四至 2:00pm；塔：9:00am-5:00pm，周四至 2:00pm

費: 韋奇奧塔 (Tower of Palazzo Vecchio)12.5 歐元，博物館 12.5 歐元

網: https://cultura.comune.fi.it/pagina/musei-civici-fiorentini/museo-di-palazzo-vecchio

名牌博物館
Gucci Garden

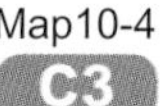

24 Map10-4 C3

乘C2線巴士至Condotta站，步行3分鐘

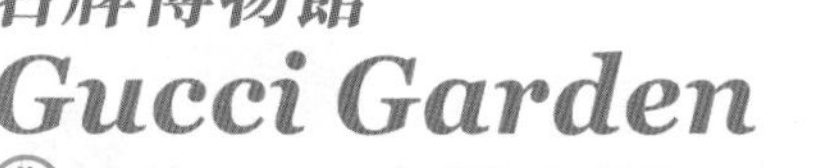

位於14世紀的宮殿古跡Palazzo della Mercanzia，地下是三星米芝蓮廚師Massimo Bottur主理的Gucci Osteria da Massimo Bottura餐廳，另一邊則是限定商品專門店，這裡有發售一些獨家限定及罕有的Gucci商品，更有主打家品Décor系列。而一、二樓則是藝廊，展示出不同風格和不同藝術家聯手的創作，亦有文獻、錄像等，講述Gucci的歷史，絕對是一個可看又可買的時尚天堂！

地: Piazza della Signoria, 10, 50122 Firenze 電: 055-7592 7010

時: 10:00am-7:00pm，Gucci Osteria da Massimo Bottura 餐廳 12:30pm-3:00pm，7:30pm-10:00pm (須預約)

費: 成人 8 歐元，12 歲以下免費入場 網: www.gucci.com/us/en/st/stories/visions/article/gucci_garden

麥第奇家族的住所

麥第奇-里卡迪宮 Palazzo Medici Riccardi

25 Map10-4 C2

乘C1線巴士至San Lorenzo站，下車步行5分鐘即達

始建於1444年的麥第奇-里卡迪宮毗鄰聖羅倫佐教堂。從1460年起，約100年時間內麥第奇-里卡迪宮都一直作為麥第奇家族的住宅。建築內的小禮拜堂裝飾有貝諾佐•戈佐利創作的濕壁畫《三王朝聖》：以聖經東方三王朝拜耶穌降生為題，實際描繪了麥第奇家族領主出行圖。

《三王朝聖》

地：Via Camillo Cavour, 3, 50129 Firenze
時：9:00am-7:00pm，周三休息
電：55-2760340　費：10 歐元
網：www.palazzo-medici.it

記載人類文明的葡萄酒

阿雷希酒窖 Enoteca Alessi

Map10-4 C3 26

由聖母百花大教堂步行約5分鐘即達

毗鄰聖母百花大教堂的阿雷希酒窖，隱匿在一條中古世紀的小巷之中。酒窖的地下室設有面積達300平方米的酒窖，在完美控制溫度與濕度的環境下，保存了上千種不同產地的葡萄酒，是喜愛葡萄酒的遊客在佛羅倫斯不可錯過的一處地方。

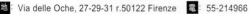

地：Via delle Oche, 27-29-31 r.50122 Firenze　電：55-214966
時：周一至六 10:30pm-7:00pm　網：https://www.enotecaalessi.it/

新鮮美食集中地
佛羅倫斯中央市場 Mercato Centrale

27 Map10-4 B1

由佛羅倫斯中央火車站步行約7分鐘

近年經歷翻修的中央市場，共有兩層，一樓專賣新鮮食物及乾貨，也可採購有機橄欖油、黑醋、香料及松露等作為手信，至於二樓則是Food court，意粉、Pizza等食物，但當中有一間百年老店Da Nerbone的招牌牛肉包及牛肚包，就是遊客的必食之選。

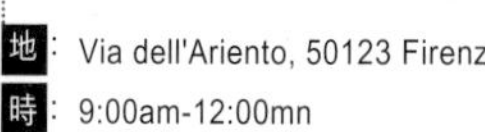

地：Via dell'Ariento, 50123 Firenze, Italy
時：9:00am-12:00mn
網：www.mercatocentrale.it

意大利最美麗的紫藤隧道
巴爾迪尼花園 Giardino Bardini

28 Map10-4 C6

自駕或乘的士至花園入口Villa Bardini進入花園

Giardino Bardini的起源可以追溯到13世紀，它最初是一個修道院的花園。它後來成為Bardini家族所擁有的別墅的一部分，於2006年經過修復後向公眾開放。這座花園佔地4公頃，分為幾個不同的區域，包括巴洛克式的台階、菖蒲花園、英式草坪、果園和森林。花園的最大特色是一條紫藤隧道，每年四月至五月間開放，吸引了許多遊客來欣賞它的美麗。此外，花園還擁有一條壯麗的陡峭階梯，稱為「大階梯」，被認為是意大利最美麗的階梯之一，通往山頂俯瞰佛羅倫斯的全貌。

地：Costa S. Giorgio, 2-4, 50125 Firenze　電：05520066233
時：10:00am-7:30pm，周一休息
費：10歐元，17歲以下免費（包括參觀花園及博物館）
網：https://www.villabardini.it/

美食大觀園
Eatly Florence

29 Map10-4 C2

由聖羅倫佐教堂步行約10分鐘

佛羅倫斯不但是藝術之都，也有悠久而深厚的飲食文化。所以意大利高端食品概念店Eatly在這裡「插旗」，也選址有140年歷史的San Lorenzo市場。店內展銷各種高檔食材，包括火腿、松露、香料以及各種葡萄酒等。此外，Eatly又設有多間餐廳，甚至會定期舉辦大人及小朋友的烹飪工作坊，致力向佛羅倫斯的市民及遊客，推廣意大利的博大精深的飲食藝術。

地：Via De' Martelli, 22 R -50129 Firenze
時：周一至四 9:30am-9:30pm，周五至日到 10:00pm
電：39-055-0153601
網：https://www.eataly.net/eu_en/stores/florence

近一世紀雪糕專家
Vivoli Gelateria

30 Map10-4 D3

乘巴士C1、C3或23線至Verdi站下車步行3分鐘

Vivoli是佛羅倫斯意式雪糕的老店，始創於1929年。不說不知，在上世紀電冰箱都未出現的時代，店家是靠在附近亞平寧山脈(Apennines)買冰來製作雪糕。結集近百年的經驗，Vivoli出品的雪糕幼滑香濃，被譽為佛羅倫斯10大雪糕之一。除了雪糕，在這裡還可以品嘗Semifreddo(以忌廉製作的半冷凍甜點)及affogato(忌廉咖啡)，都是非常傳統的佛羅倫斯甜品。

Affogato就是忌廉溝咖啡，味道苦中帶甜，非常特別。

地：Via Dell'Isola delle Stinche, 7r,50122 Firenze
時：周二至周六 8:30am-6:00pm，周日開 9.30am，周一休息
電：39 055 292334
網：https://vivoli.it/en/home-2/

一蚊雞雪糕
Gelateria La Carraia

Map10-4
A4
31

乘巴士C3、C4線至Piazza Sauro站下車步行2分鐘

意大利雪糕店星羅棋布，要打響名堂一定要有與別不同的噱頭。Gelateria La Carraia由靚太La Carraia於1990年創立。出品除了質優口味多，店家又以超優惠價招來顧客——雪糕(單款口味)連同雪糕筒只售一歐元。雖然價錢吸引，但製作絕不馬虎，所有雪糕都是當天新鮮手工製作，口味分Classic及Fruit兩大類接近40款。不過因為訂價太吸引，可能要預較多時間排隊輪候。

地：Piazza Nazario Sauro 25r, 50123 Firenze
時：11:00am-12:00mn 電：39 055 280695
網：http://www.lacarraiagroup.eu/

【佛羅倫斯牛排巡禮】

佛羅倫斯牛排，又稱為佛羅倫斯熟成牛排(Florentine steak)。佛羅倫斯牛排都採用吉亞納牛(Chianina)，這種牛體形巨大而運動量大，瘦肉比例高於其他牛種。最常使用的是西冷牛肉的T型骨部分，而且只能用木炭大火烘烤。佛羅倫斯牛排的特點是其厚實的切面和肉質的鮮嫩，讓人回味無窮。

150年老字號
Antico Fattore

Map10-4
C4
32

由烏菲茲美術館步行約3分鐘

Antico Fattore位於烏菲茲美術館附近，創立於1865年。150年來，這裡一直是佛羅倫斯藝術家及文學家的「御用飯堂」，享用這裡馳名的佛羅倫斯T骨牛排之餘，一邊交通創作心得。1931年，更有以餐廳之名的文學獎(Antico Fattore Literary Prize)設立，表揚優秀的文學家，其中包括後來1993年諾貝爾文學獎得主Toni Morrison(1989年獲獎)，是一間真真正正的文青餐廳。

地：Via Lambertesca, 1 50122 Firenze 電：39 055 288975
時：12:00nn-3:30pm，7:00pm-10:30pm
網：http://www.anticofattore.it/

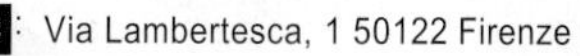

牛排專家 Trattoria Zàzà

33 Map10-4 C1

佛羅倫斯中央車站步行10分鐘

Trattoria Zàzà自1977年開業以來，一直提供傳統的托斯卡尼和佛羅倫斯美食。餐廳的T骨牛排每一塊都重達1.2公斤，經過精心的選擇和烹調，肉質鮮嫩多汁，香氣撲鼻。除了牛排，餐廳還提供各種意大利麵、沙律、湯、甜點和葡萄酒，都是用新鮮的當地食材製作的。餐廳的裝飾風格是典型的托斯卡尼風格，以木頭和石頭為主，牆上掛滿了老照片和畫作，營造出一種溫馨和親切的氛圍。

店家控制牛排的成熟度剛剛好，雖有些血卻不失牛肉的鮮嫩。

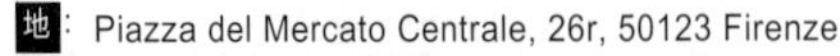

地：Piazza del Mercato Centrale, 26r, 50123 Firenze

時：11:00am-11:00pm 電：39-055-215411

網：https://www.trattoriazaza.it/

百變菜單 Trattoria Mario

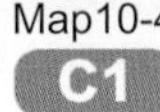

34 Map10-4 C1

由佛羅倫斯中央市場步行5分鐘即達

鄰近佛羅倫斯中央市場的Trattoria Mario，創立於1953年。餐廳的傳承已經超過半個世紀，保留著意大利傳統菜肴的精髓，並以提供新鮮、簡單而美味的食物而聞名。這裡的佛羅倫斯牛排以其優質的質量和烹飪技巧而聞名，不過只有5成熟的選擇。至於其他菜肴，款式卻是每天不停更換。餐廳最受歡迎的菜品之一是Ribollita，這是一道傳統的托斯卡納菜，由蔬菜、麵包和豆類組成，口感豐富，香氣撲鼻。

與生牛排打卡是這裡的指定動作。

Ribollita有點其貌不揚，但很美味。

一份牛排的份量，起碼要二至三人才能KO。

地：Via Rosina, 2r, 50123 Firenze 電：055218550

時：12:00nn-3:00pm，周四、五增設 7:30pm-10:00pm，晚市、周日休息

網：http://www.trattoriamario.com/

靚景配美食
La Loggia del Piazzale Michelangelo

35 Map10-4 E6

乘12線巴士至Piazzale San Miniato站，步行5分鐘

餐廳坐落在著名的米開朗基羅廣場，本身是一座古建築，有美麗幽雅的拱廊，明亮的大窗。客人可以在餐廳的露天座位上享受用餐，同時欣賞到佛羅倫斯市區的美景，包括聖母百花大教堂、阿爾諾河和佛羅倫斯的古老建築。尤其在黃昏時分，當太陽逐漸落下，城市的燈光點亮時，這裡的景色格外迷人。餐廳提供各種傳統的意大利菜肴，包括新鮮的海鮮、精緻的意大利粉、薄餅和佛羅倫斯牛排。讓客人可以一邊享用美食，一邊俯瞰整個城市的壯麗景色。

地：Piazzale Michelangelo, 1, 50125 Firenze
電：0552342832 時：12:00nn-11:00pm
網：https://www.ristorantelaloggia.it/

牛排專家
Trattoria Dall'Oste

36 Map10-4 C2

由聖母百花大教堂步行5分鐘即達

Trattoria Dall'Oste在 佛羅倫斯有三家分店，分別在聖洛倫佐廣場、奧里切拉里街和杜奧莫附近。餐廳專門提供傳統的托斯卡尼和佛羅倫斯美食，特別是牛排。餐廳供應的肉類選擇高達12種，來自世界各地，除了佛羅倫斯，還包括安格斯、和牛和神戶牛。每種牛肉都經過精心的選擇和熟成，以保證肉質的鮮嫩和風味。餐廳還提供各種意大利麵、沙拉、湯、甜點和葡萄酒，都是用新鮮的當地食材製作的。

貪心的食客可以一次過品嚐不同肉類。

除了傳統的牛排，連美式漢堡包都有提供。

餐廳門口的肉類熟成櫃非常壯觀，是打卡的熱點。

地：Borgo S. Lorenzo, 31, 50121 Firenze
電：0552026862 時：12:00nn-10:30pm
網：https://www.trattoriadalloste.com/

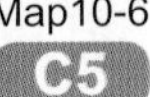

Map10-6 C5

迷人的高塔之城
聖吉米納諾 San Gimignano

在佛羅倫斯新聖母瑪麗亞車站（Firenze S.M.N）旁邊乘SITA長途巴士，約需要70分鐘即達

位於托斯卡尼地區的聖吉米納諾是一座風光迷人的山城，在中古世紀時，這座小城曾經是信徒從歐洲北部南下前往羅馬朝聖的主要休息站，曾經繁榮一時。在1348年瘟疫席捲托斯卡尼地區後，朝聖的信徒們被迫改道，這座古老的山城也逐漸走向沒落。

現今的聖吉米納諾充滿古樸風韻，城中的古建築隨處可見，其中建於1239年的領主宮毗鄰主教堂，簡樸的外觀與擁有大量精美壁畫的內部裝飾形成強烈對比，吸引了眾多遊客專程慕名而來。此外，古城內擁有眾多錯落有致、高聳向天的古老磚塔，成為了聖吉米納諾最引人注目的標誌之一。

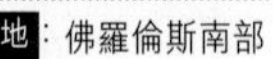

地：佛羅倫斯南部

電：0577-940008（旅遊服務中心）

中世紀風情的古城 西恩納 *Siena*

38 Map10-6 D5

在佛羅倫斯新聖母瑪麗亞車站（Firenze S.M.N）乘火車至西恩納火車站即達

位於山丘上的西恩納歷史悠久，城中的街道沿著山勢蜿蜒曲折，兩旁林立著眾多古老的建築。13-14世紀曾經是西恩納歷史上最繁榮的時期，其後瘟疫橫行，復遭佛羅倫斯的軍隊圍城，使得原本繁榮的西恩納變成托斯卡尼大公國的臣屬，而曾經忙碌的建築工程也全部停止，古老的西恩納也就此停留在遙遠的中世紀。

現今，西恩納的古城中依舊充滿濃濃的中世紀情調，始建於12世紀的主教堂是阿爾卑斯山以南罕見的純哥特式風格建築，教堂的右側長廊由於瘟疫而停工，現今被闢為大都會作品博物館，收藏有西恩納畫派大師Duccio創作的《莊嚴的聖母》等名作。

地：Piazza del Campo, 1 Siena (西恩納主教堂 Comune Di Siena)

時：4 月 1 日至 10 月 31 日 10:00am-7:00pm，假日 1:30am-6:00pm
11 月 1 日至 10 月 31 日 10:30am-5:00pm，假日 1:30am-5:30pm
12 月 26 日至 1 月 6 日 10:30am-6:00pm，假日前夕 1:30am-5:30pm

費：8 歐元

《莊嚴的聖母》
(Rucellai Madonna)

超跑的榮耀和歷史

法拉利博物館 Museo Ferrari

39 Map10-6 C1

在佛羅倫斯新聖母瑪麗亞車站（Firenze S.M.N）乘火車至馬拉內羅(Maranello)火車站，再轉乘法拉利博物館接駁巴士前往，每半小時一班車

在馬拉內羅，法拉利引擎的旋律就像是小城鐘樓的鐘聲。毗鄰法拉利總部的法拉利博物館雖然不大，但是裡面停滿了法拉利參加F1比賽以來絕大多數的賽車和獎杯；展館的二樓擺放了許多對法拉利公司有劃時代意義的產品：無論是1951年款形似鋼筆帽的Ferrari 166 F2，或是2009年最新款的Ferrari 458，40多款不同時期的法拉利車貫穿起一段紅色的歷史。

博物館入口處有一款經典的F2004，是帶著液晶屏的仿真模型，專供孩子們體驗虛擬駕駛的樂趣。博物館內還能找到歷代的皇者賽車。在法拉利的創意畫作展廳裡，陳列著北京藝術家盧昊為Ferrari 599 GTB設計的車前蓋。這款陶瓷版法拉利融入了豐富的中國傳統元素：如整體採用宋代五大窯之一的哥窯開片風格，又將昆侖和田玉的潤美質感包容其中。

地：Via Alfredo Dino Ferrari, 43, 41053 Maranello MO

時：11 月至 3 月 9:30am-6:00pm，4 月至 5 月 9:30am-7:00pm，6 月至 8 月 9:00am-7:00pm，9 月至 10 月 9:30am-7:00pm

費：成人 22 歐元，學生和長者 18 歐元，19 歲以下 (家長陪同)9 歐元，5 歲或以下免費

網：https://www.ferrari.com/en-EN/museums/ferrari-maranello

溫泉度假勝地

蒙特卡蒂尼 Montecatini Terme

40 Map10-6 C3

在佛羅倫斯新聖母瑪麗亞車站（Firenze S.M.N）乘往盧卡(Lucca)的火車，於途中的蒙特卡蒂尼(Montecatini)站下車，車程約40分鐘

位於托斯卡尼大區北部的溫泉小城蒙特卡蒂尼地處亞平寧山脈的南麓，是意大利著名的溫泉度假勝地。水質清澈、可直接飲用的蒙特卡蒂尼溫泉含有豐富的硫黃和蘇打，具有解毒的功能，據説對緩解腸道疾病、排除腎功能障礙和消除結石療效顯著，早在羅馬時代便是著名的溫泉療養地。

地：Montecatini-terme, PT, Italia

聖多明尼哥安息之處

聖多明尼哥教堂 Chiesa di San Domenico

41 Map10-6 D3

在佛羅倫斯新聖母瑪麗亞車站（Firenze S.M.N）乘至Binario.S.M.V.，出站後再轉乘巴士至San Domenico下車即達

聖多明尼哥教堂建於12世紀，是紀念基督教聖多明尼哥會的創始人聖多明尼哥的教堂，聖多明尼哥逝世後就埋葬在這裡。這座大教堂被分為內外兩個部分，以巴洛克風格為主，但又包含哥德和中世紀的建築特徵，高聳的阿羅馬鐘樓建造於13世紀，是大教堂的制高點。

這座教堂中還珍藏著許多藝術大師的結晶，尤以文藝復興時期的各種作品居多，最珍貴的當屬米高安哲奴的傑作。聖多明尼哥的墓室中有著精美的壁畫，上面刻繪的是他一生傳教行善的事跡。教堂前面的廣場是用鵝卵石鋪成的，這裡是中世紀時代牧師們進行傳教的地方。

地：Piazza San Domenico, Fiesole 電：055-59230

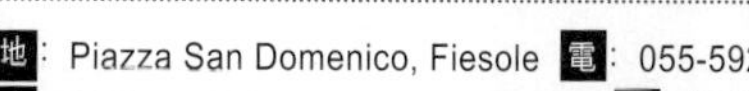

時：9:00am-1:00pm，5:00pm-7:00pm 費：免費

網：https://www.domenicani-palermo.it/chiesa.html

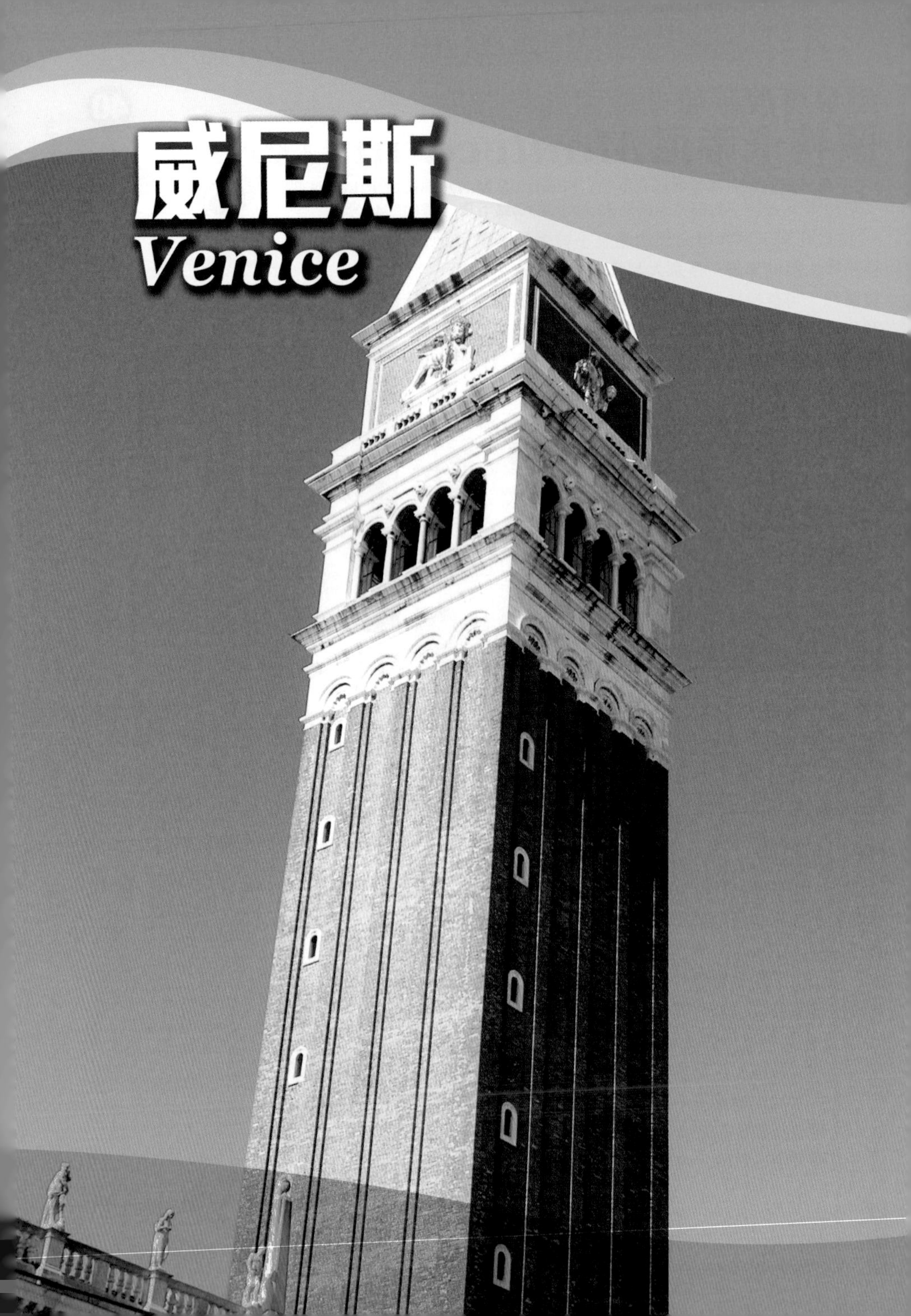
威尼斯
Venice

被稱為「尊貴的共和國」的威尼斯位於意大利東北部，是亞得里亞海重要港口。城市建於離岸4公里的海邊淺水灘上，平均水深1.5米。有鐵路、公路橋與陸地相連。威尼斯由118個小島組成，並以150條水道、400座橋樑聯成一體，面積412平方公里。

對外交通

航空

威尼斯有馬可波羅-威尼斯機場(Marco Polo Airport)和聖朱塞佩機場(San Giuseppe Airport)兩座機場，其中距離威尼斯城15公里的馬可波羅-威尼斯機場比較現代化，每天有來自歐洲各地的航班在這裡起落，是威尼斯最主要的民用機場。遊客從機場可以乘坐機場穿梭巴士到Alilaguna水上巴士站，換乘水上巴士到聖馬可廣場約1小時。

鐵路

威尼斯桑塔•露琪亞火車（Santa Lucia）站靠近老城區，有火車直達帕多瓦、維羅納、米蘭、羅馬、佛羅倫斯和波隆那等城市的火車，遊客也可以從法國、德國、奧地利、瑞士、斯洛文尼亞和克羅地亞的大火車站坐火車抵達。在威尼斯火車站可以乘水上的士、水上巴士前往旅館或各個景點，到聖馬可廣場步行只需20-30分鐘。

市內交通

水上的士 Taxi Acquei

威尼斯的水上的士分為按固定及非固定路線航行兩種，夜間行駛和假日加收費用。不固定路線的水上的士4位乘客(含每人一件行李)起錶價為15歐元，每分鐘2歐元，電召附加5歐元費用，晚間10:00pm起額外收費10歐元，額外行李每件徵費3歐元。第5位或以上乘客(含每人一件行李)城市路線每位額外收費5歐元，島嶼路線則為10歐元。

貢多拉

貢多拉（Gondola）是一種典型威尼斯船。船身全漆黑色，並悉心布置，由身穿特色水手衫和頭戴草帽的船夫站在船尾划動。每艘貢多拉可乘載5位客人，每艘花費約為80歐元(7:00pm-3:00am為100歐元)，遊覽時間為30分鐘。雖然收費不便宜，卻可以乘坐威風的小船穿越威尼斯，探索城市內最隱秘的角落，是乘坐大路的水上巴士無可媲美。

水上巴士

威尼斯沒有公路，也沒有汽車，遊客除了乘坐貢多拉和的士外，還可以選擇乘坐被稱為「Vaporetto」的水上巴士。當中1線和2線是繁忙路線，1線巴士停靠大運河的每個浮碼頭，約每十分鐘一班，2線則是快速路線，但只停5個碼頭；4線和5線是環島路線，不經大運河。船票種類包括：

單程票(Biglietto di corsa semplice)	9.5歐元
1天票(Biglietto un giorno)	25歐元
2天票(Biglietto due giorni)	35歐元
3天票(Biglietto tre giorni)	45歐元
7天票(Biglietto sette giorni)	65歐元

＊單程票必須於75分鐘內使用；
小孩6歲以下免費，6歲或以上全費

船票可在碼頭及遊客中心購買。

網 www.actv.it

威尼斯城市通 Venezia Unica City Pass

CITYPASS
VENEZIA
UNICA

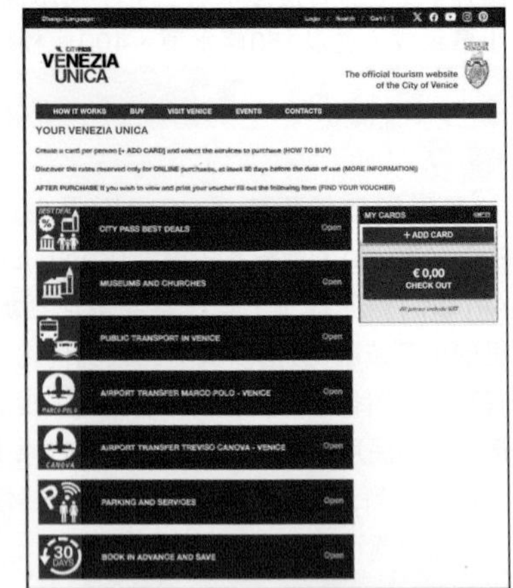

除了景點參觀，更能一次過購買交通及各種服務。

服務範圍包括參觀景點、乘搭公共交通工具、使用洗手間、使用WiFi熱點以及來往機場交通等。每項服務有不同價錢，可根據所需在網上購買，一碼在手通行無阻。30日前預購另有優惠。

注意：參觀景點的City Pass並不包含交通，需要交通服務請另行加購。

參觀景點的City Pass分兩種：All Venice 和 ST. MARK's，內容不只參觀景點，更包括店舖、餐廳、行李寄存等優惠，十分划算。另每款均可選擇是否參觀鳳凰劇院。使用範圍如下：

All Venice： 聖馬可博物館、威尼斯其他11間市立博物館及17間教堂、奎利尼·斯坦帕里亞基金會

ST. MARK's： 聖馬可博物館及三間指定教堂(百合聖母教堂、聖斯德望堂、至美聖瑪利亞堂)、奎利尼·斯坦帕里亞基金會

任何一款Citypass+Fenice： Citypass內容+鳳凰劇院導賞團(含語音導賞)

特別注意的是使用Citypass參觀景點並沒有限期，可使用至離開威尼斯，惟總督宮必須在購買Citypass時選擇參觀日期及時間。

種類	Junior(6-29歲)	Adult(30-64歲)	Senior(65歲或以上)
All Venice	31.9歐元	52.9歐元	31.9歐元
All Venice + Fenice	38.4歐元	63.9歐元	39.9歐元
ST. MARK's	23.9歐元	38.9歐元	23.9歐元
ST. MARK's + Fenice	30.4歐元	49.9歐元	31.9歐元
家庭優惠：凡2位大人+1位14歲或以下兒童，所有家庭成員都能以Junior價格購買。5歲或以下兒童免費。			

截至2023年12月

購買網頁： https://www.veneziaunica.it/en/e-commerce/services

使用方法： 網上購買後，在確認電郵獲得預約碼，憑預約碼便能直接參觀景點；若有購買交通券，乘搭前則需在ACTV售票機或任何ACTV和Venezia Unica 銷售點取實體票。

ACTV和Venezia Unica 銷售點：

https://www.veneziaunica.it/en/content/venezia-unica-agencies-and-venezia-unica-ticket-points

購買網頁： https://www.veneziaunica.it/en/e-commerce/services

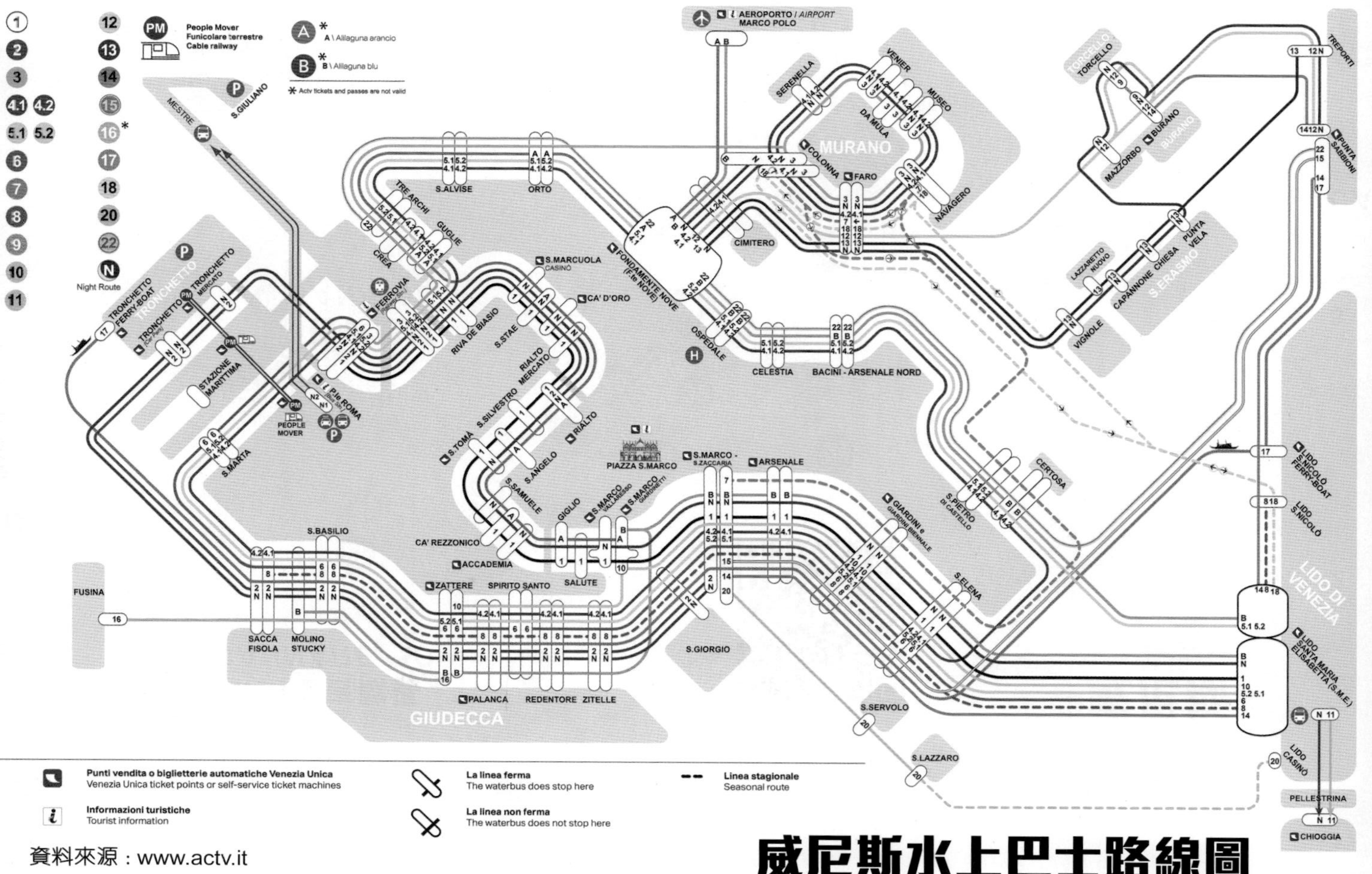

People Mover
Funicolare terrestre
Cable railway
A \ Alilaguna arancio
B \ Alilaguna blu
* Actv tickets and passes are not valid
Night Route
AEROPORTO / AIRPORT MARCO POLO
MESTRE
S.GIULIANO
TRONCHETTO
TRONCHETTO FERRY-BOAT
TRONCHETTO MERCATO
STAZIONE MARITTIMA
PEOPLE MOVER
P.le ROMA
FERROVIA
S.MARTA
TRE ARCHI
GUGLIE
CREA
S.ALVISE
ORTO
RIVA DE BIASIO
S.STAE
S.MARCUOLA CASINÒ
CA' D'ORO
RIALTO MERCATO
RIALTO
S.SILVESTRO
S.TOMÀ
S.ANGELO
S.SAMUELE
CA' REZZONICO
ACCADEMIA
GIGLIO
S.MARCO VALLARESSO
S.MARCO GIARDINETTI
SALUTE
PIAZZA S.MARCO
S.MARCO - S.ZACCARIA
ARSENALE
GIARDINI e GIARDINI BIENNALE
S.ELENA
S.PIETRO DI CASTELLO
CERTOSA
FONDAMENTE NOVE (F.te NOVE)
OSPEDALE
CELESTIA
BACINI - ARSENALE NORD
CIMITERO
MURANO
COLONNA
FARO
SERENELLA
VENIER
DA MULA
MUSEO
NAVAGERO
TORCELLO
BURANO
MAZZORBO
TREPORTI
PUNTA SABBIONI
VIGNOLE
LAZZARETTO NUOVO
CAPANNONE
CHIESA
PUNTA VELA
S.ERASMO
LIDO S.NICOLÒ FERRY-BOAT
LIDO S.NICOLÒ
LIDO DI VENEZIA
LIDO SANTA MARIA ELISABETTA (S.M.E.)
LIDO CASINÒ
PELLESTRINA
CHIOGGIA
S.SERVOLO
S.LAZZARO
S.GIORGIO
FUSINA
SACCA FISOLA
MOLINO STUCKY
S.BASILIO
ZATTERE
SPIRITO SANTO
PALANCA
REDENTORE
ZITELLE
GIUDECCA
Punti vendita o biglietterie automatiche Venezia Unica
Venezia Unica ticket points or self-service ticket machines
Informazioni turistiche
Tourist information
La linea ferma
The waterbus does stop here
La linea non ferma
The waterbus does not stop here
Linea stagionale
Seasonal route
資料來源：www.actv.it
威尼斯水上巴士路線圖

MAP 11-4
威尼斯
北
Google Map
下載
卡納雷吉歐區
CANNAREGIO
聖保羅區
SAN POLO
聖馬可區
SAN MARCO
DORSODURO
Venezia
San Girolamo
Rio della Sensa
Rio della Misericordia
Rio di Noale
Rio de la Fava
della Crea
CAS
A
B
C
D
E
1
2
3
4
01
02
03
04
05
06
07
09
14
15
16
17
18
19
20
21
22
23
24
25
26
27
28
29
30
31
32
33
35
37
38
39
40
41
42
43
44
45
46
47
48
49

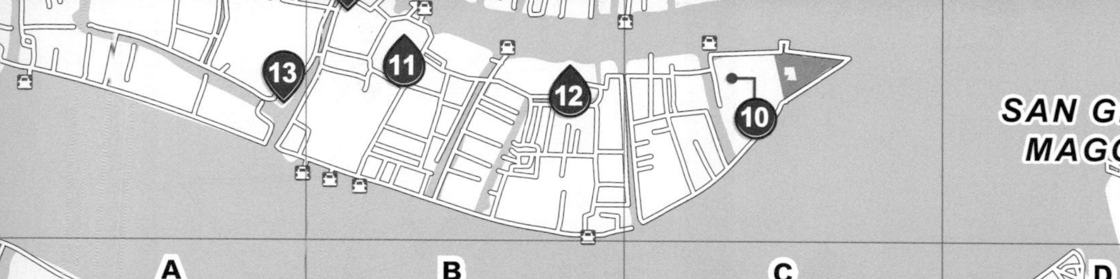

01 聖馬可廣場 Piazza S. Marco 11-9
02 聖馬可大教堂 Basilica di S. Marco 11-10
03 時鐘塔樓 Torre dell'Orologio 11-11
04 聖馬可鐘樓 St Mark's Companile 11-11
05 鑄幣廠 La Zecca 11-12
06a 科雷爾博物館 Museo Correr 11-12
06b 總督宮 Palazzo Ducale 11-13
07 嘆息橋 Ponte dei Sospiri 11-13
08 哈利酒吧 Harry's Bar 11-14
09 大運河 Canal Grande 11-14
10 安康聖母教堂 Santa Maria della Salute 11-15
11 藝術學院美術館 Gallerie dell'Accademia 11-15
12 佩姬・古根海姆美術館 Collezione Peggy Guggenheim 11-16
13 聖特洛瓦索造船廠 Squero di San Trovaso 11-16
14 雷佐尼科宮 Ca'Rezzonico 11-17
15 葛拉西宮 Palazzo Grassi 11-17
16 佛斯卡利宮 Ca'Foscari 11-18
17 聖保羅教堂 Chiea di S. Polo 11-18
18 榮耀聖母教堂 Santa Maria Gloriosa dei Frari 11-19
19 憲法橋 Ponte di Rialto 11-20
20 憲法橋畔市場 Mercati di Rialto 11-21
21 奇蹟聖母教堂 Santa Maria dei Miracoli 11-22
22 聖喬凡尼與保羅教堂 Santa Giovanni e Paolo 11-22
23 舊驛站老餐館 Antica Trattoria Poste Vecie 11-23
24 聖母小廣場 Campo Santa Maria Formosa 11-23
25 黃金宮 Galleria Franchetti 11-24
26 佩沙羅宮 Cà Pesaro 11-24
27 土耳其人倉庫 Fondaco dei Turchi 11-25
28 文德拉明宮 Palazzo Vendramin-Calergi 11-25
29 猶太人區 Ghetto 11-26
30 菜園聖母院 Chiesa della Madonna dell'Orto 11-26
31 摩爾人小廣場 Camop dei Mori 11-27
32 斯拉夫人宮 Palazzo Schiavoni 11-27
33 海洋歷史博物館 Museo Storico Navale 11-28
34 聖喬治馬喬雷教堂 Chiesa di S. Giorgio Maggiore 11-28
35 Ristorante la caravella 餐廳 11-29
36 Taverna san trovaso 餐廳 11-29
37 油畫咖啡店 Caffè Quadri 11-30
38 花神咖啡店 Caffè Floria 11-30
39 DFS 百貨 11-31
40 Bar Rialto da Lollo 三文治 11-32
41 Pizza Antico Forno 薄餅店 11-32
42 Suso Gelatoteca 雪糕店 11-33
43 Palazzina The Restaurant 11-33
44 Bistrot de Venise 餐廳 11-34
45 Al Chianti 餐廳 11-34
46 I Tre Mercanti 甜品店 11-35
47 Farini 餐廳 11-35
48 Fried Land 餐廳 11-36
49 Dal Moro's 餐廳 11-36

MAP 11-6 威尼斯周邊

穆拉諾島 Murano
52
聖伊拉斯莫島 Sant'Erasmo
Via dei Forti
Punta
Lungomare Dante Alighieri
威尼斯 Venezia
CASTELLO
聖馬可區 SAN MARCO
朱代卡島 Giudecca
50

Bassano del Frappa
斯基奧 Schio
卡斯拉泰爾夫蘭科捷韋內托 Castelfranco Veneto
特雷維索 Treviso
維琴察 Vicenza
Arzignano
Mirano
54
維羅納 Verona
San Bonifacio
53
帕多瓦 Padova
威尼斯 Venezia
Abano Terme
Parco Regionale dei Colli Euganei
北

威尼斯玩樂

美食

威尼斯菜餚最大的特點就是將海鮮和陸地菜絕妙地協調起來，特色菜有被當地人稱為「安提帕斯托」(Granseda.alla veneziana)的扇貝螃蟹沙律、意式茄汁燴肉飯、醋漬沙丁魚、西紅柿填餡、蛤仔意大利粉都很有名。此外，作為美味的葡萄酒的產地，威尼斯的紅、白葡萄酒都非常有名。

購物

威尼斯歷來以能工巧匠和精巧的手工藝品聞名，威尼斯最好的購物街在從憲法橋(Ponte di Rialto)連接聖馬可廣場的附近，和桑塔露琪亞火車站(Venezia Santa Lucia)往東延伸的Lista di Spagna周圍，遊客可以購買玻璃製品、蕾絲花邊、狂歡節面具和可愛的大理石紙等紀念品。

娛樂

娛樂色彩濃厚的威尼斯狂歡節是意大利最有名的節日之一，而威尼斯河道中的貢多拉則是當之無愧的最富有特色的娛樂項目。黃昏時分乘貢多拉平底船在運河上穿過一座座充滿故事的橋、聽著船夫憂郁的意大利民歌、眺望或壯麗或滄桑的建築，都充滿浪漫情調。

威尼斯玩樂

狂歡節 Carnevale

時間：大齋節前10日至懺悔周二（約2月中左右）

狂歡節是威尼斯最重要的節日之一，始於11世紀時強盛的威尼斯，於18世紀漸微，直到1979年又恢復舉辦，最精彩的莫過於街上遊行隊伍中創意十足的裝扮與面具。

聖馬可節 San Marco

時間：4月26日

聖馬可節在聖馬可廣場舉辦，是為紀念威尼斯守護神聖馬可的節日。除了在聖馬可廣場舉辦賽船外，這一天男人還會送女人玫瑰花，同時威尼斯燴飯是這個節日的應景菜。

海親節 La Sensa

時間：復活節後40天

海親節也稱「耶穌升天節」，節日期間的威尼斯會在大運河上舉辦長途划船比賽，場面非常熱鬧。

「上橋和下橋」慈善步行 Su e zo per i ponti

時間：3月或4月

這是威尼斯每年春天舉行的散步籌款活動。分長短兩條路線：長路線由聖馬可廣場出發，共11公里，經過42座橋；短路線由威尼斯港出發，共5.4公里，經過19座橋。兩條路線途中都有茶點供應，經過小路、廣場和橋梁感受威尼斯。參加者完成路程更會獲得紀念獎牌。

網 https://www.suezo.it/

聖周 Holly Week

時間：復活節前1周

聖周是威尼斯的法定假日，可以參觀悲慟的聖母巡游。

威尼斯電影節 Venice International Film Festival

時間：8月下旬至9月初

威尼斯電影節在威尼斯的利多島上舉行，其魅力不輸奧斯卡金像獎的國際性電影盛會，每年都吸引全世界的影星、電影工作者和記者，以及眾多影迷。

歐洲最美麗的客廳

聖馬可廣場（威尼斯）
Piazza S. Marco

01 Map11-4 C4

乘1線、2線或所有通往S. Marco的水上巴士均可到達

聖馬可廣場位於威尼斯市中心，是威尼斯最熱鬧、最繁華的地方，被拿破崙稱為「歐洲最美麗的客廳」。廣場分別被聖馬可大教堂、鐘樓、新市政廳、克雷爾博物館和總督府環繞。

聖馬可廣場的鐘樓裝飾有會移動的人物、掛鈴和帶翅膀的獅子，已經有500年的歷史。聖馬可鐘樓是在1499年落成的，能夠顯示時分秒、日期、月份、黃道帶和月亮周期等。它還配備了幾個可移動的部件和人物，表示時間和基督教曆法上的重要日子。整點時刻會有兩個綽號為「莫爾斯」的移動小人出來敲擊巨大的掛鈴。鐘樓上裝飾的帶翅膀的獅子是威尼斯的標誌，上端還有聖瑪麗攜子的鍍金銅像。每兩年在主顯聖容節上，一扇小門會開啟，3個來自聖經故事的國王木人和吹喇叭的天使會出來圍繞著銅像移動。

地：Piazza S. Marco

中世紀歐洲最大的教堂
聖馬可大教堂 *Basilica di S. Marco*

02 Map11-4 D4

聖馬可廣場東側

位於聖馬可廣場東側的聖馬可教堂是羅馬式與拜占庭式相結合的建築物，在中世紀時曾是歐洲規模最大的教堂。聖馬可教堂內有耶穌門徒聖馬可的墳墓，同時聖馬可也是水城威尼斯的守護神。

聖馬可教堂平面呈正十字形，有6個穹窿圓頂。教堂正面有5座菱形羅馬式大門。頂部立有東方式與哥德式尖塔，以及塑像和浮雕。中間大門上的尖塔頂部，安有一尊手持《馬可福音》的聖馬可塑像。教堂內飾有許多以金黃色為主調的鑲嵌畫，內牆裝以彩色岩石貼面，地面用大理石和玻璃鋪嵌，由雅各培羅和彼爾•保羅雕刻的《施洗者約翰》和眾使徒雕像位於在唱詩壇和中殿之間。此外，聖馬可教堂內收藏有大量雕刻、雕塑作品，鑲嵌畫及禮儀用品，其中最珍貴的是第四次十字軍東征時從君士坦丁堡掠奪的4匹青銅馬。

地：Piazza S. Marco

時：教堂 9:30am-5:15pm，周日及假日 2:00pm 開始；Loggia dei Cavalli 博物館 周日 9:30pm-2:00pm；鐘塔 9:30am-9:15pm

費：教堂 3 歐元、黃金祭壇 5 歐元、Loggia dei Cavalli 博物館 7 歐元，鐘樓 10 歐元

註：祈禱、彌撒或其他宗教服務可免費內進，但必須從獅子小廣場北面的花之門進入

03 Map11-4 D4

景泰藍和金漆裝飾的時鐘塔
時鐘塔樓 Torre dell'Orologio

聖馬可廣場內

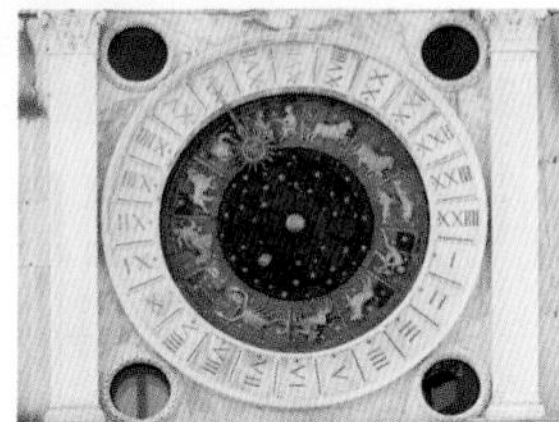

位於聖馬可廣場的時鐘塔樓於15世紀末完工。用景泰藍與金漆裝飾的時鐘塔樓上面用拉丁銘文寫著：「我只計數幸福的時光。」每年1月6日的主顯聖容節和8月15日的聖母升天節時，時鐘內的東方3賢者會從側門走出，向中央的聖母與聖嬰致敬。傳說，威尼斯人曾將時鐘塔樓的製造人眼睛弄瞎，以防他們為競爭對手的城市創作出同樣的作品。

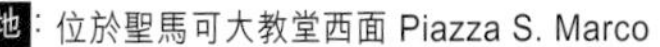

地：位於聖馬可大教堂西面 Piazza S. Marco

時：英文導賞團 周一 11:00am、2:00pm，周二 12:00nn、2:00pm，周四 12:00nn，周五 11:00am、2:00pm、4:00pm，周六 2:00pm、4:00pm，周日 11:00am

費：14 歐元 網：http://torreorologio.visitmuve.it/en/home/

註：參觀只限網上預約指定導賞團，6 歲以下小童不能參加

04 Map11-4 D4

威尼斯最高的建築
聖馬可鐘樓 St Mark's Campanile

聖馬可廣場內

建成於912年的鐘樓高98.05米，是威尼斯最高的建築，最初曾作為下方港口的望台，以及為海上船隻指明航路的燈塔。近千年時間裡一直經歷風吹雨打和閃電轟擊的鐘樓，在1902年7月14日倒塌，幾小時後威尼斯市政會就立誓要在原址上建造一座與原來一模一樣的鐘樓。1912年4月25日聖馬可節當天，同時也是第一座鐘樓建成第一千年之日，嶄新的鐘樓落成完工，其外觀與舊的鐘樓一模一樣，只不過重量輕了600噸，地基也更加牢固。現今，遊客可以登上這座威尼斯的標誌建築，一覽水城威尼斯的迷人風光。

地：328, Piazza San Marco, 30124, Venice

時：9:30am-9:15pm 費：10 歐元

Map11-4 D4

威尼斯的金庫
威尼斯鑄幣廠 Zecca di Venezia

05

聖馬可廣場內

位於聖馬可廣場西側的鑄幣廠，在1870年之前一直是威尼斯城市鑄幣廠。為防止火災，鑄幣廠全部用石頭砌成，是威尼斯少數全石砌的建築物。此外，鑄幣廠毗鄰的聖索諾圖書館，可以從聖馬可大教堂的第十三個門廊進入。

地：S. Marco 7, Piazzetta S. Marco 費：免費入場

時：周一至周五 8:10am-7:00pm，周六 8:10am-1:30pm，周日休息

【聖馬可廣場博物館巡禮】

聖馬可廣場除了有大教堂及鐘樓，亦設有一系到由舊建築改建而成的博物館，只要買一張套票，便可盡覽威尼斯多采多姿的文化藝術。

威尼斯文化寶庫
科雷爾博物館 Museo Correr

6a Map11-4 D4

聖馬可廣場內

科雷爾博物館位於聖馬可廣場的南側，起源是1830年富商Teodoro Correr遺贈給威尼斯市的收藏品。博物館的畫廊內，展示了威尼斯繪畫的發展，從13世紀到16世紀初，包括一些威尼斯最重要的畫家，如貝利尼、卡爾帕喬、曼特尼亞、提香和洛托等。它們展現了威尼斯繪畫的特色，如色彩的豐富、光影的對比、風景的描繪和宗教的主題，令意大利的藝術更添姿彩。

地：P.za San Marco, 52, 30124 Venezia 電：0412405211 時：10:00am-5:00pm

費：30 歐元，6-25 歲及 65 歲或以上 15 歐元 (包括了聖馬可廣場內以下博物館之入場門票：Palazzo Ducale（總督宮）、Museo Correr（科雷爾博物館）、Museo Archeologico Nazionale（國家考古博物館）、Sale Monumentali della Biblioteca Nazionale Marciana（聖馬可圖書館）

網：http://correr.visitmuve.it/

Map11-4 6b D4

哥德式建築官邸
總督宮 Palazzo Ducale

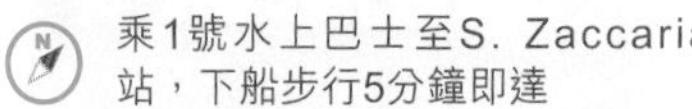

乘1號水上巴士至S. Zaccaria站，下船步行5分鐘即達

建於814年的總督宮，是共和國時代威尼斯總督的住宅、辦公室及法院的所在地。現今遊客所見到的建築建於14-15世紀，府邸內有拱廊相連的哥德式迴廊，宮殿中棟的二樓黃金梯建於16世紀，曾是總督宮的正式入口。總督宮內二、三樓的各廳房內裝飾著奢華尊貴的威尼斯派繪畫，而4座門廳的頂棚壁畫、會客廳的壁畫，以及排列著歷代總督肖像的大會議廳，也都是遊客參觀的重點。

地：Piazza S. Marco, 1 30124 Venezia

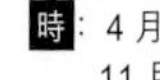

時：4 月至 10 月 9:00am-7:00pm，
11 月至 3 月 9:00am-7:00pm

費：30 歐元 (聖馬可廣場博物館套票)

網：www.palazzoducale.visitmuve.it

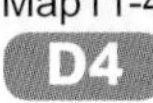

Map11-4 07 D4

由死囚的嘆息聲而得名
嘆息橋 Ponte dei Sospiri

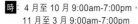

總督府側邊

嘆息橋建於1603年，橋的兩端聯結著總督府和威尼斯監獄，是古代由法院向監獄押送死囚的必經之路。造型屬早期巴洛克式風格的嘆息橋呈房屋狀，上部穹窿覆蓋，封閉得很嚴實，只有朝向運河一側有2個小窗。橋的一面是總督府，15世紀時則為審訊犯人的地方。

相傳嘆息橋的名便是由死囚的嘆息聲而得，而另一個傳説則是一個犯人攀著窗櫺俯視，見到一條窄窄長長的貢多拉正駛過橋下，船上坐著一對男女擁吻在一起，而那女子竟是他的愛人，男人瘋狂地撞向花窗，最終傷心而亡。充滿悽美的傳説使嘆息橋從此成為戀人見證愛情的地方，據説戀人們在橋下接吻就可以天長地久。

地：Piazza S. Marco, Venezia

因海明威而聞名
哈利酒吧 Harry's Bar

08 Map11-4 C4

乘1、2號水上巴士至S. Marco-Calle Vallaresso站，下船即達

Giuseppe Cipriani於1931年開辦的哈利酒吧，是由一位名叫哈利的波士頓商人出資，因而被命名為哈利酒吧。毗鄰聖馬可廣場的哈利酒吧甫一開業就生意興隆，當時居住在威尼斯的大文豪海明威，在打獵之餘也會經常來到這間酒吧喝上一杯。作為最受美國觀光客歡迎的酒吧，這裡Cipriani研發的Bellin開胃酒頗為有名，酸酸甜甜的味道吸引了眾多遊客專程前來品嘗。

地: S. Marco 1323 30124 Venezia 時: 10:30-11:00pm
電: 041-5285777 網: http://cipriani.com/

威尼斯的主要水道
大運河 Canal Grande

08 Map11-4 B4

乘水上巴士或貢多拉遊覽

威尼斯大運河是意大利威尼斯市主要水道，自聖馬可教堂至聖基亞拉教堂呈反S型，沿天然水道把威尼斯市分為兩部分。威尼斯的房屋建造獨特—地基都淹沒在水中，猶如從水中冒出來一般。威尼斯大運河被譽為威尼斯的水上「香榭麗舍」大道。在河道的兩邊，散布著各式各樣的古老建築，既有洛可可式的宮殿，也有摩爾式的住宅，當然也少不了眾多的富麗堂皇的巴洛克和哥德式風格的教堂。

威尼斯巴洛克建築的傑作

安康聖母教堂 Santa Maria della Salute

10 Map11-4 C5

乘1號水上巴士至Salute站，下船即達

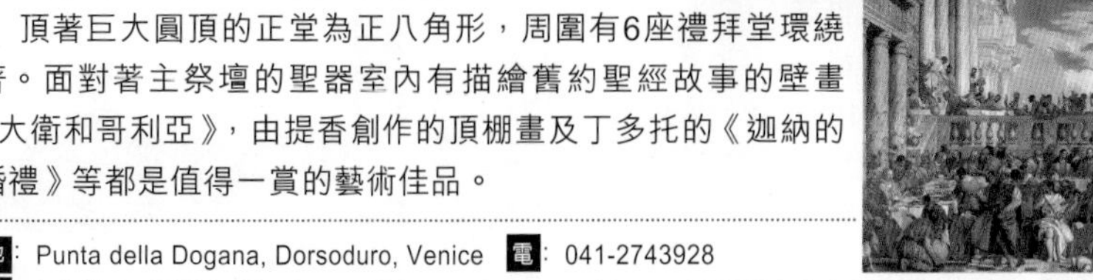

安康聖母教堂是威尼斯巴洛克建築的傑作，在1630年黑死病肆虐之際，共和國政府決定興建此教堂獻給聖母瑪麗亞。這座由著名設計師巴達薩雷•隆格納設計的教堂正式落成於1687年。

頂著巨大圓頂的正堂為正八角形，周圍有6座禮拜堂環繞著。面對著主祭壇的聖器室內有描繪舊約聖經故事的壁畫《大衛和哥利亞》，由提香創作的頂棚畫及丁多托的《迦納的婚禮》等都是值得一賞的藝術佳品。

《迦納的婚禮》

地: Punta della Dogana, Dorsoduro, Venice　電: 041-2743928

時: 大教堂：4 月至 10 月 9:00am-12:00nn、3:00pm-5:30pm，11 月至 3 月 9:30am-12:30pm、3:00pm-5:30pm
聖物收藏室：4 月至 10 月 周二 2:00pm-3:30pm、4:40pm-5:30pm，
周三至五 10:00am-12:30pm、2:00-3:30pm、4:40pm-5:30pm，周一不開放
11 月至 3 月 周一至周五 10:00am-12:30pm、3:00pm-3:30pm、4:40pm-5:30pm

費: 教堂免費，聖器收藏室 6 歐元，圓頂 8 歐元 聖器收藏室和藝廊 10 歐元

威尼斯畫派作品大本營

藝術學院美術館（威尼斯） Gallerie dell'Accademia

11 Map11-4 B5

乘1、2號水上巴士至Accademia站，下船即達

位於大運河河畔的藝術學院美術館前身是慈悲聖母教堂，1807年拿破崙將其改建成現今的外觀，並成為世界上威尼斯畫派作品收藏最豐富的美術館。以明亮的畫風著稱的威尼斯畫派擁有喬尼•貝利尼、卡爾帕喬、丁列托、曼特尼亞、喬爾喬納、韋羅內塞等藝術大師，此外還收藏有提香未完成的《聖母哀痛耶穌畫像》及達•芬奇的《維特魯威人》手稿等美術的傑作。

達•芬奇的維特魯威人 (Vitruvian Man) 手稿

地: Campo della Carità - Dorsoduro 1050, 30123 Venezia

時: 周一 8:15am-2:00pm，周二至周日 8:15am-7:15pm

電: 041-5222247

費: 15 歐元 (同時參觀美術館及 Palazzo Grimani)

網: http://www.gallerieaccademia.it/

超現實主義
佩姬•古根海姆美術館
Collezione Peggy Guggenheim

12 Map11-4 B5

乘1、2號水上巴士至Accademia站，下船步行5分鐘即達

佩姬•古根海姆是美國籍的猶太女富豪，因為童年時經常被關在書房裡終日與巨幅油畫相對，成年竟對藝術產生了瘋狂的興趣，於是她憑借著自身雄厚的財力去資助那些才華橫溢卻又窮困潦倒的藝術家們。她1980年去世以後，後人便將她位於威尼斯的豪宅改建為了美術館，用以展示其窮盡一生的珍藏。美術館的展品包括畢加索的《海灘上的詩人》、杜尚的《列車上的憂鬱青年》、波拉克的《月光女神》和米羅的《安靜的少婦》等傳世之作。

畢加索《海灘上的詩人》

地: Dorsoduro 701 I-30123 Venezia
時: 10:00am-6:00pm，周二休息
電: 041-2405411 費: 16 歐元
網: www.guggenheim-venice.it

碩果僅存
聖特洛瓦索造船廠
Squero di S. Trovaso

13 Map11-4 A5

乘2號水上巴士至Zatter站，下船即達

聖特洛瓦索造船廠是威尼斯現今僅存的一座貢多拉製造廠，隔著運河可以看到船廠的小木屋前擺放著翻過來的平底船。由於船廠的產量不大，因而在這裡很少可以看到船廠的工人在為新造的貢多拉打磨上柏油。在威尼斯遊覽之餘，遊客不妨來到這裡參觀。此外，造船廠旁毗鄰聖特洛瓦索教堂也擁有悠久歷史，值得順道參觀。

地: Dorsoduro 701 I-30123 Venezia

威尼斯著名博物館之一
雷佐尼科宮 Ca'Rezzonico

14 Map11-4 B4

乘1號水上巴士至Ca'Rezzonico站，下船即達

雷佐尼科宮由隆格那在1649年建造，直到1750年才由Giorgio Massari建造完成。1712年的時候熱那亞的雷佐尼科家族買下這幢建築，並在19世紀將其賣給美國詩人布朗寧，在布朗寧去世後這幢建築被闢為威尼斯18世紀博物館，並於2001年6月30日對公眾開放。雷佐尼科宮曾經是提香畫室的所在地。現今遊客在雷佐尼科宮內除了可以欣賞到這裡收藏的18世紀生活用具、陶器、織錦畫等展品，還可以在這裡欣賞到卡納萊托、卡列拉、提也波洛、瓜爾等著名畫家的作品。

地：Dorsoduro 3136, 30123 Venice 電：041-2410100
時：11月至3月 10:00am-5:00pm，4月至10月 10:00am-6:00pm，周二休息
費：10歐元（持總督府等通用的市立美術館通用券 Museum Pass 可入場）
網：https://carezzonico.visitmuve.it/

18世紀新古典風格
葛拉西宮 Palazzo Grassi

15 Map11-4 B4

乘2號水上巴士至S. Samuele站，下船即達

作為18世紀威尼斯新古典風格建築的典範，葛拉西宮在意大利語中有肥胖、厚重之意。這座巨大的白色建築外觀典雅，沒有威尼斯眾多建築立面上繁複的裝飾，內斂的白色風格反令建築物更受矚目。

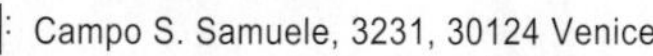

地：Campo S. Samuele, 3231, 30124 Venice
時：10:00am-7:00pm，周二休息 電：041-5231680
費：15歐元 網：www.palazzograssi.it

哥德式建築
佛斯卡利宮 *Ca'Foscari*

Map11-4 B4

乘1、2號水上巴士至S. Toma站，下船步行5分鐘即達

佛斯卡利宮是典型15世紀威尼斯哥德式風格的建築，其窗戶與黃金宮頗為神似，吸引了眾多遊客在這裡拍照留念。現時佛斯卡利宮是威尼斯大學的秘書處，威尼斯大學校區也從這裡向西南延伸，與Palazzo Giustinian相連。

地：Calle de la Saoneria, 3825/D, 30123 Venezia

千年歷史的古老教堂
聖保羅教堂 *Chiesa di San Polo*

17 Map11-4 B3

乘1、2號水上巴士至S. Toma站，下船步行5分鐘即達

始建於9世紀初的聖保羅教堂最初是拜占庭式建築，在15世紀改建為哥德式建築，後又在1804年重新修整為新古典主義樣式，現今只有教堂對面鐘塔底部的獅子像，還保留著千餘年前最初修建時的原貌。在聖保羅教堂內收藏有《最後的晚餐》、《聖母瑪麗亞的現身》等珍貴的壁畫，小禮拜堂內還有描繪耶穌受刑的14幅連續畫作。

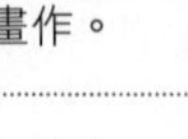

地：Campo S. Polo 2118
時：10:30am-4:30pm，周日休息
費：3 歐元

威尼斯的萬神殿

聖方濟會榮耀聖母教堂

Santa Maria Gloriosa dei Frari

18 Map11-4 B3

乘1、2號水上巴士至S. Toma站，下船步行10分鐘即達

始建於1236年的聖方濟會榮耀聖母教堂直至1338年才最終完工，這裡埋葬了眾多威尼斯地方名流，和聖喬凡尼與保羅大教堂一同被譽為「威尼斯的萬神殿」。遊客在參觀聖方濟會榮耀聖母教堂之餘，還可以欣賞到教堂收藏的《聖母升天圖》、《洗禮者聖約翰》、《聖母和諸位聖人》等大量藝術珍品。

地: Sestiere S. Polo, 3072, 30125 Venice VE

時: 周一至周六 9:00am-6:00pm，
周日 1:00pm-6:00pm

電: 041-2728611

費: 5 歐元

網: www.basilicadeifrari.it

《威尼斯商人》的場景之一
憲法橋 Ponte di Rialto

Map11-4
C3

乘1、2號水上巴士至Rialto站，下船即達

憲法橋曾經是大運河上唯一的橋樑，最初的設計是掀起式橋，後來改為吊橋。在1444年的慶典中，大橋因不堪重負而折斷。15世紀中葉大橋進行了改建，1591年大理石新橋竣工完成，橋長48米、寬22米，離水面7米高，橋兩頭用1萬2千根插入水中的木樁支撐，橋上中部建有廳閣。

憲法橋附近是交易盛行之地，各類小舖、攤販雲集，橋上有許多出售紀念品的小店。現在的橋頂有一浮亭，兩側是20多間各具特色的首飾商店和販賣紀念品的小攤。這裡是威尼斯最重要的商業區之一，莎士比亞的名劇《威尼斯商人》就是以這裡為背景。

地：大運河上

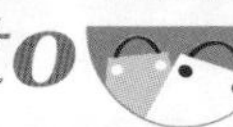

威尼斯人生活日常
憲法橋畔市場 Mercati di Rialto

Map11-4
C3

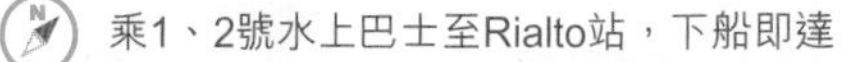

乘1、2號水上巴士至Rialto站，下船即達

雖然早在12世紀的時候，威尼斯人就開始嘗試在大運河上修建石橋，但直到1854年之前，由Antonio Da Ponte於1588-1591年設計修建的憲法橋都是唯一橫跨大運河的橋樑。當時作為交通要道的憲法橋也因而聚集起眾多販賣新鮮蔬果和日常用品的攤販。時至今日，憲法橋旁依舊是威尼斯人日常購物的首選，毗鄰大運河畔的魚貨市場每日也是人聲鼎沸。

地：憲法橋畔

令死人重生的教堂
奇蹟聖母教堂
Santa Maria dei Miracoli

21 Map11-4 C2

乘水上巴士1、2線至Rialto船站，下船步行10分鐘即達

由Pietro Lombardo於1481年 設計的奇蹟聖母教堂，最初是用來擺放Nicolo di Pietro的畫作《聖母與聖嬰》的，據説這幅畫作曾經顯示奇蹟——讓一名溺水而死的男子重新復活，教堂也因而被稱為奇蹟聖母教堂。教堂的外觀為長方形半圓頂結構，正面使用彩色大理石裝飾，午後的陽光透過窗戶射進教堂時會發出絢麗的七彩光芒，吸引了眾多遊客專程在午後前來觀看。作為威尼斯文藝復興早期的建築傑作，奇蹟聖母教堂因其獨特的外觀而被稱為「珠寶盒」，是當地人舉行婚禮的熱門教堂。

地：Sestiere S. Polo, 2986, 30125 Venezia，Italia
時：周一至周六 10:30am-4:30pm，周日休息
電：041-2750462 費：3 歐元

氣勢恢宏的哥德式教堂
聖喬凡尼與保羅教堂
Santi Giovanni e Paolo

22 Map11-4 D2

1 或 2號水上巴士至Rialto，下船步行11分鐘即達

由多明尼哥教派的修士在13世紀開始修建此教堂，同榮耀聖母教堂並稱為威尼斯規模最大的哥德式教堂，被譽為威尼斯的「萬神殿」，從13世紀開始直至18世紀的25位威尼斯總督都安葬於此。教堂內收藏有喬凡尼的祭壇畫《聖溫契佐•斐雷利》、畢雅契達的頂棚畫《聖多明尼的榮光》及以維洛內歇的《聖母升天》等藝術珍品。此外，教堂珍藏由穆拉諾島工匠創作的彩繪玻璃畫作《奮鬥的聖人們》，高17.5米，寬6.3米，堪稱威尼斯之最。

地：Campo S.S. Giovanni e Paolo, 6363, 30122 Venezia
時：9:00am-6:00pm，周日 12:00nn-6:00pm
電：041-5235913 費：3.5 歐元
網：https://www.santigiovanniepaolo.it/en/main-home-english-2/

歷史悠久
舊驛站老餐館

Antica Trattoria Poste Vecie

23 Map11-4 C2

乘1號水上巴士至Rialto Mercato站，下船步行5分鐘即達

毗鄰魚市的舊驛站是一幢建於16世紀的建築，位於其中的舊驛站老餐館是威尼斯歷史最古老的餐館之一。舊驛站老餐館內以金色和紅色展現出威尼斯共和國時期的經典風格，夏天在緊鄰水道的中庭用餐更能感受威尼斯的獨有魅力，而冬季時餐館內大廳的壁爐則會燃起熊熊火焰，帶給人溫暖的同時也給以人古老的歷史風韻之感。

地：1608 Rialto Pescheria, S. Polo, Venice
時：12:00nn-3:00pm，7:00pm-10:30pm，周二休息
電：041-721822 網：www.postevecie.com

悠閒的城市角落
聖母小廣場
Campo Santa Maria Formosa

24 Map11-4 D3

乘1、2號水上巴士至Rialto站，下船步行10分鐘即達

不規則形狀的聖母小廣場四周遍布眾多豪華住宅，廣場南側的聖母教堂始建於1492年，教堂內供奉著保護士兵的聖女芭芭拉；教堂外側的鐘塔建於1688年，底部的石雕面具面容猙獰，頗為特別。在威尼斯這座繁華的旅遊城市之中，在聖母小廣場卻很少看到遊客的身影，但這份安逸悠閒的氣氛卻十分適合漫步，感受威尼斯午後的悠閒氣氛。

：Campo Santa Maria Formosa

威尼斯城最傑出的哥德式建築

黃金宮 Galleria Franchetti

25 Map11-4 C2

乘1號水上巴士至Ca'd Oro站，下船即達

始建於1440年的黃金宮又名法蘭蓋提美術館，塗金的建築物閃閃發光，曾被稱為「黃金的宮殿」，是威尼斯城最傑出的哥德式建築。現今黃金宮已經被闢為對一般公眾開放的美術館，館內收藏了威尼斯畫派14-18世紀的繪畫珍品：卡巴喬的《聖告圖》、安東尼奧•范•代克的《基督受難記》、曼帖那的《聖塞巴斯蒂安》以及提香等人的作品都可以在這裡欣賞到。

《基督受難記》(Polittico della Passione)

《聖告圖》(Annunciazione)

地：Cannaregio 3932 30121 Venezia

時：周二至周日 9:00am-7:00pm，周一休息

費：7歐元 網：https://www.cadoro.org/

大運河沿岸最古老的建築之一

佩沙羅宮 Ca' Pesaro

26 Map11-4 B2

乘1號水上巴士至S. Stae站，
下船步行5分鐘即達

始建於1676年的佩沙羅宮歷時34年，直到1710年才最終完工，是知名建築師隆格納設計的最後一棟建築，同時也是威尼斯大運河沿岸最古老的建築之一，曾是聖馬可大法官雷歐納多•佩沙羅的住所。作為17世紀威尼斯巴洛克風格的典範之一，現今這幢華麗的宮殿已經被闢為東方博物館對公眾開放，博物館內收藏有亨利王子周遊印尼、馬來西亞、中國、日本等國家時收集的共計3萬餘件珍貴收藏品。

地：Fondamenta de Ca' Pesaro Santa Croce 2070 30135 Venezia

時：11 月至 3 月 10:00am-5:00pm，
4 月至 10 月延至 6:00pm 關門，周一休息

費：14 歐元 (同時參觀 Oriental Art Museuam)

網：https://capesaro.visitmuve.it/en/home/

典型拜占庭風格建築
土耳其人倉庫 Fondaco dei Turchi

27 Map11-4 B2

乘1號水上巴士至S. Stae站，下船步行5分鐘即達

建於13世紀的土耳其人倉庫，已成為威尼斯自然史博物館。作為典型的威尼斯拜占庭風格建築，這幢拱形的建築因為在1621-1838年期間曾是土耳其商人的總部，故而又被稱為土耳其人倉庫，其半圓狀並以小石柱支撐隔開的窗戶造型甚為特殊。

地：Salizada del Fontego dei Turchi, 1730, 30135 Venezia
時：10 月至 5 月 9:00am-5:00pm，，周一休息；6 月至 9 月 10:00am-6:00pm，周一休息
電：041-2750206 費：10 歐元 (自然史博物館入場費) 網：msn.visitmuve.it/en/home

威尼斯賭場
文德拉明宮 Palazzo Vendramin-Calergi

Map11-4 B2

乘1、2號水上巴士至S. Marcuola站，下船即達

文德拉明宮位於大運河北岸，於15世紀末設計建造，是威尼斯最早的文藝復興風格的建築之一。宮殿曾經是許多顯赫人物的住所，其中最著名的是作曲家理查德•瓦格納（Richard Wagner）。自1950年起，宮殿還是世界上最古老的賭場——威尼斯賭場（Casino di Venezia）的所在地。宮殿的外觀非常優美和平衡，每一層都有直接通往大運河的門窗，由古典風格的柱子分隔。一樓和二樓的窗戶都是由兩個圓拱窗連接成一個更大的拱形，中間有一個圓形的窗眼。宮殿的內部裝飾豪華，有許多精美的畫作、雕塑和建築細節。

地：Cannaregio 2040, 30121 Venezia 電：041-5297111

時：賭場：周五及六 8.15pm-3:15am，周日 7:00pm-2:00am 費：10 歐元 網：www.casinovenezia.it

傳統聚居地
猶太人區 Ghetto

29 Map11-4 B1

乘1號水上巴士至S. Marcuola-Casino "B"站，下船步行2分鐘即達；或由Venezia Santa Lucia火車站步行10分鐘即達

1516年，威尼斯共和國政府曾經強制在威尼斯居住生活的猶太人，去到今天的猶太廣場一帶聚居。當時為了讓更多人在這片有限的土地上居住，政府修建了大量醒目的高層建築、猶太會堂和猶太教禮拜堂等。在區內的愛普萊克博物館，至今展示有祭祀服裝及17-19世紀珍貴的銀飾品等。此外，在猶太廣場周圍還散落著一些猶太教相關的商店，吸引了眾多遊客在這裡選購紀念品。

地: Ghetto, Venezia

欣賞丁多列托的傑作
菜園聖母院 Chiesa della Madonna dell'Orto

29 Map11-4 B1

乘1號水上巴士至S. Marcuola-Casino "B"站，下船步行10分鐘即達；乘4.2或5.2號水上巴士至Madonna dell'Orto站，下船步行4分鐘即達

14世紀修建的菜園聖母院，最初是獻給克里斯多夫的，但在附近的菜園發現了聖母子像後，便重新奉獻給聖母瑪麗亞，教會的名稱也因此更改為菜園聖母院。現今，菜園聖母院內的聖母子像佇立在禮拜堂內；入口的門上則裝飾著丁多列托的《聖母瑪麗亞的奉獻》、堂內的《最後的審判》、《黃金小牛的犧牲》，吸引了眾多遊客專程前來觀看。

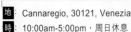

地: Cannaregio, 30121, Venezia
時: 10:00am-5:00pm，周日休息
費: 3歐元
網: http://www.madonnadellorto.org/

精緻迷人的漏斗型廣場
摩爾人小廣場 Campo dei Mori

31 Map11-4 B1

乘1號水上巴士至S. Marcuola-Casino "B"站，下船步行9分鐘即達；
乘4.2或5.2號水上巴士至Madonna dell'Orto站，下船步行4分鐘即達

位於大運河畔的摩爾人小廣場是一座三角形的小廣場，由於在廣場角落裝飾有3尊摩爾人的雕像，因而得名摩爾人小廣場。根據威尼斯當地傳說，這3位摩爾人其實是來自希臘伯羅奔尼撒半島，從事絲綢買賣生意的Mastelli家族的3兄弟，在1112年來到威尼斯後就修建了Mastelli宮並定居。

地：Campo dei Mori, Venezia

威尼斯情調飯店
斯拉夫人宮 Palazzo Schiavoni

32 Map11-4 E3

乘1號水上巴士至S.Zaccaria船站，下船步行10分鐘即達

斯拉夫人宮毗鄰以卡帕喬畫作聞名的斯拉夫人的聖喬治學校，內部裝飾著18世紀的威尼斯風格家具與紡織品，天花板上繪有精美的壁畫，是一座極具威尼斯情調的飯店。斯拉夫人宮地處一條安靜的小水道旁，其寧靜的環境與濃郁的水城情調吸引了來自世界各地的遊客，其中最經典的閣樓房間，甚至還得到意大利建築雜誌的專版介紹。

地：Camop dei Mori, Venezia

電：041-2411275
網：www.palazzoschiavoni.com

了解威尼斯的航海歷史
威尼斯海洋歷史博物館
Museo Storico Navale

33 Map11-4 E4

乘1號水上巴士至Arsenale站，
向前步行5分鐘即達

威尼斯海洋歷史博物館是一座可以讓遊客充分了解威尼斯航海歷史的博物館，博物館內從一樓到四樓的展示區內，收藏有威尼斯共和國總督舉行儀式時搭乘的座船、各類船隻模型、18世紀末海軍造船工廠示意圖、貢多拉的製作流程圖以及裝飾船隻用的航海道具、海軍服飾等，還有威尼斯共和國時代的船隻，以及大量意大利海軍的珍貴文物。

地：Riva S. Biagio 2148 Venezia 時：8:45am-17:00pm，3 月維修休息 電：041-24413 99
費：5 歐元 網：https://www.marina.difesa.it/EN/history/museums/Pagine/museostoriconavale.aspx

矗立小島上的壯麗教堂
聖喬治馬喬雷教堂
Chiesa di S. Giorgio Maggiore

34 Map11-4 D5

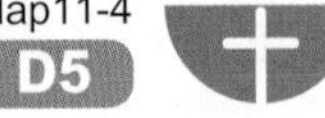

乘2號水上巴士至S. Giorgio站

始建於16世紀中期的聖喬治馬喬雷教堂直到1610年才最終竣工完成，科林特式的巨大圓柱賦予了聖喬治馬喬雷教堂壯麗恢弘的外觀。此外，教堂內還收藏有多幅丁多列托的作品，其中最知名是《馬納的寶藏》和《最後的晚餐》兩幅畫作。遊客還可以從教堂內的電梯直達鐘樓頂，眺望從朱提卡島到對岸聖馬可廣場的迷人風光。

地：Isola di S. Giorgio Maggiore, 30133 Venezia
時：9:00am-6:00pm，彌撒期間暫停 電：041-5227827
費：教堂免費，參觀鐘樓 6 歐元 註：鐘樓維修，暫停參觀

帆船內嘆意菜

35 Map11-4 E4

Ristorante la caravella

乘1號水上巴士至Giglio站，下船後沿St.Mark's 方向步行2分鐘

La Caravella是威尼斯於六十年代初開業的著名餐廳之一，其獨特的航海風格裝飾，重建古代帆船的內部設計。餐廳提供具創意的意國美食，使用新鮮時令食材，不時不食。另外，於夏季時餐廳會將戶外開放，環境更開揚舒適，讓你優悠地享受一頓意國菜式。

地：via XXII Marzo 2399 Venezia 電：39 041 5208901
時：12:00nn-3:30pm，7:00pm-11:00pm
網：https://www.restaurantlacaravella.com/

必試墨魚意粉

36 Map11-4 B5

Taverna san trovaso

乘1或2號水上巴士至Accedemia學院橋站，下船步行約3分鐘

餐廳外表雖沒甚特別，內裡天花板做成半弧形的石壁，感覺像置身於地窖。海鮮意大利粉是這裡的招牌菜，配上滿滿海鮮多得連意粉也不見。必食其墨魚意大利粉，以甜甜的墨魚汁煮成一碟黑黑的意粉，雖然外表不討好，但每條意粉都充滿鮮甜的墨魚醬汁味道，令人吃到停不了口。

地：Calle Contarini Corf ù , 1016, - 30123 Dorsoduro, Venezia
時：12:00nn-2:45pm，7:00pm-9:45pm
電：041-520 3703
網：https://www.tavernasantrovaso.it

油畫咖啡店 Caffè Quadri

37 Map11-4 C4

乘1線、2線或所有通往S.Marco的水上巴士均可到達

這是一家位於聖馬可廣場行政官邸大樓內的咖啡店，開業於1775年，為意大利擁有百年悠久歷史的咖啡店之一。一樓是喝咖啡、吃蛋糕的地方，內裡佈置較為古典，牆上掛着許多畫作，可一邊欣賞音樂一邊嘆咖啡，亦可坐戶外區欣賞聖馬可廣場的景色。大樓二樓則是意式餐廳，但這裡的消費相比其他咖啡店收費較高。

地: Piazza San Marco, 121, 30124 Venezia
時: 9:00am-12:00mn 電: 041-522 2105
網: https://alajmo.it/en/pages/homepage-grancaffe-quadri

花神咖啡店 Caffè Floria

38 Map11-4 C4

乘1線、2線或所有通往S.Marco的水上巴士均可到達

這家咖啡店被選為世界十大最美咖啡店的第二名，1720年創立至今，可稱為歐洲最古老的咖啡店。食肆位於聖馬可廣場上，店內店外都充滿意大利優雅與悠閒的氣息。室內分為幾個不同的主題佈置，猶如博物館般，但注意室內用餐會收6歐元的座位及音樂費。而室外也有樂團表演，又是另一番風味。

地: Piazza San Marco, 57 30124 Venezia
時: 周日至四 9:00am-8:00pm，周五及六 至 11:00pm
電: 041 522 0727 網: https://www.caffeflorian.com

購物天堂賞美景 DFS

Map11-4 C3

乘1、2號水上巴士於Rialto站下車

集中了最頂尖奢華品牌的免稅店DFS，進駐威尼斯大運河畔擁有800年歷史的德國商館Fondaco dei Tedeschi，這裡保留了當年的羅馬風格拱門迴廊，是當年德國商人在威尼斯的總部、倉庫及旅館。

建築物分四層，地下坐落著由米芝蓮三星大廚Massimiliano及Alajmo家族主理的意式餐廳AMO，旁邊的美食廣場有各款意大利食品，包括來自威尼斯的初榨橄欖油以至葡萄酒，而地下紀念品商店更有本地認證工匠創作的紀念品及禮品，非常特別。

一至三樓出售男女裝、珠寶配飾、腕錶、化妝品、香水等。至於頂層露天陽台，會不定期舉辦活動，而這個地方同時可以遠眺大運河、威尼斯瀉湖，甚至阿爾卑斯山的壯麗山景，名副其實享受一站式購物體驗！

地：Fondaco dei Tedeschi, Calle del, Rialto Bridge, 30100 Venezia
時：10:00am-7:30pm 電：041-314-2000
網：www.dfs.com/en/venice

意式快餐店 Bar Rialto da Lollo

40 Map11-4 C3

乘1、2號水上巴士於Rialto站下車，下船步行約3分鐘

店家提供新鮮且份量十足的意式三文治tramezzini，有不同餡料可供選擇，如燒牛肉、火腿及芝士等，以白色的軟麵包，將大量材料摺疊成餡料，豐富美味。另外，有不同沙律及甜點可供選擇，搭配一杯優質咖啡，是另一方便快捷之選。

地：Ruga dei Spezieri 234, Venice 電：041-2413825
時：7:10am-7:00pm，週日 9:00am-5:00pm
網：https://www.facebook.com/barrialtosnc

大件夾抵食 Pizza Antico Forno

Map11-4 C3

乘1、2號水上巴士於Rialto站下車，下船步行約3分鐘

店內有十多款厚及薄的薄餅選擇，以高品質麵粉搓成餅皮，再發酵72小時新鮮即烤，酥脆可口，大塊之餘最吸引是好吃又抵食，每塊約3歐元，可試齊多種口味，甚受當地人和遊客喜愛。店內有自製手工啤，是配薄餅的好拍檔。

地：Ruga Rialto, 973, 30125 Venezia
時：12:00pm-9:00pm 電：041-5204110
網：https://www.anticofornovenezia.it/

威尼斯意式雪糕店
Suso Gelatoteca

42 Map11-4 C3

乘1、2號水上巴士於Rialto站下車

據說是威尼斯最好吃的一間意大利雪糕店，雖然位於DFS旁邊的小巷內，仍吸引很多人排隊購買。雪糕有多款口味，如開心果、莓果、各式堅果及朱古力味都是心水選擇，口感細膩，雪糕上插上一塊其標誌的小餅，味道及外表都甚為吸引。

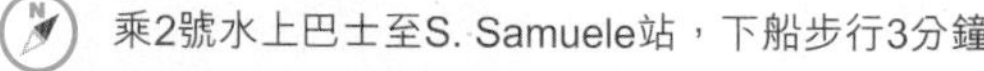

地: Calle della Bissa, 5453 Venezia 時: 10:00am-11:30pm
電: 348-5646545 網: http://suso.gelatoteca.it/

威尼斯星級餐廳
Palazzina The Restaurant

43 Map11-4 B4

乘2號水上巴士至S. Samuele站，下船步行3分鐘

Palazzina The Restaurant由著名的法國設計師Philippe Starck設計，它有一個開放式的廚房，讓客人可以看到廚師們的精彩表演，並品嘗到他們用當地的新鮮食材創造出的現代和傳統意大利菜式。餐廳的裝飾典雅而精緻，採用了許多著名的穆拉諾玻璃吊燈，營造出一種奢華而浪漫的氛圍，露台更是一個隱藏在市中心的寧靜綠洲。它的酒吧是與Krug香檳合作開設的，乃世界上第二個Krug Lounge（第一個在巴西的聖保羅），是一個私密而舒適的空間，讓客人可以在欣賞大運河的美景的同時，品嚐到這個著名的香檳品牌的產品。

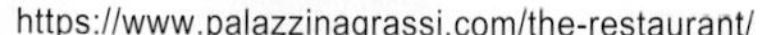

地: Ramo Grassi, 3250, 30124 Venezia
電: 0415284644 時: 7:00am-10:00pm
網: https://www.palazzinagrassi.com/the-restaurant/

米芝蓮四星餐廳 Bistrot de Venise

44 Map11-4 C3

乘1、2號水上巴士於Rialto站下車，下船步行約5分鐘

店內佈置以紅色為主，配上古典吊燈、油畫及雕塑等擺設，更顯高貴。分為室內及室外座位，風格截然不同，屬米芝蓮四星餐廳，口碑有保證。推薦菜式有燒牛肉、墨魚麵及龍蝦意粉等，再配上紅酒，最後必試其甜品焦糖布甸及提拉米蘇，才完美地為一頓豐富美味的餐飲畫上句號。

地：Calle dei Fabbri San Marco 4685 30124 Venezia
時：12:00pm-3:00pm，7:00pm-11:30pm
電：041 523 66 51
網：https://www.bistrotdevenise.com/

海鮮總匯 Al Chianti

45 Map11-4 D3

由聖馬可廣場步行3分鐘即達

Al Chianti位於聖馬可廣場旁邊，徒步三兩分鐘便到達，最啱參觀完聖馬可廣場一帶景點後開餐的好地方。餐廳以其美味的薄餅、海鮮和甜點而聞名。菜單上有很多選擇，從各種口味的薄餅、沙拉、漢堡，到海鮮湯、烤魚、意大利粉等。必試海鮮扁意粉(Linguine ai frutti di mare)，匯聚海鮮精華，其他鱈魚(Baccala)和薄餅等菜餚，均採用精心挑選的當地食材製作。餐廳的內部裝潢典雅，更設有戶外區，讓客人感受到古老城市的魅力。

海鮮扁意粉。

鱈魚排。

地：Calle Larga S. Marco, 655, 30124 Venezia
電：0415224385
時：9:00am-11:00pm，周日休息
網：https://www.ristorantealchianti.it/

提拉米蘇專門店
I Tre Mercanti

由聖馬可廣場步行5分鐘即達

I Tre Mercanti主要售買各種高級食材，如葡萄酒、香醋、橄欖油、麵食、醬料和松露，不過該店最馳名的，卻是現製的提拉米蘇。這裡的提拉米蘇有很多選擇，從經典的咖啡口味，到創新的開心果、杏仁、檸檬等口味。提拉米蘇是用新鮮的奶油乳酪、手工製作的手指餅乾、咖啡或其他飲料浸泡，然後灑上可可粉或其他裝飾而成的。提拉米蘇的口感是綿密而輕盈的，甜而不膩，每一口都能感受到不同的層次和風味。

地：Calle al Ponte de la Guerra, 5364, 30122 Venezia
電：0415222901 時：12:00nn-7:00pm，周二休息
網：http://www.itremercanti.it/

除了提拉米蘇，還提供不同的食材及甜點，例如琳瑯滿目的朱古力。

提拉米蘇口味多得令人選擇困難。

【威尼斯抵食推介】

威尼斯雖然是一個美麗城市，消費卻絕不便宜，等閒一個午餐或晚餐每位隨時索價30至50歐元。以下介紹的食肆雖不至於「窮人恩物」，不過CP值絕不令人失望。

平價麵包薄餅
Farini

47 Map11-4 C3

乘1、2號水上巴士至Rialto站，下船步行5分鐘即達

Farini是一家麵包店和薄餅店，以其新鮮和美味的產品而聞名。這裡不僅銷售各種高品質的麵包、牛角包、餅乾和蛋糕，還在店裡現場製作各種口味的薄餅，讓顧客可以即時品嘗。Farini的麵包和薄餅有很多選擇，從經典的瑪格麗特、辣香腸、四季等口味，到創新的蘋果、巧克力、榛子等口味。麵包和薄餅都是用新鮮的原料和優質的麵粉製成的，烘焙的過程中散發出誘人的香氣。一份簡餐連飲品10歐元有找，絕對價廉物美。

地：Calle Seconda de la Fava, 5602, 30122 Venezia
時：7:30am-9:00pm，周六日至10:00pm
電：0413023977 網：http://www.farini.com/

48 平靚正炸物 Fried Land

Map11-4 B2

乘1號水上巴士至Ca'd Oro站，下船步行5分鐘即達

Fried Land店如其名，是一間以炸物為主的外賣店。餐廳的菜單上有各種選擇，從傳統的意大利粉和薄餅，到各種炸魚、蝦、魷魚和蟹肉等海鮮，還有沙拉、湯和甜點等。餐廳的食物口味豐富，炸海鮮外皮酥脆，內裡鮮嫩多汁，搭配醬料和檸檬，令人垂涎。由於餐廳的食物新鮮、價格合理，吸引了許多遊客和當地人的光顧，所以可能要預留多些時間排隊輪候。

地：Campiello dei Fiori, 2287, 30100 Venezia 電：0414587147
時：11:00am-10:00pm 網：https://www.facebook.com/pastatotakeaway/

49 速食意大利餐 Dal Moro's

Map11-4 C3

由聖馬可廣場步行3分鐘即達

Dal Moro's是威尼斯受歡迎的意式快餐店，專門提供新鮮的手工意大利粉。快餐店的菜單上有多種選擇，從傳統的番茄、忌廉、肉醬等，到創新的雞肉、香腸、蘑菇等，還有素食和純素的選項。快餐店的食物份量豐富，意大利粉煮得彈牙，醬汁濃郁，搭配新鮮的芝士和香草，令人回味無窮。

Tiramisu也是受歡迎食品。

意粉口味繁多，而且都是現場即製。

外賣意粉都以可愛的盒子盛載，方便攜帶。

地：Calle de la Casseleria, 5324, 30122 Venezia
電：0414762876 時：12:00nn-8:00pm
網：https://www.dalmoros.it/

威尼斯電影節舉行場地
利多島 Lido

Map11-6

乘水上巴士1、6、5.1號至利多島

利多島是橫貫威尼斯東南，約12公里長的細長小島，與法國的利比埃拉、美國的邁阿密、夏威夷的瓦依基基齊名，是國際聞名的海濱療養勝地。利多島上擁有眾多外觀雅致的別墅和豪華飯店，同時也是托馬斯•曼的名作《威尼斯之死》的故事舞台，沙灘上建有電影《威尼斯之死》中出現過的服裝及休息用的小屋，同時島上還有眾多賭場、餐館和夜總會。每年9月，來自世界各地的電影導演、演員、片商和影迷們都會齊聚在島上，參與一年一度的威尼斯電影節。

地：Lido Island

最繽紛艷麗的島嶼
布拉諾島 *Burano*

Map11-6

51

在Fondamenta Nuova船站搭乘12號船

位於威尼斯東北部的布拉諾島是一座漁村和編織花邊的村莊，運河兩岸排列著的都是塗成粉色和淡綠色的房子。這座以蕾絲花邊聞名的島嶼，同時也是威尼斯色彩最繽紛艷麗的島嶼。在布拉諾島的商店中堆滿了琳瑯滿目的蕾絲花邊製品，它們是作為旅遊紀念品的絕佳選擇。此外，布拉諾島上還可以品嘗新鮮的海鮮，經常有威尼斯人在周末專程前來，享受一頓味美價廉的豐盛大餐。

地：Burano Island

玻璃之島 穆拉諾島 Murano

Map11-6 52

乘水上巴士3號前往

位於威尼斯北部的穆拉諾島以生產玻璃和製作玻璃製品著名，也稱「玻璃島」。13世紀時威尼斯的玻璃製造業發展迅速，後來為了防止火災發生，玻璃作坊全部被移至城北的穆拉諾島。

來到穆拉諾島不可錯過的是這裡的玻璃藝術博物館，館內展示了從古至今各時代的玻璃工藝品，各式吊燈、果盤、花瓶、花卉、工藝擺設和日用器皿，還有奔馬、天鵝等動物鳥獸，以及項鏈、耳環等裝飾品，其中意大利傳統大型水晶吊燈由數百件晶瑩剔透的玻璃花朵、玻璃燭台、玻璃墜子組成，反映了穆拉諾島玻璃工藝的高超水平。此外，遊客不僅可以欣賞優美精緻的玻璃藝術品，還可以到玻璃工藝製品廠的車間參觀，了解工人製作玻璃工藝的過程。

地：Murano Island

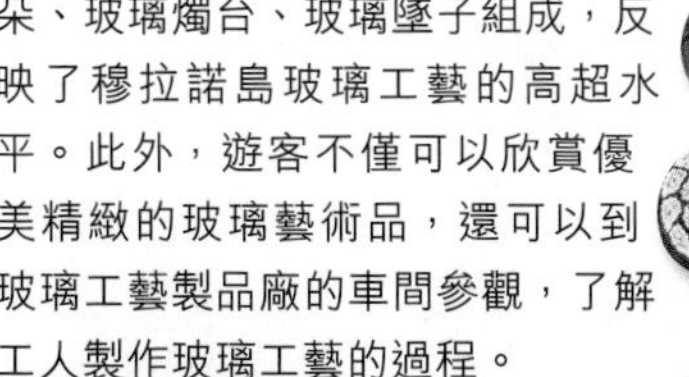

充滿學術氣息的古城 帕多瓦 Padova

Map11-6

53

從威尼斯搭乘火車約半小時即達帕多瓦

毗鄰威尼斯不遠的帕多瓦早在羅馬時代就已經是一座富庶的城市，曾被譽為是僅次於羅馬的「富庶之城」，帕多瓦在15世紀開始接受當時強盛的威尼斯共和國支配，現今人們依舊可以在這座古老的城市中看到大量中世紀流傳下來的柱廊式街廓布局，而新建的建築業也遵循這一原則，使得城市整體風格和諧統一。

毗鄰帕多瓦火車站的斯克羅韋尼教堂與市立博物館相連，遊客可以在這裡欣賞藝術大師喬托的壁畫，其中最為知名的當屬《猶大親吻耶穌》。作為帕多瓦的城市驕傲之一，帕多瓦大學創建於13世紀，以自由、通俗而聞名，哥白尼、哈伯等在此學習，伽利略、但丁、彼特克拉等曾在此授課，在醫學和自然科學的研究方面被譽為歐洲第一。

喬托的《猶大親吻耶穌》(Bacio di Giuda)。

地：威尼斯西側

電：041-8752077、8753087（旅遊服務中心）

帕多瓦大學

悲劇愛情的舞台
維羅納 Verona

Map11-6

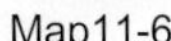

從威尼斯火車站乘火車至維羅納新門站，行程約1小時20分鐘

位於阿爾卑斯山南麓的維羅納風光迷人，是意大利最古老美麗的城市。在維羅納的老城區中，曲折的街巷兩側林立著眾多歷史悠久的古老建築，其中最吸引遊客的就是卡佩羅路27號小院裡的一幢小樓，這裡作為莎士比亞的名作《羅密歐與朱麗葉》中朱麗葉的故居，院內正面豎立著一尊真人高矮的朱麗葉青銅塑像，亭亭玉立、深情而又略帶哀怨，每一個來到這裡觀光的遊客都會觸摸一下銅像的右胸，祈求能夠得到美好的愛情。

銅像左側的大理石陽台是羅密歐與朱麗葉這對情侶幽會的場所，所有門牆上寫滿了祝福愛情的話語，這裡與朱麗葉的墓地同是受到全世界青年男女膜拜的愛情聖殿。

地：威尼斯西側

電：045-8000861、80686809（旅遊服務中心）

拿波里

Napoli

拿波里是意大利南部的第一大城市，是僅次於米蘭和羅馬的意大利第三大都會。該市為古希臘人所創建，後來羅馬人、諾曼人和西班牙人都先後統治該地。拿波里以其豐富的歷史、文化、藝術和美食而著稱，不但薄餅和結他起源於此，連意大利的歌劇也被拿波里影響深遠。意大利人曾說：「朝至拿波里，夕死可矣」，可想而知拿波里的重要。

對外交通

航空

拿波里的Capodichino機場，是南意大利的主要機場，無論是往來意大利的國內城市或歐洲各國的航班，都集中於此。機場距離拿波里市中心僅7公里，乘坐穿梭巴士僅需20分鐘車程。

鐵路

拿波里與羅馬之間有高速鐵路相通，火車時速達到每小時300公里，行程不到2小時。由位於市區的中央車站(Napoli Centrale)往返意大利各城市都非常方便。

市內交通

巴士

拿波里市內有眾多巴士線，其中R2線較多遊客乘坐。須注意乘客必須在登上巴士前購票，無票登車隨時會被罰超過所需車費的一百倍以上！車票可在有Tabacchi標誌的小店購買，單程1.5歐元。

地鐵

拿波里地鐵分為Linea1及Linea6，另外有4條電車路線Chiaia, Montesanto, Centrale及Mergellina行駛全市。遊客多選用Linea1，Linea6則因正擴建而暫停使用。由於拿波里市內交通擠塞嚴重，坐地鐵會比坐巴士較能控制時間。

網 **https://www.anm.it/**

的士

拿波里市區的士起錶3.5歐元，周日及假日起錶6.5歐元，每48米0.05歐元，每件行李0.5歐元。

Naples hop-on hop-off bus Tour

這是觀光巴士，分兩條線，多達20個站，全都是觀光熱點，25歐元一天任搭

A線(紅)：9:30am-5:10pm，每20分鐘一班，共9個站，全程約40分鐘。

主要觀光點為古蹟和博物館，例如 the Cathedral, the Archaeological Museum, Palazzo Caracciolo, the San Genaro Catacombs and the Academy of Fine Arts等等。

B線(藍)：9:45am-5:15pm，每30分鐘一班，共11個站，全程約70分鐘。

主要觀光點為欣賞風景，例如the gulf、affluent Posilippo、Piazza Vittoria、拿波里海岸線等等。

網 **https://www.hop-on-hop-off-tickets.com/naples-bus-tours/**

通用車票

通用車票可用於巴士、地鐵、電車。單程票(Biglietto Orario)1.7歐元，可於90分鐘內無限次乘坐巴士及地鐵，以及一程電車。1天票(Biglietto Giornaliero)5.1歐元，車票可在各車站或有Tabacchi標誌的小店購買。

rete metropolitana e tratte ferroviarie urbane

underground and urban railways map

拿波里鐵路圖

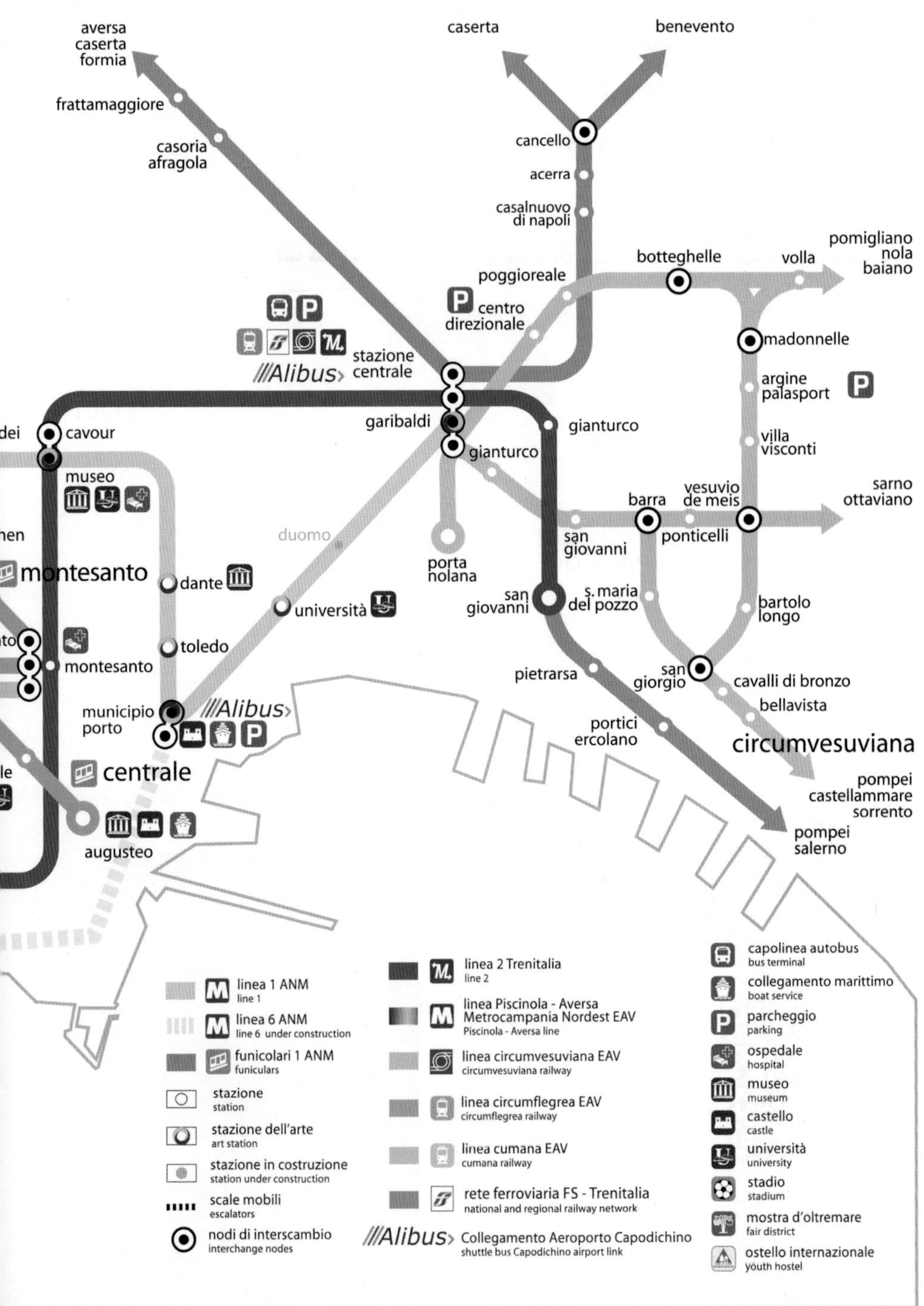
aversa
caserta
formia
caserta
benevento
frattamaggiore
casoria
afragola
cancello
acerra
casalnuovo
di napoli
pomigliano
nola
baiano
botteghelle
volla
poggioreale
centro
direzionale
madonnelle
Alibus
stazione
centrale
argine
palasport
garibaldi
gianturco
gianturco
dei
cavour
villa
visconti
museo
vesuvio
de meis
sarno
ottaviano
barra
ponticelli
hen
duomo
san
giovanni
porta
nolana
montesanto
dante
san
giovanni
s. maria
del pozzo
università
bartolo
longo
ato
montesanto
toledo
pietrarsa
san
giorgio
cavalli di bronzo
municipio
porto
Alibus
bellavista
portici
ercolano
circumvesuviana
le
centrale
pompei
castellammare
sorrento
augusteo
pompei
salerno
linea 1 ANM
line 1
linea 6 ANM
line 6 under construction
funicolari 1 ANM
funiculars
stazione
station
stazione dell'arte
art station
stazione in costruzione
station under construction
scale mobili
escalators
nodi di interscambio
interchange nodes
linea 2 Trenitalia
line 2
linea Piscinola - Aversa
Metrocampania Nordest EAV
Piscinola - Aversa line
linea circumvesuviana EAV
circumvesuviana railway
linea circumflegrea EAV
circumflegrea railway
linea cumana EAV
cumana railway
rete ferroviaria FS - Trenitalia
national and regional railway network
Alibus
Collegamento Aeroporto Capodichino
shuttle bus Capodichino airport link
capolinea autobus
bus terminal
collegamento marittimo
boat service
parcheggio
parking
ospedale
hospital
museo
museum
castello
castle
università
university
stadio
stadium
mostra d'oltremare
fair district
ostello internazionale
youth hostel

MAP 12-4
拿波里 Napoli
A
B
C
D
1
2
3
4
5
Museo
Dante
Stazione Napoli
Montesanto
Montesanto
CENTRO STORICO
DECUMANI
Via Atri
Corso Umberto
Duomo
PORTO
BORGO OREFICI
Universita'
Calata-Porta-di-Massa
QUARTIERI
SPAGNOLI
Via Medina
Calata-Piliero
Municipio
Vico Tofa
Stazione
Marittima
Via Nardones
PALLONETTO
SANTA LUCIA
Via Chiatamone
Fontana della
Immacolatella
Porticciolo di
Santa Lucia
Google Map
下載
北
01
02
03
04
05
06
07
08
09
10
11
01 拿波里蛋堡 Castel dell'Ovo 12-6
02 平民表決廣場 Piazza Plebiscito 12-7
03 拿波里皇宮 Napoli Palazzo Reale 12-8
04 橫路區 Decumano 12-9
05 考古博物館
Museo Archeologico Nazionale 12-10
06 新堡 Castel Nuovo 12-11
07 聖馬蒂諾博物館 Museo di San Martino 12-11
08 米格勒薄餅屋
L'Antica Pizzeria Da Michele 12-12
09 Casa Infante 雪糕屋 12-12
10 Antica Pizza Fritta da
Zia Esterina Sorbillo 餐廳 12-13
11 Gran Caffè Gambrinus 咖啡店 12-13

MAP 12-5
拿波里周邊

12 索倫托 Sorrento	12-14
13 龐貝古城 Pompeii	12-15
14 卡普里島 Capri	12-16
15 阿瑪爾菲海岸 Costiera Amalfitana	12-17

拿波里最古老的城堡
拿波里蛋堡 Castel dell'Ovo

01 Map12-4 B5

乘坐巴士128、140、154、N1線，於Chiatamone站下車，步行5分鐘

蛋堡是拿波里最古老的城堡，它位於Megarides島上，自古以來就是拿波里的海上要塞，最早可以追溯到古羅馬帝國時期。現在的堡壘則復建於文藝復興的15世紀。這座城堡見證了拿波里的風風雨雨，西羅馬帝國最後一任皇帝羅慕洛斯曾被流放於此，諾曼、神聖羅馬、法國以及西班牙的多個家族也都曾經擁有過這裡，因此這裡的建築風格融合多個流派的色彩，在保障防禦功能的之外又兼具觀賞價值。

相傳這個城堡內藏有一個神奇的彩蛋，據稱它是由古羅馬詩人維吉爾埋在地基內的，並預言雞蛋破裂的時刻便是拿波里的末日，有趣的是從未有人發現過這個彩蛋。

蛋堡現因翻新而暫停開放，詳情請參閱網站。

地：Via Eldorado, 1, 80132 Napoli
時：9:00am-4:30pm 電：081-7954593
費：免費入場
網：https://www.comune.napoli.it/casteldellovo

拿波里最繁華的廣場

平民表決廣場 *Piazza Plebiscito*

02 Map12-4 B4

乘坐巴士E6線，於Piazza Carolina站下車

平民表決廣場原本是一座教堂，在被拿破崙佔領後成為當地民眾集會的廣場，因1861年時意大利的南方全民公決決定加入領導意大利獨立的撒丁王國而得名。它視野開闊，位於古拿波里的新城與舊城之間，最惹人注意的是歐洲的新古典主義建築風格的半圓形柱廊，現在是拿波里城市復興的象徵。

廣場四周有許多中世紀與文藝復興時期的建築，其中最著名的當屬保羅聖芳濟教堂(Basilica di San Francesco di Paola)。這座巴洛克式的教堂擁有獨特的半球形穹頂，但它的頂部又模仿羅馬的萬神殿，在天花板中心開一圓形天窗，天然採光使教堂內部十分明亮。拿波里皇宮是由當時統治這裡的西班牙國王菲利普三世下令建造的，是拿波里最美的古典建築之一。

地：Piazza Plebiscito , Napoli

保羅聖芳濟教堂

Map12-4
03 B3

拿波里最為重要的歷史名勝
拿波里皇宮 Napoli Palazzo Reale

乘坐巴士E6線，於Piazza Carolina站下車

拿波里皇宮坐落在平民表決廣場對面，始建於17世紀，原為西班牙統治時期拿波里王的居所，後來則成為波旁皇朝的宮殿。皇宮正面8幅巨壁上，至今依然擺放著8尊國王的大理石雕像，洋溢著典型的巴洛克式風格。1925年這裡被意大利政府改建為國家圖書館，是拿波里最為重要的歷史名勝之一。

宮殿內除擁有小型的宮廷劇院和國立圖書館外，同時還展示著歷代皇室的起居室、客廳和睡房，以及大量的瓷器、家具、繪畫等藝術品。

地：Piazza del Plebiscito, 1, 80132 Napoli
時：9:00am-8:00pm，周三休息 電：081-400547
網：11 歐元，空中花園 2 歐元

拿波里教堂巡禮 04 橫路區 Decumano

Map12-4 C1

乘坐地鐵L1線至Dante站，步行6分鐘至法庭大道，沿途遊覽

橫路區本是古羅馬時期的一條寬闊的大道，是現在的拿波里舊城區的中心地帶，四周遍布著一座座古老的教堂和中世紀的民居建築，如今，這掛滿各種衣物的狹窄小巷已成為當地獨特的風景線。

法庭大道(Via del Tribunali)是這裡核心景區，這裡眾多的哥德式教堂大都修建於13-16世紀，而且各具特色：憐憫的慈悲山教堂(Monte della Misericordia)是以珍藏大量傑出畫作而得名的；在聖羅倫索教堂(San Lorenzo Maggiore) 與聖保羅教堂(San Paolo Maggiore)，可以感受拿波里的歷史變遷。新耶穌(Gesu Nuovo)廣場上的同名大教堂是由火山岩砌築而成的。它那獨特的黑色外觀已經成為拿波里的標誌性建築。聖齊亞拉教堂(Santa Chiara)是一組華美的建築群，充滿了濃郁的南意大利風情，尤其那鑲嵌著彩色瓷磚的庭院更是令人讚嘆不已。

新耶穌教堂

聖齊亞拉教堂

憐憫的慈悲山教堂

地: Via del Tribunali, Napoli

憐憫的慈悲山教堂	時: 10:00am-6:00pm，周日 9:00am-2:30pm	費: 免費
聖齊亞拉教堂	時: 8:30am-12:46pm、4:30-8:00pm，周日開 9:00am	費: 6 歐元
聖羅倫索教堂	時: 10:00am-5:30pm，周日休息	費: 9 歐元
新耶穌教堂	時: 8:00am-1:00pm，4:00pm-7:30pm，周日關 8:30pm	費: 免費

古羅馬藝術的經典收藏
國立拿波里考古博物館
Museo Archeologico Nazionale di Napoli

05 Map12-4 B1

乘地鐵L1線至Museo站，出站即達

博物館建於1777年，其前身是西班牙人修建的一所大學，主要收藏費迪南德四世的母親留下來的大量古董和藝術品，其收藏羅馬時代古文物的規模在歐洲堪稱首屈一指。1860年意大利統一後，博物館內的藏品收歸國有，是意大利南部最負盛名的考古博物館。

考古博物館一樓主要展示雕像和石棺；二樓展示了眾多濕壁畫和珍貴的玻璃器皿與珠寶；三樓最吸引遊客的則是精美的鑲嵌畫《亞歷山大大帝大戰波斯皇帝大流士》。此外，遊客在博物館內還可以欣賞到從龐貝和赫庫蘭尼姆城發掘出來的珍寶，以及許多希臘、埃及黃金時代的畫像、雕刻、青銅器等古物。博物館內設美術館，有拉斐爾、齊齊亞諾等人的名畫。

《亞歷山大大帝大戰波斯皇帝大流士》。

龐貝遺跡模型。

地：Piazza Museo 18/19, 80135 Napoli
時：9:00am-7:30pm，周二休息
電：081-4422149 費：23 歐元
網：https://mann-napoli.it/

法式風格的城堡
新堡 Castel Nuovo

06 Map12-4 C3

在皇宮徒步10分鐘，或乘N1、N3、N7、R2線巴士至Piazza Municipio站下車；或地鐵 L1線 Municipio站步行2分鐘

建於1279年的新堡是在法國安傑諾家族統治時期由查理一世修建的一座城堡，城牆上有4座圓筒形高塔。之後統治拿波里的阿拉貢家族在1443年時全面改建了城堡，1467年為紀念偉大的阿方索一世入城又增建了一座白色的凱旋門，刻有讚美其家族的浮雕，被譽為哥德式至文藝復興式過渡期的代表傑作。新堡內設有小型博物館，遊客可以在這裡欣賞博物館收藏的描繪拿波里歷史的油畫。

地: Piazza Municipio 80133 Napoli 電: 081-7951111
時: 8:30am-5:00pm，周日休息 費: 6 歐元

了解拿波里的歷史
聖馬蒂諾博物館 Museo di San Martino

07 Map12-4 A2

乘地鐵L2線至Montesanto站，
出站後轉乘纜車登山即達

聖馬蒂諾博物館的前身，是統治拿波里的法國安傑諾家族卡洛公爵下令修建的修院，修院於1325年興建，現今已經成為拿波里最具代表性的建築群。16世紀末期重建的大修院，在1806年為聖方濟會教派所有，1866年闢為聖馬蒂諾博物館，收藏了大量與拿波里歷史相關的文物與珍貴藝術品，是遊客了解拿波里歷史的好去處。

地: Largo S. Martino, 5 Napoli
時: 8:30am-5:00pm，周三休息
電: 081-5781769 費: 6 歐元

小巷中隱匿的美味薄餅店
米格勒古老薄餅屋
L'Antica Pizzeria Da Michele

08 Map12-4 D1

乘地鐵 L1線至Duomo站，步行5分鐘

隱匿於破爛小巷中的米格勒古老薄餅屋雖然外表頗不起眼，但卻是拿波里當地人最愛光顧的餐館。在米格勒古老薄餅屋中的牆上裝飾著大量黑白照片，生著炭火的烤爐則散發出陣陣誘人的香味，經常可以看到有食客慕名來品嘗「水手薄餅」和「瑪格麗塔薄餅」這兩種傳統口味的薄餅。此外，現在薄餅屋中還增加了「香腸」和「四種奶酪」等不同的新口味薄餅，帶給人們更多的美食選擇。

連茱莉亞羅拔絲都曾經光顧。

地：Via Cesare Sersale, 1, 80139 — Napoli
時：11:00am-11:00pm 電：081-5539204
網：www.damichele.net/

拿坡里人氣雪糕屋
Casa Infante

09 Map12-4 B3

由新堡步行6分鐘即達

Casa Infante是拿坡里著名甜品連鎖店，專門提供手工製作的雪糕和甜點，有多個分店，分佈在那不勒斯的不同區域。這家店的特色是食物天然、美味、多樣。店的菜單上有各種選擇，從傳統的口味，如雲尼拿、朱古力、草莓等，到創新的冰淇淋口味，如Amanello（杏仁、焦糖和朱古力的混合）、Cresommola（杏子和白酒的混合）、Percoche e vino（桃子和紅酒的混合）等。雪糕綿密、甜點鬆軟，使用新鮮的水果、牛奶、忌廉、糖和可可等優質的原料，不添加任何人工的香料和色素。

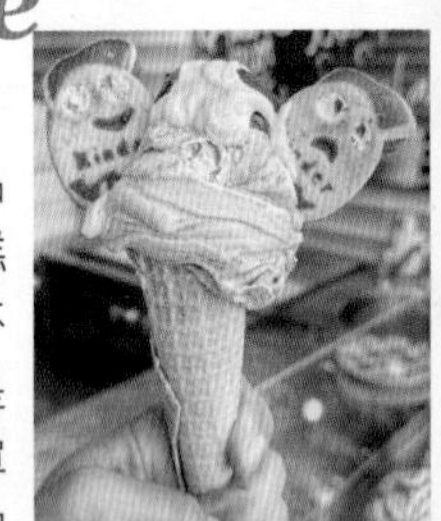

地：Via Toledo, 258, 80132 Napoli 電：08119312009
時：10:30am-10:00pm，周五、日至 11:00pm，周六至翌日 1:30am
網：https://www.casainfante.it/

拿波里炸薄餅
Antica Pizza Fritta da Zia Esterina Sorbillo

10 Map12-4 B3

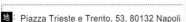

由平民表決廣場步行3分鐘即達

拿波里是薄餅發源地，除了傳統的烤烘方法，這店別具一格的炸薄餅也大受好評，成為拿波里的人龍食肆。該店創於1935年，差不多有一世紀，在拿波里及全國有多間分店。薄餅口味有不同選擇，從經典的炸薄餅，如蕃茄、芝士、火腿等，到創意的蘑菇、香腸、菠菜等。炸好的薄餅外形似超大號的餃子，外皮酥脆、餡料豐富，記得要趁熱食。

地：Piazza Trieste e Trento, 53, 80132 Napoli
時：11:00am10:00pm，周五、日至 11:00pm，周六至 12:00mn
網：https://www.facebook.com/pizzafrittaziaesterinasorbillo/

拿坡里最美咖啡店
Gran Caffè Gambrinus

11 Map12-4 B4

由平民表決廣場步行1分鐘即達

Gran Caffè Gambrinus是拿坡里歷史最悠久又最華麗的咖啡廳之一。它開業於1846年，早已成為拿坡里的一個地標性建築。咖啡廳室內裝潢華麗奢華，天花板上滿是精緻的壁畫和金屬花紋，四周掛滿了歷史名人的肖像，整個空間充滿著19世紀歐洲式的餐廳風格。據説許多畫家、作家和知識分子愛歇足於此，談論新思想。餐廳除了提供咖啡及簡餐，從早餐到下午茶或豐富的晚餐都有供應。天氣好的時候，戶外的小花園的雅座更是一位難求。

地：Via Chiaia, 1, 80132 Napoli
電：081417582 時：7:00am-12:00mn
網：http://grancaffegambrinus.com/

Map12-5

令人沉醉的碧海藍天
索倫托 Sorrento

在拿波里中央車站乘「環維蘇威線」(Circumvesuviana)小火車至終點站Sorrento，車程約1小時10分，每天06:09am-9:47pm半小時開出一班，車費3.6歐元

索倫托是一座風光旖旎的海邊小城。位於海濱峭壁上的索倫托，四周被橘、檸檬、油橄欖與桑等樹叢所圍繞，一邊是曲折的海灣，一邊是蔚藍的大海。漫步在小城整潔的街道上，可以遠眺壯美的維蘇威火山和魅力的卡普里島，同時小鎮上還有眾多14世紀修道院、大量中世紀雕刻、繪畫藝術，是

地：Sorrento

網：https://www.sorrentoinsider.com/ (Circumvesuviana train 班次查詢)

被火山摧毀的古城遺跡
龐貝古城Pompeii

Map12-5
13

在拿波里中央車站乘「環維蘇威線」小火車至Pompei站，下車即達

龐貝是亞平寧半島西南角上的一座城鎮，在古羅馬帝國時代這裡原本只是普通中等規模的市鎮，然而隨著維蘇威火山的突然噴發，整個城市在一夜之間被徹底的掩埋，直到1748年才被人們發現並發掘，從而成為了了解和研究古羅馬社會生活與文化藝術的重要資料。

古城略呈長方形，四周有城牆環繞，城內街道縱橫交錯，在古羅馬時期曾是有名的「酒色之都」。當大量的壁畫被考古工作者發掘後，這些被稱作「龐貝古城」的藝術品很快便對後來歐洲新古典主義產生了極為深遠的影響。

地：Pompeii

意大利著名的旅遊修養勝地

卡普里島 Capri

Map12-5

從索倫托的「小碼頭」乘船，需時20-30分鐘；或從拿波里直接搭船過來，約需時40分鐘

卡普里島被稱為「愛情、夢幻與太陽之島」，島的主要城鎮位於山坡之上，遊客們可以從港口乘坐纜車前往，一邊縱覽卡普里島的各處美景，一邊體驗以纜車作為交通工具的獨特之處。卡普里島的藍洞被譽為「世界七大奇景之一」，位於懸崖峭壁下的洞穴散發著奇妙的藍色光芒，瑰麗無比，遊客乘坐小船來到洞中不但可以看到柔和的湛藍色海水，還能看到神秘莫測的藍色岩石。

除了藍洞外，島上還有白洞、暗洞、聖人洞、神父洞、奇妙洞、燕貝裡洞等諸多洞穴。卡普里島上還有眾多的人文景點，如古羅馬皇帝提比略的行宮遺跡和他的墓葬地、革命家列寧和文學家高爾基的故居。島上的的士多為敞篷車，可以更加便利地欣賞島上的各處美景。

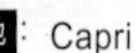

地：Capri

世界文化和自然雙遺產
阿瑪爾菲海岸
Costiera Amalfitana

Map12-5 15

在索倫托的火車站前有專門往阿瑪爾菲海岸[illegible]

阿瑪爾菲海岸是意大利著名的海濱旅遊區，這裡不但擁有優美的自然風光，還有眾多古老的人文景點，因此罕有地被聯合國教科文組織評定為世界文化和自然雙遺產。海岸邊陡峭的懸崖上到處開滿鮮花，碩果累累的檸檬樹和柑橘樹布滿懸崖的頂部，宛如空中花園。阿瑪爾菲的海岸怪石嶙峋，各種延伸到海中的棧橋都有著自己獨特的魅力。

依山而建的阿瑪爾菲小鎮歷史悠久，擁有眾多獨具魅力的古建築。小鎮裡的古街修長狹窄，幽靜的午後時分，可以選擇走在小道上前往壯觀的阿瑪爾菲大教堂，感受那中世紀的古老風情。

地：Costiera Amalfitana

西西里
Sicila

西西里島是地中海上最大的島嶼，從高處俯瞰宛如意大利這只伸向地中海的皮靴尖上的足球。西西里島的歷史悠久，深受多種文化藝術風格的影響，島上的建築呈現截然不同的風貌。西西里島四季如春、風光旖旎，是著名的海濱度假地。建築在層層山石上的古堡、洋房上接青天、下臨大海，有著巋然聳立的氣勢。此外西西里獨特的民族文化也是非常吸引遊客的。

對外交通

航空

西西里有兩個主要的國際機場，分別為帕勒莫國際機場及Catania Fontanarossa。兩者都有巴士前往西西里各大城市。

鐵路

西西里各主要城市都設有一個或多個火車站，連接意大利國內以至歐洲各地的火車。去西西里島最經濟方便的方法是從拿波里坐火車前往，建議買聯票，5天之內可以去任何地方，可連接西西里島的大城市如帕勒莫(Palermo)及敘拉古(Siracusa)，再轉乘火車往各小城鎮。

MAP 13-1 西西里 Sicilia

帕勒莫 Palermo

01. 帕勒莫四拐角 Quattro Canti 13-3
02. 帕勒莫主教堂 Cattedrale di Palermo 13-4
03. 諾曼皇宮 Palazzo dei Normanni 13-5

敘拉古 Siracusa

07. 敘拉古主教堂廣場 Piazza Duomo 13-9

MAP 13-2
拉古薩 Ragusa
A
B
C
D
1
2
S. Francesco
Via Armando Diaz
Giambattista Odierna
Corso Mazzini
Via del Mercato
Via Roma
Via S. Vito
Corso Don Minzoni
Via Avvocato Giovanni Ottaviano
04
05
06
04. 聖施洗約翰主教堂 Cattedrale di S.Giovanni Battista 13-6
05. 階梯聖母教堂 Santa Maria della Scale 13-7
06. 伊布拉舊區 Ibla 13-8
卡塔尼亞 Catania
北
3
Via Billotta
Via Calì
Via Plebiscito
Via Fornaciai
Via Grimaldi
Via Ortolani
08
08. 卡塔尼亞魚市場 Pescheria 13-10
陶米納 Taormina
4
5
Via Teatro Greco
Tommaso Fazzello
Via Roma
Via Bagnoli Croci
10
09
09. 翁貝托一世大道 Corso Umberto I 13-11
10. 希臘劇場 Teatro Greco 13-12

帕勒莫最熱鬧的地段

帕勒莫四拐角 Quattro Canti 01

Map13-1

由帕勒莫中央火車站步行10分鐘即達

四拐角位於帕勒莫老城的中心地帶，這裡是兩條主幹道交匯的地方，自古以來就是帕勒莫最為熱鬧繁華的地段，隱藏著該城最具魅力的景點。東西向的馬奎達大街與南北向的埃曼紐大街將這裡分為四片區域，這裡的每片區域內都有一棟優雅的巴洛克式建築，它們各具特色又相互呼應，是這裡的標誌性建築。這些建築的前方都有一座獨特的巴洛克式雕像噴泉，每座雕像都是精心雕刻而成的，它們都與後方的主建築在意境上相互聯繫，是四拐角最大的看點。

地：位於 Via Maqueda 與 Corso Vittorio 之間

西西里最重要的教堂
帕勒莫主教堂
Cattedrale di Palermo

Map13-1

02

由帕勒莫中央火車站步行20分鐘即達

帕勒莫主教堂是西西里島上最大、最重要的教堂。這座教堂最早是一座伊斯蘭教的清真寺，在11世紀末它被改造為一座教堂，浩大的工程直到18世紀才徹底結束。這座教堂的主體風格是巴洛克式，大門上方的屋檐具有加泰羅尼亞的獨特風格，而周圍那些繁複的花紋則烘托出這裡的卓爾不凡。

教堂佔地龐大，內部擁有多條交錯綜橫的巷道，它們的上方是用彩色瓷磚所覆蓋的圓頂，房屋內木製的天花板上雕刻著精彩的壁畫；教堂內還安放著腓特烈二世皇帝屍骨的石棺，其後方還有著名的羅傑二世等諸多政要顯貴的石棺；教堂內部還珍藏著帕勒莫的守護神聖羅薩莉婭所用過的物品和銀甕，以及眾多天主教徒所使用過的小教堂。

地：Corso Vittorio Emanuele, 90040 Palermo

費：大教堂免費，紀念區：12 歐元

時：大教堂：周一至六 7:00am-7:00pm，
周日 8:00am-1:00pm、4:00pm-7:00pm
紀念區：周一至六 9:30am-6:00pm，
周日 8-:00am-1:00pm

歷史悠久的宏偉建築 諾曼皇宮 Palazzo dei Normanni

Map13-1

03

由帕勒莫中央火車站步行20分鐘即達

位於帕勒莫舊城區內的諾曼王國皇宮歷史悠久，並將諾曼、拜占庭和阿拉伯等不同流派的建築風格融為一體。現在這裡則是西西里地區的議院，有部分房間對外開放。這座皇宮是由伊斯蘭統治時期的一座大型碉堡改造而來的，因此在外觀上頗具軍事建築所擁有堅固與莊嚴的特點。皇宮內部一樓的巴拉蒂娜小教堂是這裡的核心景點，木質的天花板上鑲嵌著金黃色的馬賽克，它們以聖經為題材，耀眼的色彩極具震撼力；教堂的牆壁四周下半部鑲著大理石塊，上半部則是鑲了金的精緻壁畫和裝飾性圖案，這些圖畫多以十字軍的戰爭歷史為主題；用於分隔主殿和邊廊的是6個阿拉伯式尖拱形結構。

地：Piazza del Parlamento, 1 90129 Palermo PA

時：周一至六 8:30am-4:30pm，
周日及假日 8:30am-9:30am、11:30am-12:30pm

費：19 歐元

網：https://www.ars.sicilia.it/scopri-il-palazzo-reale

典型的拉丁式建築

Map13-1

聖施洗約翰主教堂 01

Cattedrale di S.Giovanni Battista

由敘拉古(Syracuse)或卡塔尼亞(Catania)乘火車或巴士至拉古薩市中心

位於拉古薩舊城區中心的聖施洗約翰主教堂，是一座典型的拉丁式建築，它建於18世紀中期，因此又帶有部分哥德式的特色。教堂的主殿較長，兩側的耳廓較短，從高空俯瞰宛如一個十字架般。

教堂的大門處不但刻繪著各種精美繁複的圖形，還有雕塑著多個形象生動的雕塑，這其中既有代表天主教傳統聖母懷抱聖嬰的雕塑，也有聖施洗約翰的精美雕塑。教堂的內部豎立著一根根樸實的圓柱，它們都是由拉古薩地區獨特的瀝青石砌築而成，分布在三道長廊旁邊。教堂內部的天花板上都刻繪著華美的圖案，大都是取材於基督教的中人物與故事。

地：Via Roma, 134, 97100 Ragusa

時：周一至日 7:30am-12:30nn，3:00pm-7:00pm

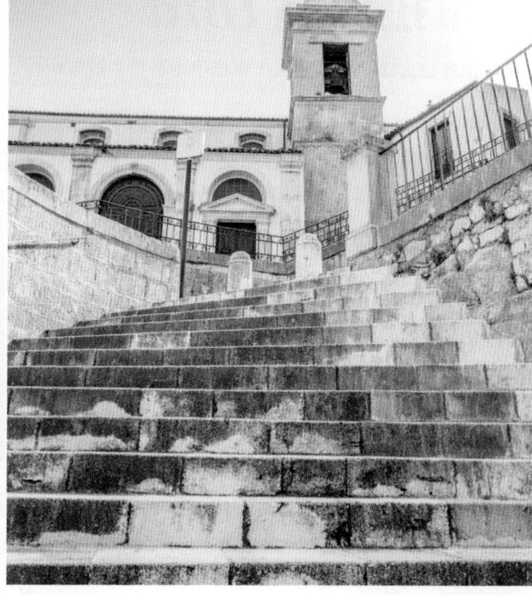

建於階梯上的巴洛克式建築

階梯聖母教堂

Santa Maria della Scale

Map13-1

05

由敘拉古或卡塔尼亞乘火車或巴士至拉古薩市中心

位於拉古薩新舊城區交界處的階梯聖母教堂，因為建造在陡峭的階梯之上而得名。這座教堂歷史悠久，整體外觀具有鮮明的巴洛克式風格。其大門處有細長的科林斯式石柱分布在兩側，屋檐上有精美的石刻雕像，那些活靈活現的人物都是取材於基督教的故事與傳說。四周還有栩栩如生的各種動物和活潑可愛的小天使雕像。

教堂的屋頂是新古典風格的穹頂，上面繪有精美的壁畫。教堂大廳內的聖母像表情慈祥，象徵著聖母對人世間的關愛，至今仍是母親們為自己的孩子祈求健康的地方。這座教堂內部還珍藏著不同時期不同風格的油畫，題材大都是以宗教文化為主，其中以聖母顯靈使畸形孩子恢復健康故事為主題的書作最多。

地: Via Cap. Bocchieri, 33 - 97100 Ragusa Ibla

時: 10:30am-1:00pm，3:00pm-7:00pm

拉古薩老城的繁華街區
伊布拉舊區 Ibla

Map13-2 D1

由敘拉古或卡塔尼亞乘火車或巴士至拉古薩市中心

伊布拉舊區是拉古薩老城中最為繁華的街區，位於城市東部的一座山坡上，房屋錯落有致。這裡的房屋具有後巴洛克風格的特點，它們排列在長長的登山階梯兩側，層層疊疊的極具立體美感。這個街區內遍布著大大小小的50餘座教堂和許多巴洛克式的宮殿，建於18世紀的聖喬治主教堂 (Cattedrale di San Giorgio) 是這裡的地標式建築，教堂中央遍布著3根一組科林斯長柱，它們支撐著40餘米高的巴洛克式圓型穹頂，場面極為壯觀。

伊布拉舊區是歐洲中世紀建築保存較完好的一個城市，這些古建築具有羅馬風格、哥德風格、文藝復興風格和巴洛克風格。伊布拉舊區的街道和街燈的外觀也完好地保存了中世紀的形態，是適合悠然漫步的地方。

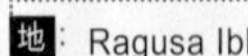

地: Ragusa Ibla

敘拉古古城的標誌景點
敘拉古主教堂廣場 Piazza Duomo

由敘拉古(Siracusa)火車站乘106號巴士在Corso Matteotti 7站下車步行4分鐘

敘拉古主教堂廣場附近擁有古希臘、古羅馬、阿拉伯、諾曼、西班牙等不同時期不同風格的建築。這裡的標誌性建築是敘拉古主教堂，這座由清真寺改建而來的教堂原址本來是古希臘的雅典娜神廟。教堂前方的台階處在兩側塑有雕像，它們站立在石柱上；大門有兩層，上下各6根巨大的羅馬式石柱，第二層的兩側同樣塑有雕像；大教堂的內部左側通道旁還有西西里島上第一座教堂的遺跡。

敘拉古主教堂廣場四周還有許多各有特色的建築，它們都是不同年代的精品，每棟都有著自己的傳説與故事。廣場上還有獨特的古希臘的雕塑，銀白色的材質充分地展示了古希臘人對力與美的看法，那充滿剛陽之氣的軀體更是極具魅力。

地：Piazza Duomo 96100 Siracusa
時：敘拉古主教堂：7:30am-7:00pm
費：2 歐元

卡塔尼亞的商業中心

卡塔尼亞魚市場 *Pescheria*

08 Map13-2 A3

乘坐火車到Catania Centrale站，轉乘902號巴士ia Vittorio Emanuele站下車步行2分鐘

卡塔尼亞魚市場位於卡塔尼亞的中心區的大教堂一側、神學院的後方，是該城著名的商業中心。這具有阿拉伯風格的市場，是卡塔尼亞老城區中最具活力的地方，出售各種從地中海中捕撈出來的新鮮海產品，尤其以巨大的金槍魚最為著名。巨大的金槍魚長度近2米，那尖銳的上吻有半米長，各種奇妙的貝殼和海洋軟體動物也是這裡名品。

卡塔尼亞魚市場的獨特一景是這裡小販們高亢的叫賣聲：他們的聲音雄壯渾厚，頗有些意大利歌劇的神韻在其中，再配上他們庖丁解牛般的利落刀法，實在不容錯過。在這裡還能品嘗到意大利的各種海鮮美食，感受到意大利的熱情氛圍。

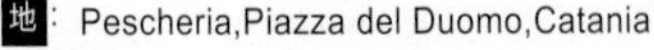

地：Pescheria,Piazza del Duomo,Catania

小城陶米納最為繁華的街道
翁貝托一世大道
Corso Umberto I

09 Map13-2 A5

由墨西拿(Messina)或卡塔尼亞(Catania)乘火車至陶米納Taormina-Giardini車站，出站步行20分鐘即達，也可等待穿梭巴士(Blue Interbus)進入市區

翁貝托一世大道是小城陶米納最為繁華的街道，這條橫貫市區的長街兩側布滿了極具西西里色彩的房屋。翁貝托一世大道上以沿途眾多的時裝店和珠寶店著稱，珠寶店內的金銀製品做工精美、造型華麗。這裡的許多店舖保持了陶米納古老傳統——用手工製作華麗的家具，他們按照顧客的要求，用大理石作為家具的底座，並鑲嵌上色彩繽紛的寶石。

沿著翁貝托一世大道前行來到大教堂廣場，這裡的夏季露天市場布滿了進行叫賣的小商販，既有奇形怪狀的熔岩石，也有構思巧妙的手工藝品，這裡還是品嘗陶米納地區各種特色美食的地方，尤其以各種乾白葡萄酒最為出名。

地: Corso Umberto I, Taormina

西西里島上第二大古劇場
希臘劇場 Teatro Greco

由墨西拿或卡塔尼亞乘火車至陶米納Taormina-Giardini車站，出站步行20分鐘即達，也可等待穿梭巴士進入市區

10 Map13-2 C4

希臘劇場是陶米納保存最好的一座古羅馬時期的建築，也是西西里島上第二大古劇場，是這座古城的標誌性建築。劇院最早建於古希臘時代，在古羅馬共和國時期又經過改造，因此兼具了劇場與競技場的雙重功能。它建於公元前2世紀，位於城郊的山丘之巔，背後則是碧波萬頃的地中海。

劇場直徑100多米，可容納5000多名觀眾，北面的部分看台至今仍保存完好。劇場的大門只剩下部分外牆，兩側的科林斯式石柱則只剩下少許遺跡，供人憑弔。劇場中的舞台倒是保存完好，場地那裡還有不少火山熔岩肆虐時遺留下的痕跡。這座希臘劇場至今仍發揮著作用，是西西里島上重要的露天表演場地。

地：Via del Teatro Greco, 1, 98039 Taormina

時：9:00am-4:00pm，不同月份開放時間略有不同

費：10 歐元

網：https://aditusculture.com/en/esperienze/taormina/musei-parchi-archeologici/teatro-antico-di-taormina

意大利南部
Southern Italy

MAP 14-2
意大利南部
Genoa
RANCE
LIGURIA
Florence
Ancona
Pisa
SCANY
MARCHE
UMBRIA
LAZIO
ROME
ABRUZZO
MOLISE
HERZEGOVINA
特拉尼 Trani
14-7
巴里 Bari
14-4
Brindisi
APULIA
CAMPANIA
Naples
萊切 Lecce
14-9
BASILICATA
奧特蘭托 Otranto
14-12
CALABRIA
SARDINIA
Cagliari
Palermo
SICILY
TAV High Speed Rail
Google Map
下載
巴里 Bari
01 巴里主教堂 Cattedrale 14-4
02 聖尼古拉教堂
Basilica di San Nicola 14-5
北
Corso Antonio De Tullio
Via Venezia
Lungomare Imperatore Augusto
Str. Filioli
Vittorio Veneto
Str. Incuria

MAP 14-3
A
B
C
D
1
2
3
4
5
04 特拉尼主教堂 Cattedrale di Trani 14-7
05 卡密內教堂 Chiesa del Carmine 14-8
特拉尼 Trani
Castel del Monte
03 蒙特城堡 Castel del Monte 14-6
Trani
Andria
Corato
Via la Giudea
Via Ognissanti
06 萊切聖十字教堂 Santa Croce Viaggi 14-9
07 萊切主教堂廣場 Piazza del Duomo 14-10
08 卡羅五世城堡 Castello Carlo V 14-11
萊切 Lecce
Via G. Garibaldi
Via Cesare Bat
Via Achille Costa
Via XXV Luglio
Via lo Re
Via Fabio Filzi
Via Liborio Romano
Via Nazario Sauro
Viale Felice Cavallotti
北
奧特蘭托 Otranto
09 奧特蘭托主教堂 La Cattedrale di Otranto 14-12
10 聖彼得小教堂 San Pietro 14-13
Via Punta
Via Papa Giovanni Paolo II
Strada Bonifica Idro
Via delle Torri
Via del Porto
Martire Schito
Faccolli

巴里的標誌性建築

巴里主教堂 *Cattedrale*

Map14-2

01

乘地鐵至Bari Centrale站，出站後步行20分鐘即達

巴里主教堂建造於12世紀末期，是一棟極具哥德風格的建築物。教堂位於巴里的老城內，四周都是古老的舊房屋，來到這裡頗有時空倒錯之感。巴里主教堂雄偉壯觀，潔白典雅的外牆將這裡渲染得與眾不同，各種美麗的雕刻將這裡裝點得美輪美奐：教堂的主建築具有鮮明的對稱之美，漫步在教堂內可以感受到莊嚴神聖的氣氛，保存完好的大玫瑰窗、教堂正殿內精美的塑像，具有極強的藝術表現力和感染力；高聳直立的塔樓是巴里主教堂附屬建築物，內部由22根長柱分為3個部分，是通往古老的聖雷丘地下墳陵的必經之路；而安葬基督教聖人的聖尼古拉墓也位於教堂的地下室內，那裡還有聖尼古拉斯的遺物等許多珍貴的物品。

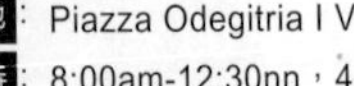

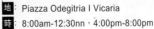

地：Piazza Odegitria I Vicaria

時：8:00am-12:30nn，4:00pm-8:00pm

Map14-2

02

基督教世界重要的朝聖地之一
聖尼古拉教堂
Basilica di San Nicola

從巴里主教堂步行10分鐘即達

建造於11世紀的聖尼古拉教堂是紀念東歐守護者聖尼古拉的大教堂，也是意大利罕見的東正教堂。這座教堂修建於動蕩的中世紀，同時兼具教堂與城堡的雙重功能，雖多次遭受圍攻都留存了下來。教堂內部的屋頂由堅固的花崗岩石柱支撐，雕刻著精彩圖案的拱門也是由同一材質砌築而成，具有鮮明的南意大利特色。

教堂的博物館內收藏著許多珍貴的物品，最著名的當屬查理一世國王所捐贈的燭台，還有拜占庭帝國遺留下來的羊皮手稿；教堂內珍貴的馬賽克步道是這一地區最早的馬賽克步道，都是出自基督教傳說中的人物與動物。每年12月6日與12月19日這裡都會舉行盛大的活動以紀念聖尼古拉。

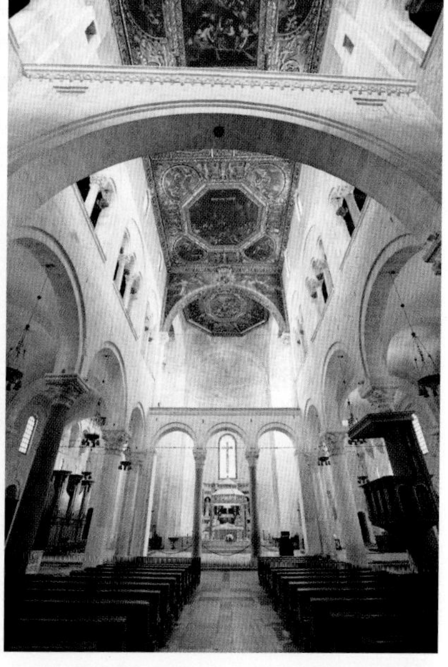

地: Largo Abate Elia, 70122 Bari

時: 教堂 周一至周六 6:30am-8:30pm，周日 6:30am-10:00pm
博物館 周一至日 11:00am-6:00pm，周三休息

費: 3 歐元

氣勢恢宏的古堡 蒙特城堡 Castel del Monte

03 Map14-3 C2

由巴里乘坐Ferrovie Nord Barese火車至安德利亞(Andria)，後換乘當地6號線巴士前往(注意巴士只在夏天5至9月行走)

坐落在特拉尼郊區的蒙特城堡被稱為「山上的城堡」，這座雄偉壯觀的八角形堡壘是赫赫有名的神聖羅馬帝國皇帝腓特烈二世所建造的。經過了幾百年的風雨戰火，這座堡壘基本上仍保持著當年威武的原貌。這座城堡以哥德式的建築風格為主，並融合了古羅馬、諾曼和阿拉伯等多流派的建築特點，是一個罕見的集實用性與藝術性與一身的城堡，因此也被選入了世界文化遺產。

這座奇特的堡壘在8個方向設置了8座柱塔，每個樓層有8間客房，堡壘的中庭也是八角形的，這種奇特的建築造型被譽為中世紀軍事建築的傑作。堡壘內部雄壯的大理石柱現在只留下部分殘骸供人憑弔。

地：Strada Statale 170, 76123, Andria, Italy

時：4 月至 9 月 10:15am-6:45pm，
10 月至 3 月 9:00am-5:45pm

費：7 歐元

04 Map14-3 A1

特拉尼的地標建築 特拉尼主教堂 Cattedrale di Trani

在巴里乘坐火車至特拉尼，出站後步行20分鐘即達

毗鄰大海的特拉尼主教堂始建於11世紀，其前身是一座聖母教堂，現今遊客看到的建築於13世紀中葉完工。高59米的鐘塔建於14世紀，整座建築帶給人和諧美感。教堂內有22根立柱，將內部分割成3道長殿，可通往5世紀時修建的地下墳墓。

: Piazza Duomo 76125 Trani 網: http://www.cattedraletrani.it/IT/

時: 11 月至 3 月 9:00am-12:30pm，3:30pm-6:00pm，假日 9:00am-12:30pm，4:30pm-8:00pm
4 月至 10 月 9:00am-12:30pm，3:30pm-7:00pm，假日 9:00am-12:30pm，4:30pm-8:30pm

普利亞大區最負盛名的城市建築
卡密內教堂 *Chiesa del Carmine* 05

在巴里乘坐火車至特拉尼，出站後步行20分鐘即達

建造於12世紀末的卡密內教堂是具有巴洛克風格的建築，也是意大利普利亞大區最負盛名的城市建築物之一。修建這座教堂的石料全部取自於當地，這些白色石料的特點是在陽光的照射下會顯現出奇妙的粉紅色，因而極具藝術美感。卡密內教堂位於海岸旁，是特拉尼著名的觀光旅遊景點，優雅的鐘樓高聳直立倒映在清澈的海水中更顯得卓爾不凡。漫步在卡密內教堂附近不但可以感受神聖的宗教氛圍，又能體會到意大利那獨特的浪漫情懷。

地：Piazza Tiepolo, 76125 Trani

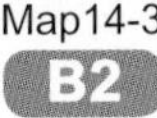

06 Map14-3 B2

華麗的巴洛克風格建築

萊切聖十字教堂

Santa Croce Viaggi

由萊切火車站步行20分鐘即達

萊切聖十字教堂是修建於文藝復興時期的巴洛克式建築，它秉承了當時華麗的風格，又有鮮明的南意大利的地域特色。這座歷史悠久的教堂的牆面與大門都極為華麗，上面刻繪了繁複的花紋。教堂內外那些精美裝飾圖案，都是用黃褐石雕刻而成，這種產於萊切市郊的石料，會散發出奇妙的金屬色澤，仿如古老的青銅器一般。6根光滑的圓柱支撐著教堂的檐部，上方是各種動物、植物以及怪誕的人像雕刻，它們簇擁在一個巨大的玫瑰窗周圍，陽光從這五彩繽紛的玻璃中照射進去，給教堂內渲染出一層綺麗的氛圍。

地：Piazzetta Gabriele Riccardi, 3, 73100 Lecce
時：9:30am-1pm，4:30pm-7:30pm，周六 9:30am-12:30pm，周日休息
電：0832-279962 費：免費入場

07 Map14-3 A3

南意大利最美麗的廣場

萊切主教堂廣場 *Piazza del Duomo*

由萊切火車站步行15分鐘即達

主教堂廣場是萊切古城中最負盛名的廣場，又被稱為「南意大利最美麗的廣場」，四面均被獨特的萊切巴洛克式建築所包圍，漫步在這空曠的廣場上能感受到無與倫比的建築美感：廣場正面是著名的萊切大教堂，教堂莊嚴肅穆、具有獨特的不對稱美感；而那高達70餘米的雄偉鐘樓不但是這裡的標誌性建築，也是建築大師津巴羅的傑出作品，登上這座鐘樓可以把萊切的美麗風光一覽無餘。

紅衣主教宮殿位於大教堂右側，正門華貴優雅，四周都刻繪著與宗教有關的各種圖案；樓下是由圓柱支撐的長廊；樓上則是用來欣賞風景的開放式陽台，這裡也是主教堂廣場通往外界的主要通道。

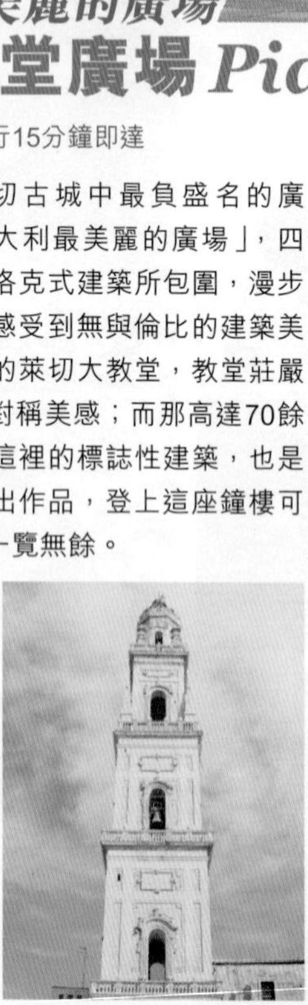

地：Piazza del Doumo

Map14-3 C3 08

文藝復興時期軍事堡壘
卡羅五世城堡 Castello Carlo V

由萊切火車站步行30分鐘，或由萊切聖十字教堂步行3分鐘即達

歷史悠久的卡羅五世城堡位於萊切古城的制高點，是文藝復興時期意大利南部最重要的軍事堡壘之一。這座獨特的巴洛克式城堡，是由西班牙人所建造的，因此具有鮮明的伊比利亞建築特點。卡羅五世城堡的城牆高大堅固，四角處各有1個圓形塔樓，是重要的防禦支撐點。

從正門進入首先要經過那匠心獨具的吊橋，正門上方的八角形稜堡不但是控製吊橋起落的地方，還是監視城堡外圍情況的重要場所；城堡的內部裝飾也是極為簡樸，城堡內部的一部分房間被闢為博物館，主要展出與這裡相關的各種物品，還有收藏各種圖書的圖書館，以及多座相關的研究室和展覽會場。4門大炮安放在主堡壘周圍，雖經風雨的洗禮但仍保持著當年英勇的身姿。

地：Viale 25 Luglio, 73100 Lecce

時：10 月至 5 月 周一至五 9:00am-8:30pm，周日和假日 9:30am-8:30pm，6 月和 9 月 周一至五 9:00am-9:00pm，周日和假日 9:30am-9:00pm，7 月和 8 月 9:00am-11:00pm，周日和假日 9:30am-11:00pm

費：8 歐元

網：http://www.castellocarlov.it/

生命之樹
奧特蘭托主教堂
La Cattedrale di Otranto

09 Map14-3 B5

由萊切乘Rete Ferroviaria Italiana (RFI)火車至奧特蘭托，車程約1小時，由火車站步行15分鐘即達

歷史悠久的奧特蘭托主教堂是奧特蘭托城最著名的景點，皆緣自這座教堂內部的地面用馬賽克鋪成的一幅巨大的「生命之樹」的圖案，這幅獨特的巨畫是在12世紀晚期，由當時掌管這裡的紅衣主教邀請意大利與希臘多位藝術家聯合創作而成的，展示了基督教故事中的著名和重要場景。各種動物的形象散布在樹的四周，代表著黃道十二宮的各星座環繞在外，象徵著茂密的枝葉，樹的主幹則由一個個人物形象匯聚而成的，這巧妙的景象極具宗教藝術的感染力。教堂的地下室是由42根堅固華美的大理石柱支撐的，上面都刻繪著精美的圖案；室內是教堂的圖書館，裡面收藏多世紀以來奧特蘭托主教堂所擁有的各基督教派典籍，還有許多珍貴的羊皮手抄稿。

地：Piazza Basilica, 1, 73028 Otranto

時：6 月至 9 月 7:00am-12:00nn，3:00pm-7:00pm，10 月至 5 月 7:00am-12:00nn，3:00pm-5:00pm

早期拜占庭建築風格
聖彼得小教堂 San Pietro

10 Map14-3 B5

由萊切乘Rete Ferroviaria Italiana (RFI)火車至奧特蘭托，車程約1小時，由火車站步行20分鐘即達

這個位於街角的教堂雖然貌不起眼，卻有著悠久的歷史。這座教堂於5世紀開始建造，但是斷斷續續直到11世紀才徹底完工，因此聖彼得小教堂在保持原有風格的同時，又吸收了阿拉伯、諾曼等不同流派的特點。

聖彼得小教堂由4根長柱支撐著奇特的柱形圓頂，中間砌築著獨特的萊切石，獨特的金屬色澤讓這座教堂更具有古樸的美感，主殿的周圍還有3座小巧的半圓形房間。漫步進教堂內部可以看到多幅壁畫，其中1幅描寫耶穌與他的門徒進行最後晚餐的壁畫是拜占庭風格藝術的精品，栩栩如生的人物形象與華麗的背景是惹人注意的焦點。

地：Via Padre Scupoli - 73028

時：周一、四、五 10:00am-1:00pm，4:30pm-7:30pm，
周二 10:00am-12:00nn，4:30pm-7:30pm，
周日 10:00am-1:00pm，4:30pm-6:00pm，周三及六休息

意大利中部
Central Italy

MAP 15-1
意大利中部
Google Map 下載
Bologna
Genoa
Florence
San Marino
聖馬力諾 San Marino 15-5
Ancona
比薩 Pisa 15-2
TUSCANY
MARCHE
UMBRIA
佩魯賈 Perugia 15-6
阿西西 Assisi 15-8
LAZIO
ROME
ABRUZZO
MOLISE
CAMPANIA
APULIA
Bari
Naples
BASILICATA
BOSNIA-HERZEGOVIN
A
B
C
D
1
2
比薩 Pisa
Via Contessa matilde
Pisa S. Rossore
01 比薩斜塔 Torre pendente di Pisa 15-2
02 比薩大教堂 Duomo di Pisa 15-3
03 比薩大教堂廣場 Piazza del Duomo 15-4
3
佩魯賈 Perugia
V. Priori Scala Mobile
V. Pellini MM(PG)
V.Cupa MM
pincetto MM
05 執政官宮 Palazzo dei Priori 15-6
06 佩魯賈主教堂 Duomo di Perugia 15-7
北
4
5

世界建築史奇蹟
比薩斜塔 *Torre pendente di Pisa*

01 Map15-1 D3

乘火車到Pisa S. Rossore站
下車步行12分鐘

位於比薩古城內教堂廣場上的比薩斜塔是一座古羅馬鐘樓，造型古樸而又秀巧。其在建塔之初還是筆直向上的，建到第三層時由於土層強度差，而且塔基只有3米深，完全不能承受大理石砌築的塔身重量，於是塔體開始傾斜，工程也被迫停工，直到96年後才開始繼續施工，為了防止塔身再度傾斜，工程師們採取了一系列補救措施，現今比薩斜塔依舊巍然屹立，其「斜而不傾」的現象也被稱為世界建築史上的奇跡。

1590年伽利略曾經在塔頂做過讓兩個重量相差10倍的鐵球，同時從塔頂落下的自由落體運動試驗，推翻了希臘著名學者亞里士多德的「物體下落速度與重量成正比」理論，一舉開創了實驗物理的新時代，比薩斜塔也因而名聲大噪。

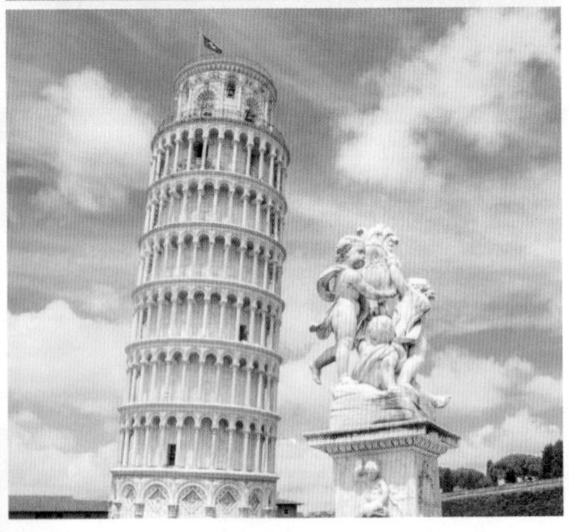

地：Piazza del Doumo 電：050-3872211
時：約 9:00am-6:00pm，每月皆有調整，出發前應上網站確認。必須在購買入場券時預約時間。
費：20 歐元（斜塔 + 教堂） 費：www.opapisa.it

羅曼式建築的典型代表

比薩大教堂 *Duomo di Pisa*

02 Map15-1 D3

比薩斜塔旁邊

始建於1603年的比薩大教堂是為紀念比薩城的守護神聖母瑪麗亞而建，是意大利羅曼式教堂建築的典型代表。平面呈長方的拉丁十字形的比薩大教堂縱深的中堂與寬闊的耳堂相交處為一橢圓形拱頂所覆蓋，中堂用輕巧的列柱支撐著木架結構的屋頂。大教堂的底層入口處有3扇大銅門，上有描寫聖母和耶穌生平事跡的各種雕像。大門上方是幾層連列券柱廊，以帶細長圓柱的精美拱圈為標準，逐層堆疊為長方形、梯形和三角形，布滿整個大門正面。教堂外牆是用紅白相間的大理石砌成，色彩鮮明，具有獨特的視覺效果。

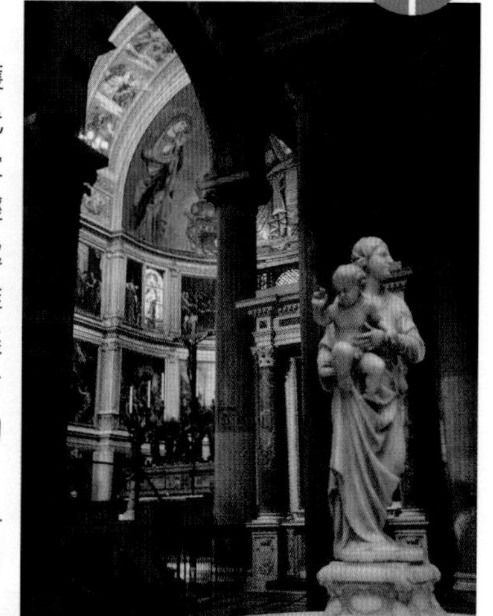

地: Piazza del Doumo 電: 050-3872211

時: 約 9:00am-6:00pm，每月皆有調整，出發前應上網站確認。

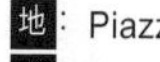

費: 10 歐元 (教堂 +Sinopie 博物館 + 歌劇院博物館 + 墓地 + 洗禮堂)，7 歐元 (教堂 + 一個景點)，20 歐元 (教堂 + 斜塔)，27 歐元 (全部景點 + 斜塔) 費: www.opapisa.it

莊嚴雄偉的「奇跡廣場」

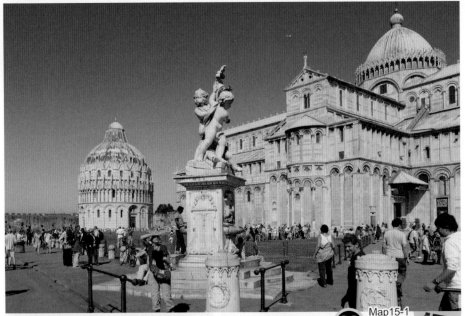

比薩大教堂廣場 *Piazza del Duomo*

03 Map15-1 C3

比薩斜塔旁邊

比薩大教堂前的大教堂廣場由雕塑家布斯凱托 • 皮薩諾主持設計，被稱為「奇跡廣場」。整個廣場全部採用白色大理石砌成，帶給人們雄偉莊嚴的感覺，廣場上聳立著宏偉壯觀的比薩大教堂，此外還有一個圓形的洗禮堂和鐘塔，構成了世界聞名的建築群。全部建築群修建共耗時288年，是意大利中世紀最重要的建築群之一，也是比薩城的標誌性建築。

地：Piazza del Doumo

世界上最小、最古老的共和國
聖馬力諾 San Marino

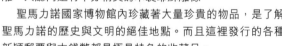

乘火車到濱海城市里米利(Rimini)，再轉約40分鐘車程的長途巴士

聖馬力諾是世界上最小也是最古老的共和國，這個袖珍國家位於蒂塔諾山的山坡上。聖馬力諾所在的山區林木蔥蘢，其中那3座位於城牆間的高塔是觀望這裡美景的絕佳地點。聖方濟各大教堂是此城最古老最富魅力的建築物，這座教堂莊嚴肅穆，正門上方懸著石匾，刻著頭戴王冠、展翅欲飛的雄鷹雕像，其旁還有一戴冕頭像的浮雕，大廳內還有十分精美的木製耶穌雕像。

聖馬力諾國家博物館內珍藏著大量珍貴的物品，是了解聖馬力諾的歷史與文明的絕佳地點。而且這裡發行的各種新穎郵票與古錢幣都是極具特色的收藏品。

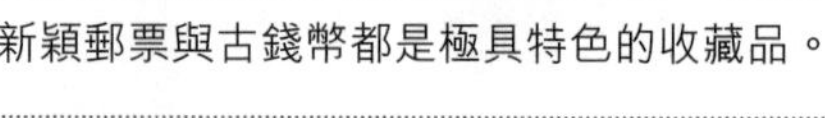

地：San Marino

聖馬力諾國會大樓

意大利最龐大的中世紀建築群

佩魯賈執政官宮 *Palazzo dei Priori*

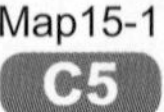

由羅馬或佛羅倫斯乘火車到佩魯賈，車程約兩小時

佩魯賈執政官宮是意大利最為龐大的中世紀建築群之一，建於這座古城最輝煌的13世紀末，直到15世紀中期才結束。宮殿具有鮮明的哥德式風格，外牆布滿了各種繁複的花紋與雕飾，其中最引人注目的是代表佩魯賈城市形象的禿鷲與獅子的圖案；技藝大門上面的浮雕形象生動、主題鮮明，各種善與美、醜與惡在這裡均有體現；「公證人大廳」是過去解決爭端的地方，殿堂內的牆壁上懸掛著13世紀的繪畫作品；宮殿裡的一條條拱廊寬敞深邃，沿此步行可以來到翁布里亞(Umbria)國家藝術館，這個藝術館內收藏了翁布里亞大區自13世紀以來眾多優秀的藝術作品與當地具有代表性的各種文物。

地：Piazza IV Novembre Perugia

時：3月至10月9:00am--7:00pm，11月至2月10:00am-4:30pm

費：10歐元 網：turismo.comune.perugia.it

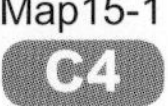

Map15-1
C4

翁布里亞大區主教的駐地
佩魯賈主教堂
Duomo di Perugia

佩魯賈執政官宮旁

佩魯賈主教堂修建於中世紀晚期，是紀念天主教聖人聖羅倫佐的教堂。由於種種原因，這浩大的工程至今尚未完工。這是棟哥德式建築，但又兼有其他建築流派的風格融合在一起。

大教堂前方的廣場上，樹立了羅馬教皇尤利烏斯三世的銅像。教堂的表面為紅白色的大理石塊所覆蓋，教堂內部氛圍莊嚴肅穆，巨大的彩窗在陽光的照射下散發出絢麗的光芒。教堂展示了名畫《從十字架上放下的基督》，生動地將耶穌去世後的場景再現。這裡還有用黃金打造的神龕，裡面珍藏著基督教早期祭拜聖母的物品。

地：Piazza IV Novembre — 06123 Perugia

時：周一至六 8:30am-12:30pm、3:30pm-7:30pm，周日及假日 8:30am-12:30pm 、3:00pm-7:00pm

基督教聖人方濟各的家鄉
阿西西Assisi

07 Map15-1 C1

在佩魯賈乘火車至阿西西，出站後可換乘巴士至位於半山腰的小城

阿西西是基督教聖人方濟各的家鄉，是意大利著名的宗教旅遊景區。這座古老城鎮的建築大都是採用附近山區的玫瑰色石料，至今仍完好地保存著中世紀的各種風貌。阿西西的老城區被城牆所包圍，這道堅固的防御工事至今仍保存完好，它是這座小城寧靜祥和生活的保障。

城區西側的聖方濟各大教堂是阿西西的標誌性建築，它建於13世紀，外觀樸素但內部結構卻是非常精巧複雜，上下兩層建築讓遊客從不同角度觀看都感覺不同；大教堂的裝飾是由當時的意大利眾多藝術家們精心設計建造的，尤其是位於拱頂上的壁畫屬於意大利的國寶。阿西西古跡眾多，還有聖女齊亞拉教堂、大城堡、小城堡等也都是不可多得的景點。

地：Perugia

意大利北部
Northern Italy

MAP 16-2
意大利北部
Google Map 下載
AUSTRIA
SWITZERLAND
FRULIO-VENEZIA GIULIA
TRENTINO ALTO ADUGE
LOMBARDY
VENETO
AOSTA VALLEY
Milan
A4
A22
Trieste
CROATIA
Venice
都靈 Torino 16-13
帕爾馬 Parma 16-10
06
拉文納 Ravenna 16-12
波隆那 Bologna 16-6
Bologna
EMILIA ROMAGNA
熱那亞 Genova 16-17
Genoa
LIGURIA
FRANCE
A1
A7
A6
A10
A12
A13
A14
A21
Florence
Ancona
Pisa
TUSCANY
MARCHE
UMBRIA
波隆那 Bologna
北
01 阿爾基金納西奧宮 Palazzo dell Archiginnasio 16-6
02 聖白托略大殿 Basilica di San Petronio 16-7
03 贊伯尼大道 Via Zamboni 16-8
04 聖斯蒂法諾教堂 Complesso di Santo Stefano 16-9
Via Centotrecento
Via delle Belle Arti
Via Galliera
Via Giuseppe Petroni
Via S. Vitale
Str. Maggiore
Via Castiglione
Via Guido Reni
Via de' Fusari
Via Santa
Str. Maggiore
03
02
01
04

MAP 16-3
帕爾馬 Parma
Viale Piacenza
05
考古博物館
Museo Archeologico
Nazionale di Parma
16-10
Str. G. Garibaldi
Via dei Farnese
Via Massimo D' Azeglio
雷吉奧劇院
Teatro Regio di Parma
16-11
帕爾馬
Polesine
Parmense
Roccabianca
Busseto
Casalmaggiore
北
Suzzara
盧扎拉
Luzzara
奶酪博物館
Museo del Parmigiano-
Reggiano
16-11
聖塞孔多
帕爾門塞
San Secondo
Parmense
Colorno
波河
Viadana
Guastalla
Brescello
Fontanellato
Fidenza
諾韋拉拉
Novella
Noceto
帕爾馬
Parma
聖伊拉廖登扎
Sant'llario
d'Enza
Bagnolo
In Piano
Collecchio
薩拉巴甘扎
Sala Baganza
瓦拉諾德
梅萊加里
Varano de'
Melegari
Fornovo
di Taro
Felino
Montecchio
Emilia
雷焦艾米利亞
Reggio Emilia
Bibbiano
Torrechiara
特拉韋爾
塞托洛
Traversetolo
火腿博物館
Prosciutto di Parma Museo
16-11
Albinea

MAP 16-4
都靈 Torino
07 都靈城堡廣場 Piazza Castello 16-13
08 都靈大教堂 Duomo di San Giovanni 16-14
09 安托內利尖塔與國立電影博物館 Mole Antonelliana e Museo Nazionale del Cinema 16-15
10 華倫天奴公園 Parco de Valentino 16-16
北
Via Pisa
Lungo Dora Firen
VANCHIGLI
Via Santa Giulia
Via Eusebio Bava
Via Vittoria
Via S. Francesco da Paola
Via S. Massimo
Via Della Rocca
Via dei Mille
Via Giuseppe Mazzini
Via Cavour
Corso Moncalieri
Via Martini
Corso Giovanni
Ormea
07
08
09
10

MAP 16-5
熱那亞 Genova
11 熱那亞君皇宮
Palazzo del Principe 16-17
12 熱那亞皇宮
Palazzo Reale 16-18
13 熱那亞聖羅倫佐教堂
Cattedrale di San Lorenzo 16-19
14 加里波第路
Vico dei Garibaldi 16-20
15 法拉利廣場
Piazza De Ferrari 16-21
Principe
Via Balbi
Funicolare Zecca-Righi
Darsena/metro
Via Caffaro
San Giorgio/metro
Porto Antico di Genova
De Ferrari/metro
Calata Molo Vecchio
Via Magazzini del Cotone
Via a Calata Gadda
Via dei Calderai
Via al Molo Vecchio
五漁村
Cinque Terre
北
Arquata Scrivia
Busalla
Bardi
蘭吉拉
Langhira
聖斯泰法諾達韋托
Santo Stefano d'Aveto
博爾戈瓦爾迪塔羅
Borgo Val di Taro
Arenzano
熱那亞
Genova
National Park of the Tuscan-Emilian
蓬特雷莫利
Pontremoli
Rapallo
Portofino
塞斯特里萊萬泰
Sestri Levante
Villafranca in Lunigiana
Cerreto Lag
Levanto
五漁村 Cinque Terre
16-22
拉斯佩齊亞
La Spezia
馬薩

歐洲第一所大學

波隆那阿爾基金納西奧宮 *Palazzo dell 'Archiginnasio*

Ma16-2 01

乘坐巴士A線至Piazza Galvani 站；或
乘坐巴士30線至Piazza Minghetti站

建造於16世紀的阿爾基金納西奧宮是由羅馬教廷主持修建的哥德式建築，後劃入波隆那大學，現在則是著名的旅遊勝地。這裡是公認的歐洲第一所大學，原醫務解剖示範室是這裡最知名的景點；這裡還是世界上最早的階梯教室，在教育史上佔有重要的意義。來到這裡的人們可以坐在層層疊疊的板凳旁，感受中世紀的學生們在這裡學習知識的情景。位於中心的石台是由大理石製成的，是當時進行屍體解剖的地方，因此也是醫學史上的重要豐碑。高高的講台靠在一旁，由兩座「大力士」木製雕像所支撐著，極具戲劇色彩。法學大教室內布滿了各種盾形徽章，一個個顯赫的家族均在此留下了痕跡。

地：Piazza Galvani, 1, 40124 Bologna
時：周一至六 10:00am-6:00pm，周日休息
電：051-276811 費：3 歐元
網：http://www.archiginnasio.it/infopalazzo.htm

未完成的教堂 聖白托略大殿 Basilica di San Petronio

Ma16-2 02

乘坐巴士A線至Piazza Galvani站

聖白托略大殿始建於1390年，最初的設計是要建造一座比羅馬的聖彼得大教堂還要大的拉丁十字架形的教堂，但這「狂妄的夢想」被當時的教宗阻止。因此，這座教堂的外觀一直沒有完成，只有部分的大理石裝飾由在1538年開始進行。雖然如此，聖白托略大殿仍然是世界上第十五大的教堂。教堂長132米，寬60米，高45米，內部在不同的時期完成，分為三個中殿，通向二十二個小教堂。其中最著名的是聖伯多祿尼奧的音樂小教堂，教堂使用的風琴在1470年左右建造，是世界上最古老的風琴之一。另外三賢士小教堂（第四個）亦享譽盛名，它的牆壁被喬瓦尼•達•摩德納華麗地繪製了代表天堂和地獄的場景。

地: Piazza Maggiore, 40124 Bologna
電: 03465768400
時: 8:30am-1:30pm、3:00pm-6:30pm
費: 免費入場
網: https://www.basilicadisanpetronio.org/

波隆那最具觀光價值的街道 贊伯尼大道 Via Zamboni

Ma16-2

乘坐巴士C線至Teatro Comunale站

歷史悠久的贊伯尼大道是為了紀念路易•贊伯尼而得名的，兩側遍布著自中世紀以來眾多極具觀賞價值的建築物。位於13號的馬爾韋齊麥第奇宮是著名的麥第奇家族的宅邸，接著是麥格納尼家族在16世紀建造的宮殿，庭院中的大力士雕像造型精美、惟妙惟肖。

坐落在贊伯尼大道33號的波吉宮殿(Palazzo Poggi)，是一座佔地龐大的豪華宮殿，後來成為綜合性的波吉博物館。這裡的房間裝飾著精美的壁畫，還有神話傳說中英雄的雕像。院中的塔樓中還有一座古老的天文台，早期的天文學家們就在這裡觀察星體的運行，現在則是天文博物館。現在宮殿中的許多房間被闢為博物館，其中最出名的是波隆那大學圖書館，這裡收藏著許多極具價值的肖像畫，總計有600多幅。

地：Via Zamboni

時：波吉博物館 周二至五 10:00am-4:00pm， 周六、日及假期 10:00am-6:00pm，周一休息；
波隆那大學圖書館 周一至五 9:00am-6:00pm，周六 9:00am-1:30pm，周日休息

費：波吉博物館 7 歐元

聖斯蒂法諾教堂

神聖莊嚴的宗教建築群
聖斯蒂法諾教堂 Complesso di Santo Stefano

Ma16-2

04

乘坐巴士11線至Piazza Minghetti站

聖斯蒂法諾教堂是波隆那城區中一組龐大的建築群，在當地又有「七教堂」的美稱，這些建造於不同時代的教堂給老城增添了無限光彩。教堂群的起源可以追溯到羅馬時代，當時這裡有一座供奉埃及女神伊西斯的神廟，四世紀末，波隆那的主教將神廟改造成洗禮堂，其後不同宗教團體都紛紛興建教堂。聖墓教堂(Holy Sepulchre)也是建造於5世紀；聖十字架教堂(Crocifisso)則建造於8世紀；聖維塔勒(Saints Vitale and Agricola)教堂建造於8世紀；莊嚴肅穆的Cappella della Benda建造時間具體不詳；修建於13世紀的聖三一教堂(Trinit à)則是聖斯蒂法諾教堂中建造時間最晚的一座，具有鮮明的哥德式風格。

聖維塔勒教堂

聖墓教堂

地：Via S. Stefano, 24 - 40125 Bologna

時：冬季 9:15am-6:30pm，夏季 9:15am-7:30pm

美食與藝術聞名的小城 Ma16-3
帕爾馬 *Parma* 05

在波隆那的中央火車站乘火車至帕爾馬，下車即達，行程約為1.5小時

小城帕爾馬既是藝術之城也是美食之城，德拉宮皮洛塔廣場是帕爾馬最具吸引力的地區，帕拉丁圖書館、國家美術館、考古博物館、波多尼博物館、法爾內塞劇院均在這裡。帕爾馬的考古博物館(Museo Archeologico Nazionale di Parma)雖然不大，但珍藏著史前、古希臘、伊特魯里亞、古埃及和古羅馬的各種物品，這些不同時代的文物讓這座博物館極具吸引力。歷史悠久的雷吉奧劇院(Teatro Regio di Parma)是當今世界最為頂尖的歌劇院之一，新古典式建築的風格極具魅力，室內則擁有華麗的裝修，一場場盛大的古典歌劇在這裡完美上演。

帕爾馬芝士是這裡的特產，奶酪博物館(Museo del Parmigiano-Reggiano)則是介紹這種風味食品的絕佳場所，聞名於世的帕爾馬火腿亦擁有自己的火腿博物館(Prosciutto di Parma Museo)。

帕爾馬考古博物館

Map 16-3

地：Strada alla Pilotta 5,43100 Parma
時：10:30am-7:00pm，周一休息
電：0521 282787
費：16 歐元
網：https://complessopilotta.it/museo-archeologico/

奶酪博物館

Map 16-3

地: via Alessandro Volta 5, Soragna

時: 周六、日及假日 10:00am-6:00pm

費: 5 歐元

網: https://www.museidelcibo.it/

雷吉奧劇院

Map 16-3

地: Strada Giuseppe Garibaldi, 16

帕爾馬火腿博物館

Map 16-3

地: Via Bocchialini,
7 43013, Langhirano

時: 周六、日及假日
10:00am-6:00pm

費: 5 歐元

網: https://www.museidelcibo.it/

馬賽克之城 拉文納Ravenna

Ma16-2

06

在波隆那中央車站乘火車約1小時10分鐘即達

歷史悠久的拉文納是意大利最早的城市之一，由於曾是西羅馬帝國的都城，故這裡的建築古樸、威嚴、極具魅力。而那些狹窄的小巷則讓這裡充滿了休閒的氛圍，騎自行車遊覽拉文納市區是絕佳的選擇。

拉文納的老城區中有許多教堂，它們擁有獨特的馬賽克藝術品，被選入了世界文化遺產之中；教堂內的大理石柱非常堅固，充滿了獨特的華美之感。有些教堂中還展示了馬賽克藝術品的製作過程，讓觀者無不讚嘆古羅馬人的聰明與智慧。著名的洗禮池是小城最古老的建築，這座建於5世紀初的八角形洗禮池裝飾著拜占庭和早期基督教的風格的物品，也見證了羅馬帝國晚期的歷史。大詩人但丁的陵墓也在這裡的一座風景優美的花園之中。

地：波隆那東南方

都靈皇宮。

Ma16-4

都靈的政治宗教中心
都靈城堡廣場 Piazza Castello 07

乘市內電車4線至Garibaldi站步行3分鐘

都靈城堡廣場是都靈中心區，也是這座城市的政治中心和宗教中心，通往老城區的所有街道都以該廣場為起點而後向延伸。其標誌性建築當屬氣勢恢宏的撒丁皇宮，它被聯合國教科文組織評為世界文化遺產，是都靈城的驕傲。它將中世紀城堡建築的防禦功能與巴洛克式的華麗造型融為一體，是建築藝術中的經典之作。

皇宮的花園是模仿著名的梵爾賽宮風格，在保持華麗的法國風格同時又具有意大利式的浪漫色彩；皇宮內的軍械庫原本是撒丁王國衛隊存放武器的地方，現在被闢為武器展覽館，裡面收藏著13-20世紀的各種武器裝備。歷史悠久的都靈大教堂在廣場四周眾多雄偉的建築中並不起眼，但它卻以擁有珍貴的「耶穌裹屍布」而揚名天下。

地：Piazza Reale Torino
時：皇宮：周二至周日 9:00am-7:00pm，周一休息
費：15 歐元

存放耶穌裹屍布的聖殿

Ma16-4

08

都靈大教堂
Duomo di San Giovanni

乘市內電車4線至 DUOMO站步行3分鐘

位於都靈老城區內的都靈大教堂歷史悠久，在世界上眾多的教堂中有著獨特的地位。這座教堂建於15世紀末，毗鄰雄偉壯觀的都靈古羅馬競技場，雖然沒有著恢宏的氣勢，但卻有著自己獨特的平和之感。

這座教堂內的「耶穌裹屍布」是意大利的國寶，在整個基督教世界都是極為珍貴的寶物。這塊長4.36米、寬1.1米的白色麻布上帶有血污的痕跡，依稀可以分辨出一個瘦削的男性人影，男子雙手交叉放在腹部，手和腳的部位還有斑斑血跡，臉上的鬍鬚也是依稀可見，真實而又生動的刻畫出耶穌基督受難時的形象。這塊裹屍布的真實性自發現以來一直飽受懷疑，但它仍是被當作基督教的聖物來收藏和尊敬。

地: Piazza San Givovanni

時: 周一至五 10:00am-12:30pm、4:00am-7:00pm， 周六 9:00am-1:00pm、3:00pm-7:30pm，周日 8:00am-1:00pm、3:00pm-7:30pm

費: 免費入場

耶穌裹屍布

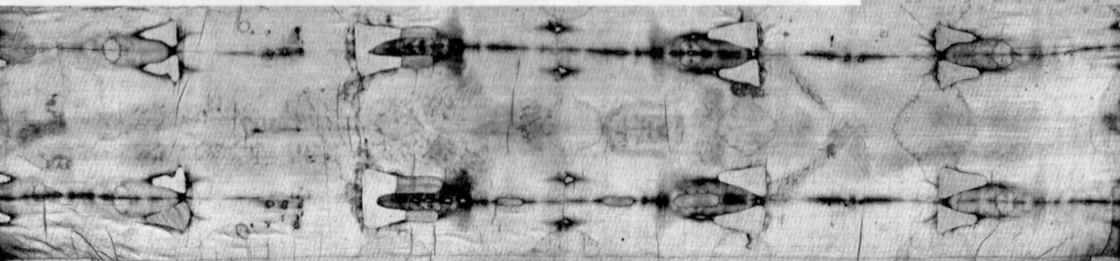

09

風格現代前衛的展廳
安托內利尖塔與國立電影博物館
Mole Antonelliana e Museo Nazionale del Cinema

乘市內電車6線至Verdi站步行4分鐘

巍峨聳立的安托內利尖塔是都靈的標誌性建築，這座高達160米的巨塔在19世紀曾一度是全球最高的建築物。尖塔原本是宗教建築物，後來成為意大利的國家復興博物館。

來到這裡乘坐透明的觀光電梯登上塔頂，不但可以俯瞰都靈市區的各種美景，也可以俯瞰阿爾卑斯山區的美好風情。意大利國家電影博物館也在塔內，這座互動式電影館內滾動播出意大利的著名電影作品，還有其他國家電影名作的選播。博物館內還展出了各種拍攝電影與播放電影的設備、經典影片中服裝、道具等，來到這裡遊客們便可以感受到意大利電影工業發展的輝煌歷史。

地：Via Montebello, 20 — 10124 Torino

時：9:00am-7:00pm，周六關 10:00pm，周二休息

費：博物館 15 歐元，全景電梯 8 歐元，博物館 + 全景電梯 15 歐元

都靈最著名的公園

華倫天奴公園 10

Parco de Valentino

Ma16-4

乘市內電車9線至VALENTINO站

位於都靈市中心的華倫天奴公園歷史悠久，本是紀念聖華倫天奴的公園，後來成為撒丁公爵的行宮之一，在歷史上幾經戰火的損毀，現在則是都靈最著名的公園。

公園內的華倫天奴城堡具有鮮明的法國建築風格，它呈馬蹄形，在四個角各有一個哥德式尖塔，寬闊的庭院內鋪砌著大理石路面，現在是都靈理工大學建築系的中心建築。城堡的庭院內還有都靈大學的植物園，一棵棵或珍稀或奇異的植物成為公園內一道新的風景線。這座公園又是一個極具浪漫氛圍的公園——在情人節的發源地感受花前月下的氛圍，這種體驗是別處無法擁有的。

地：Viale Virgilio, 10125 Torino

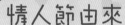

情人節由來

相傳古羅馬時代青年傳教士Valentine冒險傳教時被捕入獄，他的英勇行為感動了老獄吏及他的失明少女兒。Valentine行刑前寫信給失明女示愛，處死當天，失明少女種植一棵開紅花的杏樹寄託情思，這天就是2月14日。

Ma16-5

11

最華美的宮殿
熱那亞君皇宮 Palazzo del Principe

乘地鐵至Principe站，出站即達

熱那亞君皇宮是這座古城最華美的宮殿式建築群之一，它修建於15世紀初期，直到該世紀末才正式竣工，其後一直作為熱那亞的統治家族所居住的宮殿。這座宮殿融合了古羅馬、文藝復興、巴洛克、哥德等多種流派的建築藝術，在豪華的風格中又有著莊嚴肅穆的氛圍，令人驚嘆無比。

皇宮外部的雕像精美華麗，充滿著熱那亞的獨特風情，惟妙惟肖的表情更彰顯出獨特的魅力；宮殿內部裝飾豪華，各種藝術品遍布其中：既有一幅幅別出心裁的繪畫作品，也有各種充滿美感的雕塑作品；這裡的大理石柱具有樸素的美感，潔白典雅的外牆將這裡渲染得與眾不同，還有雕刻著精美圖案的門窗。陽光從這五彩繽紛的玻璃中照射進去，給教堂內渲染出綺麗的氛圍。

地：Piazza del Principe, 4, 16126 Genova
時：10:00am-6:00pm 費：11歐元
網：www.dopart.it/genova

文藝復興風格
熱那亞皇宮 *Palazzo Reale*

Ma16-5

乘地鐵至Darsena站，出站步行10分鐘即達

熱那亞皇宮建造於17世紀，極具文藝復興風格，充滿了意大利所獨有的熱情奔放色彩。熱那亞皇宮的正門高大堅固，兩側的高塔式門樓具有鮮明的對稱之美；皇宮內部保留了其原有的古老家具，壁畫精美，不同家族使用的不同器物都完好的保存下來；皇宮一樓巨大的門廳內有1個華麗的馬車，車上還刻有這裡的擁有者的家族族徽；二樓在歷史上是舉行各種典禮的地方，同時也是供人休閒娛樂的場所；那建於閣樓之上的「空中花園」是這裡最吸引人的地方，在花園錦簇中可以望到古老的熱那亞港口風光，此情此景令人沉醉其間。現時熱那亞皇宮被闢為皇宮美術館，這裡收藏著眾多的自文藝復興以來的傑出的藝術作品。

地：Via Balbi, 10 16126 Genova

時：周二至五 9am-7pm，周六、日及假日 1:30pm-7pm，周一休息

費：10 歐元

網：http://www.palazzorealegenova.beniculturali.it/

Ma16-5

13

熱那亞主教堂
熱那亞聖羅倫佐教堂
Cattedrale di San Lorenzo

乘地鐵至San Giorgio站，出站步行5分鐘即達

聖羅倫佐教堂建於11世紀末，現在看到的這座教堂的哥德風格是14世紀重建時所遺留下來的。教堂的外觀以黑白兩色為主，從浮雕累累的大門及玻璃彩窗的設計上可以看到鮮明的法國宗教建築的痕跡。教堂內部仍保持著古老的羅馬風格：半圓的拱狀天花板具有莊嚴的神聖色彩，堅固的大理石柱是這裡的支點，一幅幅精美的壁畫環繞其間。

聖羅倫佐教堂還有一座著名的「聖羅倫佐地下博物館」，那裡收藏了基督教各個時期的藝術品和收藏品。二戰時，這裡曾被英國軍艦炮轟，但由於水兵的失誤，打到主殿的炮彈因為沒有導火索並未爆炸。

地：Piazza San Lorenzo 16123 Genova

時：周一至五 8:00am-12:00nn、3:00pm-7:00pm，周六日休息

費：教堂免費，參觀「聖羅倫佐地下博物館」6 歐元，
聖羅倫佐地下博物館 + 教區博物館 12 歐元

Ma16-5

14

紀念意大利民族英雄
加里波第路 *Vico dei Garibaldi*

乘地鐵至De Ferrari站，出站步行5分鐘即達

19世紀下半葉，在朱塞佩•加里波第的領導之下，意大利首次實現了全國的統一，強盛的意大利王國從此躋身於世界之林。在今天的熱那亞城中，便有這樣一條以這位意大利民族英雄命名的大街——加里波第路。

這裡有熱那亞著名的宮殿和藝術館中心，包括有始建於16世紀的白宮(Galleria di Palazzo Bianco)，以及始建於17世紀的紅宮(Galleria di Palazzo Rosso)和史賓諾拉宮(Galleria Nazionale di Palazzo Spinola)等。同時，它還是一個集觀光、旅遊、美食於一體的特色旅遊區，對遊客們來說非常值得一去。

白宮

紅宮

史賓諾拉宮

地：紅宮：Via Garibaldi 18；白宮：Via Garibaldi 11；史賓諾拉宮：Piazza di Pellicceria, 1

時：紅宮、白宮：10 月 11 日至 3 月 26 日 周二至五 9am-6:30pm，周六、日 9:30am-6:30pm，周一休息，
3 月 28 日至 10 月 8 日 周二至五 9am-7pm，周六、日 10am-7:30pm，周一休息；
史賓諾拉宮：周二至六 8:30am-7:30pm，周日、周一及假日休息

費：史賓諾拉宮 (國家美術館) 6 歐元，紅宮 9 歐元，白宮 9 歐元

熱那亞最繁華的地方
法拉利廣場Piazza De Ferrari

乘地鐵至De Ferrari站，出站即達

修建於19世紀的法拉利廣場是熱那亞最為的繁華的地方，因出資者大富翁法拉利而得名。法拉利廣場是熱那亞的中心廣場，位於中央的大噴水池是這裡的象徵。這裡的古建築眾多：聖羅倫佐教堂、耶穌教堂、19世紀的劇場、證券交易所及熱那亞總督的公館等建築均在這裡，尤其以文藝復興時期的建築最為知名。

位於廣場西側的索普拉納門是熱那亞擁有地中海霸權時所修建的，因此氣勢恢宏極為壯觀。聖羅倫佐教堂是這裡的標誌性建築，威嚴華美的哥德式外觀讓它頻頻出現在各種文藝作品之中，其內部華麗的古羅馬風格與珍藏的各種寶物也是吸引目光的看點。

地：Piazza De Ferrari Genova

索普拉納門

開心遊古鎮 五漁村 Cinque Terre

Ma16-5

16

在熱那亞的「君皇廣場」（Piazza Principe）火車站乘火車至五漁村的第一站蒙特羅索(Monterroso)，行程約1小時45分鐘。五漁村之間有專門的小火車行駛，每一站都有停

五漁村是位於拉斯佩齊亞沿海的5個風景優美的小鎮的統稱，是意大利著名的旅遊勝地。五漁村美麗風景各有不同，位於海邊的蒙特羅索(Monterroso)的沙灘柔軟平緩，是享受日光浴和暢游大海的好地方，鎮中心的博物館內還藏有名家的作品；韋爾納扎(Vernazza)是以富有特色的家庭餐廳而出名的，這裡餐廳都是露天的，遊客在此可以一邊品嘗意大利美食，一邊眺望無邊無際的大海；科爾尼利亞（Corniglia）的葡萄園遮天蔽日，來到這裡可以品嘗各種與葡萄有關的美食；馬納羅拉(Manarola)的房屋建築極具特色，是色彩斑斕的世界；里奧馬哲雷(Riomaggiore)最出名的當屬懸崖上的那條「愛之路」(Love Street)，一邊是布滿奇妙彩繪的塗鴉牆，另一邊則是陡峭的懸崖，可以俯瞰驚濤拍岸的蔚藍色大海。

地：Cinque Terre

註：鑑於太多遊客因穿著人字拖登山發生意外，當地政府禁止穿人字拖遊客攀山，違者會被罰 50 至 2,500 歐元。

蒙特羅索

科爾尼利亞

里奧馬哲雷

馬納羅拉

韋爾納扎

意大利文速成班

1. 數字

1	2	3	4	5	6	7	8	9	10	11
uno	due	tre	quattro	cinque	sei	sette	otto	nove	dieci	undici

12	13	14	15	16	17	18	19	20
dodici	tredici	quattordici	quindici	sedici	diciassette	diciotto	diciannove	venti

2. 星期 / 日子

今天	明天	後天	昨天	每天
oggi	domani	dopo domani	ieri	ogni giorno

周一	周二	周三	周四	周五	周六	周日
lunedî	martedî	mercoledî	giovedî	venerdî	sabato	domenica

3. 月份

一月	二月	三月	四月	五月	六月
gennaio	febbraio	marzo	aprile	maggio	giugno

七月	八月	九月	十月	十一月	十二月
luglio	agosto	settembre	ottobre	novembre	dicembre

4. 交際

你好	再見	謝謝	抱歉	多少？	是	否
Salve	Ciao	Grazie	Scusa(mi)	Quanto?	Si	No

我	你	他/她	我們	你們	他們/她們
I	È	lui	noi	È	loro

《意大利王》

出版經理： 馮家偉
執行編輯： Gary
美術設計： Windy
出版： 經緯文化出版有限公司
地址： 觀塘開源道 55 號開聯工業中心 A 座 8 樓 25 室
電話： 5116 9640
傳真： 3020 9564
電子郵件： iglobe.book@gmail.com
網站： www.iglobe.hk

港澳發行： 聯合新零售 (香港) 有限公司
電話： 852-2963-5300

台灣發行： 大風文創股份有限公司
電話： 886-2-2218-0701

國際書號： 978-988-70245-5-2
初版： 2013 年
第 23 版： 2024 年 1 月

定價： 港幣 158 元　台幣 589 元

iGLOBE PUBLISHING LTD.

Rm 25, 8/F, Block A, Hoi Luen Industrial Ctr., 55 Hoi Yuen Rd., Kwun Tong, HK

書內容所有資料只可作參考用途。本書作者與編者已盡力查證書內資料，以確保內容無誤。若因書本內容有誤而引致任何損失，本公司與作者概不負責。

本書部分資料取材自相關景點的官網資訊，如報導需要修正，敬請通知。

The information in this book is partially sourced from the official websites of the respective attractions. If there are any corrections needed in the reporting, please kindly notify us.

iglobe.book@gmail.com